MANITIES AND SOCIETY

HUMANITIES AND SOCIETY

法国大革命的文化起源

Roger Chartier

[法国] 罗杰·夏蒂埃 著　洪庆明 译

译林出版社

图书在版编目(CIP)数据

法国大革命的文化起源 / (法) 夏蒂埃著; 洪庆明译. —南京: 译林出版社, 2015.6 (2019.5重印)
(人文与社会译丛 / 刘东主编)
ISBN 978-7-5447-5527-6

I. ①法… II. ①夏… ②洪… III. ①法国大革命-研究 IV. ①K565.41

中国版本图书馆CIP数据核字 (2015) 第127589号

法国大革命的文化起源 [法国] 罗杰 · 夏蒂埃 / 著 洪庆明 / 译

责任编辑 宋 旸
装帧设计 胡 苨
责任印制 单 莉

原文出版 Duke University Press, 1991
出版发行 译林出版社
地 址 南京市湖南路 1 号 A 楼
邮 箱 yilin@yilin.com
网 址 www.yilin.com
市场热线 025-86633278
排 版 南京展望文化发展有限公司
印 刷 江苏凤凰通达印刷有限公司
开 本 880 毫米 × 1230 毫米 1/32
印 张 8.375
插 页 1
版 次 2015年 6 月第 1 版 2019 年 5 月第 3 次印刷
书 号 ISBN 978-7-5447-5527-6
定 价 55.00 元

主 编 的 话

刘 东

总算不负几年来的苦心——该为这套书写篇短序了。

此项翻译工程的缘起，先要追溯到自己内心的某些变化。虽说越来越惯于乡间的生活，每天只打一两通电话，但这种离群索居并不意味着我已修炼到了出家遁世的地步。毋宁说，坚守沉默少语的状态，倒是为了咬定问题不放，而且在当下的世道中，若还有哪路学说能引我出神，就不能只是玄妙得叫人着魔，还要有助于思入所属的社群。如此嘈嘈切切鼓荡难平的心气，或不免受了世事的恶刺激，不过也恰是这道底线，帮我部分摆脱了中西“精神分裂症”——至少我可以倚仗着中国文化的本根，去参验外缘的社会学说了，既然儒学作为一种本真的心向，正是要从对现世生活的终极肯定出发，把人间问题当成全部灵感的源头。

不宁惟是，这种从人文思入社会的诉求，还同国际学界的发展不期相合。擅长把捉非确定性问题的哲学，看来有点走出自我囿闭的低潮，而这又跟它把焦点对准了社会不无关系。现行通则的加速崩解和相互证伪，使得就算今后仍有普适的基准可言，也要有待于更加透辟的思力，正是在文明的此一根基处，批判的事业又有了用武之地。由此就决定了，尽管同在关注世俗的事务与规则，但跟既定框架内的策论不同，真正体现出人文关怀的社会学说，决不会是医头医脚式的小修小补，而必须以激进亢奋的姿态，去怀疑、颠覆和重估全部的价值预设。有意思的是，也许再没有哪个时代，会有这么多书生想要焕发制度智慧，这既凸显了文明的深层危机，又表达了超越的不竭潜力。

于是自然就想到翻译——把这些制度智慧引进汉语世界来。需要说明的是，尽管此类翻译向称严肃的学业，无论编者、译者还是读者，都会因其理论色彩和语言风格而备尝艰涩，但该工程却绝非寻常意义上的“纯学术”。此中辩谈的话题和学理，将会贴近我们的伦常日用，渗入我们的表象世界，改铸我们的公民文化，根本不容任何学院人垄断。同样，尽管这些选题大多分量厚重，且多为国外学府指定的必读书，也不必将其标榜为“新经典”。此类方生方成的思想实验，仍要应付尖刻的批判围攻，保持着知识创化时的紧张度，尚没有资格被当成享受保护的“老残遗产”。所以说白了：除非来此对话者早已功力尽失，这里就只有激活思想的马刺。

主持此类工程之烦难，足以让任何聪明人望而却步，大约也惟有愚钝如我者，才会在十年苦熬之余再作冯妇。然则晨钟暮鼓黄卷青灯中，毕竟尚有历代的高僧暗中相伴，他们和我声应气求，不甘心被宿命贬低为人类的亚种，遂把迻译工作当成了日常功课，要以艰难的咀嚼咬穿文化的篱笆。师法着这些先烈，当初酝酿这套丛书时，我曾在哈佛费正清中心放胆讲道：“在作者、编者和读者间初步形成的这种‘良性循环’景象，作为整个社会多元分化进程的缩影，偏巧正跟我们的国运连在一起，如果我们至少眼下尚无理由否认，今后中国历史的主要变因之一，仍然在于大陆知识阶层的一念之中，那么我们就总还有权想象，在孔老夫子的故乡，中华民族其实就靠这么写着读着，而默默修持着自己的心念，而默默挑战着自身的极限！”惟愿认同此道者日众，则华夏一族虽历经劫难，终不致因我辈而沦为文化小国。

一九九九年六月于京郊溪翁庄

目　录

致　谢

这本小书中的诸多思考，得益于我在社会科学高等研究院讨论班上各位参与者的批评和建议。因此，该书也是他们的作品。

我还要对康奈尔大学的学生表示谢意。我应邀成为康奈尔大学首位“路易吉·艾劳迪欧洲与国际研究讲席”教授，1988 年 1 月至 5 月在此开设的讨论班上，他们是听取并讨论该书草稿的第一批人。

在我以演说或通信的形式进行阐述之后，大西洋两岸有许多人对如今呈现在本书中的某些思想观念加以评论，给予我鼓励和鞭策，对所有这些人我致以衷心的谢意。

最后，感谢我的朋友凯斯·M. 贝克尔和史蒂文·L. 卡普兰，他们是本书手稿的第一批读者，同时也鸣谢二十年来我在研究和争论中的亲密伙伴罗伯特·达恩顿。

原编者序[①]

“在巴黎，在7月14日这个极具象征性的夜晚，在这个热血沸腾、欢欣鼓舞的夜晚，在这座永恒的方尖碑脚下，在从未如此名副其实的协和广场上，高阔嘹亮的歌声将这首表达1792年五百马赛壮士理想的歌曲送往历史的四面八方。”这些语汇，是法国文化、通信与大型公共工程部长雅克·朗（Jack Lang）所说的，它们在语言上是如此令人浮想联翩，对纪念法国大革命二百周年这场盛大的庆祝活动具有鲜明的训导色彩。原话来自波澜壮阔的歌剧巡游节目“献给全世界的马赛曲”，这是从巴黎向全球进行电视转播的宏大表演，为大革命二百周年官方庆典画上圆满的句号。

法国文化部长这席话非常契合这样的场合。它被十分恰当地选出来，庆颂巴黎是一座具有世界历史意义的城市——现代民主与人权原则的充满欢乐的诞生地，庆颂1789年革命使人类对自由与尊严的普遍

① 关于法国革命史学研究较为详细的流变过程，有兴趣的读者还可参阅A. 古德温（编）：《新编剑桥世界近代史》，第八卷，中国社会科学院世界历史研究所组译，中国社会科学出版社1999年版，第795—842页；洪庆明：“勒费弗尔以来的法国革命史学及其转向（代译序）”，乔治·勒费弗尔：《法国大革命的降临》，上海格致出版社，2010年版。——译注（以下脚注若无特殊说明，均为译注）

渴求得以决定性地确立——这业已改变并仍在继续改变着整个世界。它还被十分恰当地选出来，跨越大革命从始至终的诸多事件，证明因革命的历次重大斗争而催生的政治激情，最终已不再将法国人分裂为不共戴天的彼此。

协和广场上的表演，典型地说明了这场官方二百周年庆典未公开
xi 宣布的主题："大革命结束了。"20 世纪 80 年代末，温和一致的情绪在法国人当中占据着主导地位，为举办一场与此种氛围相一致的庆典，这位负责组织大革命二百周年庆祝活动的总统使节，重点突出了政治立场各异的绝大多数法国公民皆认可的价值，也即《人权宣言》中颂扬的理想。它向这个国家——乃至向世界，呈现了法国最终与自己达成和解的图景：一个安享人权（它们构成了法国真正的革命性遗产）的民族，一个笃信法国制度的成熟，并准备迎接新欧洲秩序的挑战和机遇的民族，一个坚定地让整个国家为民主信条获得普遍尊重而献身的民族。它宣称民主信条是自己对世界各个民族最根本的贡献。随之而来的激进化现象、社会冲突的回流激荡、大恐怖的阴影，都不能损害这个普天同庆的节日。接踵而来的是，在有关革命特征和目的的大争论中的主角和代表人物——罗伯斯庇尔和丹东，将被晾在一边，1989 年的主角是孔多塞：学者、哲人、改革家、"温和的" 革命者，以及他未能使之完美并予以控制的大革命的受害者。

但大革命依然是含混、复杂和具有颠覆性的，即便两百年后，它仍然是难以驯服的。7 月 14 日晚庄严的二百周年表演，亦未能免于一些对立活动。观摩游行队列从香榭丽舍大街向协和广场铺陈而下的如潮的观众业已了解到，一场反革命庆典的参与者很快将沿着同一条线路，把一架断头台模拟品复归到其臭名昭著的革命地点。杰西·诺曼（Jessye Norman）气势磅礴地演唱的马赛曲令观众动容，但它让所有细心注意歌词的人想起，这首如今普遍流传的解放之歌，也是一首呼吁放尽敌人
xii "脏血" 的凶残战歌。在游行庆祝的当天，被激怒的玛格丽特·撒切尔

公开驳斥法国人宣称革命乃人权之父的言论，坚持大革命与大恐怖的同一性，向全世界指出令人震惊的等式：1789年=1793年。在他们看来，由苏联派来参加巡游、身着俄罗斯民族色彩浓郁的苏联服装的表演者，对俄国革命是法国革命必然结果的社会主义教条提出了质疑。当整个共产主义世界的男女为争取人权而集会时，还有可能将1917年看作是1789年的真正未来吗？

庆典活动的张力与冲突，虽有其自身的政治和文化动因，但它们是由历史解释的张力与冲突滋养起来的。尽管大革命在法国业已被宣布结束了，但其历史远未结束——无论在法国还是在其他地方。事实上，法国大革命二百周年纪念，重新开启了激越的史学争论，这些围绕着革命的意义而展开的争论，自革命发生之日起就已开始。《巴黎革命报》（*Révolutions de Paris*）是最早的且阅读最为广泛的报纸之一，在塑造革命意识方面扮演了非常重要的角色。早在1789年9月，其读者就要求能从中看到“自首次显贵会议（Assembly of Notables）以来在法国发生的一切事情的历史和政治画面”，以便为解释“这场刚刚发生的令人惊异的革命”的性质提供方法。从一开始，旁观者与参与者就一样努力去理解这些非凡事件的原因、性质和影响。即便他们在革命的重大特征上意见一致，他们对其必要性、手段和根本使命的看法也存在着强烈的分歧。法国大革命自其发生之时似乎就是一个召唤历史理解的现象，需要对这个现象的历史特性和意义加以探索，一系列声名煊赫的思想家积极回应这种需求，伯克与潘恩、巴纳夫与迈斯特、孔多塞与黑格尔只不过是他们中的先行者。

大革命丰富的政治哲学史传统，回荡了整个19世纪，但在一百周年庆典之后归于沉寂并被深远地改变了。在法国，1889年揭开了大革命史学的新时代，它致力于构成第三共和国创建之基的共和主义与实 xiii
证主义之间的联姻。在大学内部，这种联姻催生了巴黎大学法国革命史的新教席，阿尔方斯·奥拉尔（Alphonse Aulard）于1891年入选该教席。奥拉尔占据该教席三十余年,在这个位子上,他掌控着第一本专门致力于大革命研究的学术杂志,主持着官方大规模的革命文献集的筹备和出版,培育学生,将共和主义—实证主义的信条传播四方。在大学体制里,他创立了一种官方的、假定科学的历史学并使之制度化:这种历史学,致力于在大革命史中发现议会共和制度的创设并对之做出解释,大革命时代新生的议会共和制度如今在第三共和国更适宜的环境中最终得到了确立。1793 年,丹东决定建立大恐怖紧急状态政府,以挽救共和国于危难之中,他成为奥氏法国革命的英雄。

鉴于奥拉尔的制度性权威、科学史家的姿态以及坚定的共和主义信仰,他能够让大革命的保守解释边缘化。他嘲弄伊波利特·泰纳著述的业余,后者惊恐地描述革命起源于哲学精神,并最终发展为大规模的暴力恐怖。他将奥古斯丁·高善的分析斥之为反动的意识形态,后者研究了雅各宾社交的起源与内涵。在大学里,革命遗产成为一种可被明智使用的传承,而非仅仅一种被强行灌输的教条。但这并不能排除就这种遗产如何被明智使用或其眼下的神圣资源如何被有效利用而引发的剧烈纷争。阿尔贝·马蒂耶(Albert Mathiez)——奥拉尔最有天分的学生,变成了他最激烈的批评者。这种不和不仅仅是就共和之母问题的一次俄狄浦斯式的冲突;更重要的是,他憎恶其导师温和的丹东主义。他推出了不可腐蚀者罗伯斯庇尔,作为机会主义的、蛊惑人心的和背弃信义的丹东的替代人选,他围绕着罗伯斯庇尔精心构织出民粹、社会主义和列宁主义的大革命解读图式。布尔什维克的经历强化了他的罗伯斯庇尔主义,他赋予罗伯斯庇尔主义以千年信仰的性质,这促使他最初的著作研究的是大恐怖时期的“社会运动”。而后,俄国革xiv 命与法国革命、1917 年与 1793 年之间的关系,经常出现在马蒂耶为之奉献终生的马克思主义化的共和主义解释中。

尽管马蒂耶被拒斥在奥拉尔令人垂涎的教席之外,但直至不幸早逝之前,他一直在同一所大学里任教。他的同时代人乔治·勒费弗尔,在政治情感和研究历史的兴趣方面与他具有颇多的共同之处，并继承他担任了罗伯斯庇尔研究会的主席。1937年，勒费弗尔当选巴黎大学法国革命史讲座教授，这对于以历史唯物主义原理为基础的法国大革命社会解释的巩固乃至胜利，是决定性的。较之马蒂耶，勒费弗尔在方法上更加社会学化，在评判上更加精细，他凭借研究农民的不朽著作以及继后对社会结构的研究，开创出新的局面；他避开徒劳的争论，厘清了许多重要的问题。他的严格、传道授业的天分及其马克思主义的温和性（最显著地体现在其声名昭著的1789年研究中，这是他为1939年纪念大革命一百五十周年而作的），为他本人、他的讲席和他提出的解释赢得了世界性威望。1945年后，直至1959年去世，他作为巴黎大学法国革命史学会主任一直主导着该领域的国际研究。在勒费弗尔的主持下，第二次世界大战后，马克思主义化的法国革命解释在法国成为大革命史学主导性的范式；专攻该主题的史学家人数亦日益增多，这是战后学术扩张引人注目的特征，尤其在英语国家里，这些史学家从法国的革命史领袖人物那里采纳了这种解释。

勒费弗尔将自己的领袖衣钵传给了学生阿尔贝·索布尔，后者1967年继承了巴黎大学的法国革命史教席。索布尔的学术声誉来自他开创性的研究巴黎无套裤汉（城市平民）的国家博士论文。因其社会学和意识形态的分析及其常见的目的论和冗赘的方法，该著作近来遭到严厉的批评，但他的影响远超这部获得喝彩的论著。作为法国共产党的高级成员，以及法国革命史学会主任，索布尔视自己为一名“科学的”史学家和“革命的共产主义”史学家。他不知疲倦、无所不在、多产，坚 xv 持不懈地申述着法国大革命的马克思主义叙事，称法国大革命是嵌在从封建主义向资本主义过渡的必然进程中的一场资产阶级革命。但他的对抗以及对日益僵化的正统学说独断的辩护，最终导致修正主义对正统解释的攻击，并使他成为这场攻击的主要目标，修正派史学家抨击这种占据主导地位的解释是机械的、简单化的和谬误的。

对法国革命史巴黎大学解释版本霸权的挑战出现在20世纪50年代末和60年代初，先是罗伯特·帕尔默试图将注意力转向大西洋革命的民主政治，更根本性的是阿尔弗雷德·科班对马克思主义解释的方法论假设和政治设定的正面攻击。但由于学术主流的力量，这些著作当时获得的支持几近于无。直至20世纪60年代末和70年代初，修正主义潮流方在法国本土获得思想和制度的基地。对正统解释的指控由弗朗索瓦·孚雷领导，他在1956年脱离法共，而后被吸引到自由主义的政治中心。孚雷是首批与英美学术界熟悉亲近的法国史学家中的一员，曾任社会科学高等研究院第三任主任，他让研究院加速发展为欧洲名列前茅的社会科学和人文学科研究中心，以及巴黎大学难以对付的体制性竞争对手。在对马克思主义幻灭的同时，他也背弃了在他早年著作中得到鲜明体现的年鉴学派计量的社会史和文化史传统。1974年至1989年间，他持续不断地对雅各宾—列宁主义的“教义问答”施以毁灭性的批判，在学术上改变了注意的方向：转向将法国大革命的动力机制视为一种政治和文化现象；转向法国大革命中创生的民主社交的逻辑、矛盾和精神病态；转向将法国大革命的遗产视为19世纪政治和哲学研究一个绕不开的问题，并坚持认为历史学家必须从中汲取灵感。

对法国革命史学来说，一个巨大的讽刺是，大革命一百周年纪念揭
xvi 开了官方共和解释得以确立的序幕，而二百周年纪念则标志其马克思主义传承的分崩离析。今天的革命史研究领域比过去许多年更开放、更变化多端、更激动人心。同样地，近来的一系列变化与经历所衍生出的关注和情感也形塑了这种局面。这些晚近的变化繁多而复杂，综合全面盘点必须包括以下因素：马克思主义作为一种思想和政治力量的式微；共产主义时运的急剧衰落，尤其是在法国；自由主义在西方的复兴，重新恢复市场模式和道德准则，强调政治自由与自由放任之间的内在联系；东方在从“古拉格”转向公开性和新思维。但是，这份清单不能忽略从阿尔及利亚战争到波尔布特主义血腥恐怖所留下的大屠杀记

忆，以及被殖民者与殖民者双方的非殖民化创伤。这份清单还必须包括，年鉴范式令人目眩的成功和继之而来的耗竭，该范式是赋予长时段视角和计量技术决定性地位的象征；新文化史的兴起，这种新兴的文化史是多元化和富于侵略性的，受到不同学科和对立学科能量的激发；作为传统大学平衡势力的社会科学高等研究院令人瞩目的发展；法国史研究传统在法国境外的繁荣兴旺，这对巴黎在法国史领域的霸权地位的挑战不容忽略。这份清单还不能无视 1968 年事件中革命想象力的急剧爆发，以及新兴的激进的种族、性和性别政治，它们对此后数十年业已产生至深至远的影响。

这种新形势之于法国大革命史研究的意义将是深远的。诸多根本性的假设——不仅包括有关革命本身的，而且也包括如何去研究革命的假设，皆已遭到了质疑。尽管我们今天对大革命的了解超过以往，但革命史学术与解释的霸权结构的崩塌，暴露出许多我们迄今为止尚未认识和理解的异乎寻常的盲点。共和主义—马克思主义的观点在革新了某些领域的同时，也让其他许多领域的研究陷入荒芜。如今，它不再 xvii
可能恭谦地宣扬大革命的资产阶级特性，无论是从原因上抑或是从结果上；其他社会行动角色的作用乃至界定需要加以重新研究。在对大革命史予以重新阐释的迫切需求下，复兴的政治史方法迫切地再次占据了社会解释的领地。意识形态、话语、性别和文化实践等问题以全新的方式拥上前台。越来越少的史学家愿意“全盘”接受或拒斥大革命，与此同时，越来越多的史学家关注于探索其多样的且相互冲突的组成要素，并将它们联系起来。大恐怖业已失去了其得到相对豁免和隔绝的好处，尽管手法过度夸张，且时常博人同情，但右派业已赢得了制高点，主张整个反革命的历史需要得到更多的研究和更平衡的对待，旺代[①]尤

① 1793 年发生在法国西部地区旺代的叛乱，是法国革命中大恐怖时期的重大事件。对该事件的评判直接关系到史学家的政治价值立场，因此自 20 世纪 80 年代中期以来在西方史学界有不少相关史学论著问世。

甚,后热月时代的恐怖亦复如此。最后,还有一种广泛流传的认识是,大革命研究的狭隘的时期划分必须得到极大的拓宽。

二百周年纪念的尘埃落定,对法国大革命史学家来说还有许多事情要做。许多问题需要得到真正批判性的研究和讨论,寻求重新评价和生机勃勃且具原创性的综合考虑。我们编辑法国大革命二百周年反思集的初衷,就是要促进这样的努力。在编纂这个系列时,我们力图鉴别具有根本性的问题——目前为止仅得到零散研究的问题;围绕该问题的传统知识和判断在当前争论中业已崩塌的问题——这些问题对于大革命的新叙事将是至关重要的。我们求助于在这个日益国际化的研究领域里的最好的历史学家,请求他们根据自己的个人研究和他人的研究,重估他们对这些事件的理解,并以相对短小综合的著作,向更广泛的读者呈现他们的思考结果。这些作者与我们分享着这样的信念,即进行根本性的重新思考的时刻到了。当然,他们将以各自特有的方式进行这种再思考。

在 1789 年的法国发生的那些事件,两百年来一直占据着享有特权
xviii 的历史地位。两百周年纪念提醒着我们,不仅我们现代的革命与人权观念,而且我们整个的政治话语,皆来自它们。法国大革命之于现代世界,犹如希腊罗马之于文艺复兴及其余绪:行动与事件、激情与斗争、意义与象征紧密结合的世界,在对关乎政治、文化和社会进程的人类行动的性质、状况和可能性进行理解的尝试中,经常被再思考和再想象。对那些将要改变世界的人来说,大革命依然提供了一个不断得到详尽阐述和延展(在议会和监狱里;在报纸和宣言里;在革命和镇压中;在家庭、军队和敌对的群体中)的脚本……对那些将要阐释世界的人来说,大革命在理解催生现代世界的非凡巨变之性质方面,仍然提供着不可穷尽的挑战。

"伟大的年份!你将是**再生之年**,你将以此名流芳百世。历史将会颂扬你伟大的行动,"18 世纪巴黎的剖析者路易—塞巴斯蒂安·梅西

耶在狂想式的《告别1789年》中写道,“你已改变了**我的巴黎**,千真万确。如今它与往昔已截然不同……我三十年来一直怀揣一个不足为外人道的预感,那就是在我有生之年,会目睹一场伟大的政治事件。我的精神在其上滋长:又有**新的事物**供我写作了。如果**我的图景**必须被重绘,至少有朝一日我会这样说:在这一年,巴黎人……揭竿而起,这股冲力已传递到法国和欧洲其他国家。”[①] 法国大革命的历史学家可能不会以梅西耶痴狂的笔调向二百周年道别,但他们至少会响应他的部分情感。我们的图景必须被重绘,因为有新的事物供我们写作。

凯斯·米歇尔·贝克尔
斯蒂文·劳伦斯·卡普兰
1989年8月26日 xix

① 梅西耶在1780年代出版的12卷本《巴黎图景》(*Le Tableau de Paris*),是对旧制度末期巴黎城市实体和社会文化面貌的全面记录,故有此语。

引　言

法国大革命的文化起源，或今天何以撰写一本业已存在的书

半个多世纪前，《法国大革命的思想起源》* 在 1933 年出版时，丹尼埃尔·莫尔内难道没有一劳永逸地列出问题，并给出各种可能的回答？像逐行逐字地重写《堂吉诃德》的皮埃尔·梅纳尔·德·波尔日那般，历史学家只能进行与莫尔内的行文和结论一模一样的重述？

针对这些疑义，我们可以给出两种应答。首先，我们掌握的知识已不再，或不仅仅是五十年前的那个样子了，如今，足以支持全局性判断的专题研究数量众多，扎实可靠。其次，即便我们假定，无论问题还是答案均没有变化，我们对革命起源问题的叙述，也不再用莫尔内及其同代人熟悉的语汇来进行，就像梅纳尔的《堂吉诃德》不是塞万提斯的《堂吉诃德》，因为四个世纪分开了他们相同的文本。历史学在因果关系设定方面变得更加审慎。革命事件兴起的关键很难归之于合理的类型，

---

*《法国大革命的思想起源》（*Les Origines intellectuelles de la Révolution française: 1715—1787*）主要研究的问题是思想在法国大革命来临前夕发挥的作用，它们如何对大众观念产生影响，如何在普通劳动者中间发酵，如何将影响力扩散到巴黎以外的地区……通过对感觉、行为和表现的系统研究，莫尔内列出了引发大革命的思想传播和接受的时间表。这部作品是有关启蒙时代及其思想的最全面、丰富的研究著作之一。详细内容参见第 1 章注 1。丹尼埃尔·莫尔内（Daniel Mornet，1878—1954），法国文学批评家，《法兰西文学史》杂志主编。——编注

以及历史发展不能被想象为在某种确定不移的终极目的主导下的必然进程,都教导历史学家要谨慎和怀疑。

我们想,是不是可以用一个词取代另一个词,用“文化的”替代“思想的”,避开回溯性预测的危险,再度阐明这起遽然降临的事件?显然,这种改变,让我们能够回应最近二三十年来的史学发展轨迹,史学的这种新发展撇开传统的观念史范式,更多地强调文化社会学研究。文化社会学是一种研究路径,它认为,最强有力的和最非凡的观念变革,在尚未形成清晰的思想之前,首先发生于控制和主导思想建构的集体决定当中。但它首先标示的是研究本身的转变:它不再想去了解革命事件是否已经存在于宣告之、预示之或召唤之的观念当中,而是想探察让旧社会政治秩序如此迅速而彻底毁灭变得可辨识和可接受的信仰和情感的变化。从这个意义上来说,研究大革命的“文化起源”,绝不是要确定它的种种原因,而是要辨明使之发生变得可能的一些前提条件。

最后说一句。这本小书既非综论亦非概要,它是作为一篇论文来构思和撰写的,其意图不是总结我们已有的知识,而是恰恰相反,针对广为接受的各种既存的假说和清晰易懂的原则提出疑问与质疑。以对单个文本的阐释为基础——无论古代的或现代的,端赖近些年来史学家们的工作,极大地改变了我们理解18世纪法国人行为思想的方式,本书仅祈望针对一个老生常谈的问题提出些许新的视角。

因此,我这里不是重写莫尔内,而是如读者们期望的那样,不揣浅陋大胆地提出一些他没有想到的问题。

第1章

启蒙与革命;革命与启蒙

思考法国大革命的文化起源,必然要重新打开一部经典之著:丹尼埃尔·莫尔内的《法国大革命的思想起源:1715—1787》。[1]莫尔内的著作似乎强有力地指出了进行进一步研究唯一可能的视角,该视角假定,18世纪新思想的进步与革命事件的发生之间存在着显见的必然联系。在莫尔内看来,三方面规律主导着启蒙新思想向"普遍的公众舆论"中渗透:其一,新思想沿着"教养最高的阶层到资产阶级、小资产阶级和民众"[2]的社会阶梯逐层向下;其二,这种渗透从中心(也就是巴黎)向边缘(外省)扩散;其三,渗透过程在18世纪期间逐步加速,1750年之前仅有少数人期待新思想,继之是世纪中决定性和动员性的冲突,1770年后新原则实现了普遍性的传播。因此,按照莫尔内的观点,《法国革命的思想起源》一书潜藏的主题是,"部分来说,正是思想观念引起了法国大革命"。[3]即便莫尔内并不否认政治原因的重要性,甚至是首要的,但他将批判的和倡导革新的启蒙思想看作是旧君主制陷入革命危机的必要条件:"毫无疑问,政治原因不足以引发,至少不会如此快速地引发大革命,正是思想,引发和形成了革命的种种后果。"[4] 3

尽管小心翼翼,精心措辞(行文中诸如"部分地""无疑"和"至少"等语汇清楚地显示了这一点),但莫尔内假定启蒙与革命之间存在着必然的联系。当然,大革命的原因并不完全包含在启蒙哲学当中,但如果没有“公众思想”在“心智”上的转变,革命就不会在它真实发生的时候降临。莫尔内据此提出了一种资用假说(hypothèse de travail),该假说近五十年来一直萦绕着18世纪的思想史和文化社会学研究。

起源的幻象

然而,疑问出现了,这表明该问题的提出可能并不适当。首先,在什么条件下,可以合法地将一系列散乱无章的事实或观念确立为某个事件的“原因”或“起源”?过程不会像看上去那样不证自明。一方面,它必定以一个拣选过程为前提,该过程在构成一个时代历史的无数事实中仅保留那些孕育未来事件的源流;另一方面,它需要进行回溯性的重构,将那些被假定为“起源”,但彼此毫不相干、在性质上截然有异、在发生时也不连续的思想和行动统合到一起。

在尼采的基础上,米歇尔·福柯对这种起源观念予以了毁灭性的批评。[5]假定历史进程的绝对线性发展,让对开端无休止的追寻正当化,否认业已存在的事件在其发生前的原生性,诸如此类的行为方式抹杀了突发之事的遽然断裂性,以及将不同系列的话语和行动分离开来的不可化约的不一致性。当历史屈服于这种“起源的幻象”时,它可能在无意识中就让自己背负上了几种预设前提:每个历史时刻都是一个同质的整体,具有理想的且独一无二的意义,这种意义呈现在构成和表达这个整体的每一个事实当中;历史演变被组织为必然的连续过程;在毫
4 无间断的变化之流中,各个事件被连接在一起,一个事件产生另一个事件,让我们得以断定这个事件是“原因”,那个事件是“结果”。然而,在福柯看来,如果“系谱的”或“考古的”分析想要充分阐述断裂和差异的话,这些整体性、连续性和因果性的经典观念正是它必须避免的。像尼采所说的“实效的历史”一样,福柯的意图旨在打乱“通常横亘在事

件的爆发与连续的必然性之间的既定关系。总有一种历史传统(神学的或唯理主义的)倾向于将特定的事件纳入理想的连续性——目的论的发展进程或自然的因果序列当中。而‘实效的’历史则是要重现事件独特的和剧烈的一面”。[6] 如果历史以“不连续的系统运用”[7] 取代对起源的追寻,那么,作为我们出发点的问题的关联性就会遭到削弱。

这是千真万确的,因为起源观念牵涉到另一种风险,即对 18 世纪进行目的论的解读,以大革命这一必然的结果以及导致这个必然结果的启蒙运动为出发点来理解这个世纪。然而,恰恰需要质疑的是这种回溯性幻象,它是“在事件已臻完成之时,以及在我们从事件的完成点回顾过去之时,让我们能够读到预示性征象的逆向进程”[8] 中固有的。在宣称正是启蒙运动制造了大革命时,难道我们不可以将传统解释的推理次序颠倒过来,反其道提出,正是大革命意欲将一系列开创性的文本和作者作为其合法性的基础,越过他们之间鲜明的差异将之调和起来,统合在为与旧制度决裂作好了准备的序列当中,从而创制出启蒙运动?[9] 通过创立一个集伏尔泰与卢梭、马布利与布封、爱尔维修与雷纳尔等诸先贤于一体的万神殿(并非不存在争论),通过赋予启蒙哲学(如果不是所有的启蒙哲学学说的话)激进的批判功能,革命者们在启蒙与革命之间构建了一种连续性,以证明自己的正当性。因此,从 18 世纪的各种思想中寻找革命的“起源”——这是莫尔内的计划,是在无意识 5
中重复事件主角们同样的行为,所持的是一种以意识形态方式宣布出来的前后承接关系。

以“文化起源”的范畴替换“思想起源”的范畴,有助于我们规避这种难题吗?这种替换无疑会极大地增加理解的可能性。一方面,文化起源观念认为,文化机制并不是在它们之外形成的各种思想观念的简单容器,这让我们得以复原这些机构的社交形式、交流手段和教育过程中自有的动力,如莫尔内那样的分析,仅从这些机构中包含的或传播的意识形态视角考察它们,否认这些机构自有动力的存在。另一方面,文化社会学的方法将更广泛的实践纳入考量之中：不仅只有得到精心阐释的清晰的思想，而且也包括未经深思熟虑的内心的表象；不仅只有自觉的理性的介入，而且也包括自发的义务性的归依。有鉴于此，我们可以将革命事件置于被埃德加·基内称为“脾性”（他比较了16世纪宗教改革者宁折不屈的脾性和18世纪革命者可伸可屈的脾性[10]）的长时段转变进程当中，从而就人格结构或如埃利亚斯所说的心理经济学中的变量进行必要的思考开辟了道路。[11] 但是，这种视角的扩大足以避免目的论解读的陷阱吗？“‘已然发生之事’必然如此发生，这种假设是历史意识经典的回溯性幻象，它将过去视为一种集各种可能性的场域，‘已然发生之事’在该场域里事后看上去像是那个过去唯一的未来。”[12] 弗朗索瓦·孚雷写道，这让我们警惕在追寻起源时必然显现的事后重构。

这种风险可以避免吗？假如受“虚拟历史”的启发，我们必须装作好像完全不知道1780年代是如何结束的？我们必须停止判断，假定大革命从未发生过？迎接这个挑战，是饶有趣味的，甚至是有益的。但如
6 果我们如此为之，那么我们用什么问题和什么易于理解的原理去组织我们对交织成通常被称作18世纪法国文化的众多系列话语和实践的研究？被剥夺了所有目的论诱惑的历史，可能会变成由毫无联系的事实组成的无休止的清单。无论我们喜欢与否，我们都必须在莫尔内（以及他之前的革命者本人）标出的领域内进行研究，不可能在构建历史的史学话语之外找到解答历史问题的路径。《法国革命的思想起源》所提出的问题，从启蒙运动到大革命爆发，期间被阐释和宣扬的思想观念之间的关系，将作为我们研究的系列问题，我们既接纳之，又将之放在一边，我们既将它们接纳为遗产，又不断地对它们予以质疑。

泰纳：从古典理性到革命精神

莫尔内与他之前的史学家的关系是一脉相承的。他的著作中有两

部基本的参考书：一部是他反复提到并加以讨论和驳斥的——伊波利
特·泰纳 1876 年出版的《旧制度》；另一部是不经意间顺带提及的——
阿列克斯·德·托克维尔 1856 年出版的《旧制度与大革命》。这两部
著作在革命史学中占据着中心位置，让我们稍作讨论。莫尔内对泰纳
提出了两方面的批评。首先，他指摘泰纳太过匆忙地断定“革命精神”
早已蔓延开来，且依据的文本材料人人皆知，数量太少而且遭到错误的
阐释。在莫尔内看来，重构新思想的进步历程需要另辟蹊径，即在尽可
能多的证据基础上，力图衡量新思想的渗透情况（或对立力量对它的 7
抵制情况），除文学或哲学著作之外，还要从个人回忆录、印刷期刊、学
院课程、学院和共济会的辩论记录和陈情书里搜集证据。诚然，在这部
著作中，莫尔内对这种严格苛求的执行时常显得捉襟见肘，难以实现，
他更多的是列举式的而非计量的，满足于混杂的且不完整的数据系列。
然而，莫尔内表达的关注——完全遵从朗松在 1900 年代提出的研究计
划[13]，奠定了彻底革新最近 20 至 25 年法国文化史的研究基础，使文化
史研究走向大规模文献集成、按时间系列处理数据和平民百姓的历史。

莫尔内的第二个批评是：宣称“革命精神”在旧社会已完全成形，启蒙哲人将之推向了极端，泰纳复活了陈旧的阴谋论和革命事先筹划论。在莫尔内看来，这种观点是不可接受的：“像列宁、托洛茨基之流想要发动一场革命；他们筹划之，密谋之，而后指挥之，法国则没有这样的人。大革命的起源是一回事，大革命是另外一回事。”[14] 这个评论是非常有价值的，且为所有的思想立场——无论是将大革命置于长时段当中，将之视为一系列促成它发生的原因的必然结果，还是将大革命视为一起有其自身动力驱动的事件，它建立起来的政治和社会结构决不能简单地归于促成它发生的那些前提条件——打开了通路。[15] 即便假设大革命有许许多多的起源（思想的、文化的或其他的起源），但革命自身有其自己的动力，其历史也不会仅仅局限在起源那里。

但莫尔内的双重批评无疑疏漏了泰纳著作里不合常理的独创性，

也就是将“革命精神”追溯到其母体法国古典主义的谱系。在1874年致波特米（Boutmy）的一封信中，泰纳这样陈述他的想法：

> 本书意欲表明，布瓦洛、笛卡尔、勒迈斯特尔·德萨西、高乃依、拉辛、弗莱切尔，是圣茹斯特和罗伯斯庇尔的先辈，约束他们的是君主和宗教原则尚完好无损；一旦这些原则被科学的世界观（从牛顿经伏尔泰传播开来）推翻，古典精神便不可避免地催生出抽象的
> 8 自然人和社会契约理论。[16]

大革命越过启蒙运动，植根于古典主义的“推理理性”（raison raisonnante）的胜利当中。以“抽象的世界”取代“现实事物的丰富性和复杂性”，用“普遍的人”取代实际存在于自然和历史当中活生生的个人，古典精神在削弱君主制的习俗和历史基础的同时，为哲学思想提供了框架。

否定现实是古典主义的核心，它在革命人士追求的根除旧文化中被付诸实施：

> 人们将以唯有国家能代表和解释的理性的名义，按照且仅仅按照理性，去废除和重建所有的习惯、节日、仪式、服装、纪元、日历、度量衡、季节名称、月份、星期、日子、地名和纪念碑、姓氏和教名、礼节称号、言谈腔调、打招呼的方式、攀谈时的仪态、说话和书写的方式。法国人就像从前的清教徒和贵格教徒一样，将改造一直深入到内心，以至于他行为和外表的最细微之处，无不表现出那个改造他们的全能原则和统治他们的僵硬逻辑的支配力。这种情形构成了最终结果和古典精神的完胜。[17]

这种观点，应该被视为一种试图以古典精神必然的、毁灭性的和令

人憎恶的结果来重写国家历史的反革命思想的矫枉过正或胡言乱语吗?可能并非如此,或不仅仅如此。不是将“革命精神”直接追溯到启蒙改革那里,而是将之追溯到法国传统本身——尊崇国王或上帝权威的传统类型,泰纳抛开了大革命在追寻自己的奠基英雄的过程中锻造的主题,越过启蒙哲人选择了笛卡尔(得到提名但没有获准进入先贤祠)。没有浮出历史主角意识表面的关联事物,以及高调宣扬的意识形态之下交织着未知关系的关联事物,比革命者们高调宣扬和赞美的关联事物让人更感兴趣。 9
在此方面,较之他之前或莫尔内之后,泰纳将大革命置于更长的时段中思考文化进程的演变。而且,泰纳将古典主义的特质概括为拒斥现实和否定社会,他为后来的诊断,即把“去现实化”视为 17 世纪和 18 世纪文学的显著特征,奠定了基础。“法国的古典悲剧构成了风格分离的极端,悲剧远离日常生活现实;至少欧洲文学没有比之更激进的。”[18] 埃里希・奥尔巴赫的判断犹如泰纳的话的回响,他同样认为,古典美学(它也主导着启蒙文学,悲剧仅是典型性的表达)以普遍的、绝对的和神话般的人性取代了具体的日常生活、政治实践和个体存在。在泰纳的论述之前二十年,托克维尔在较短的时段上进行了思考,他同样提出了理性的“抽象世界”与“现实事物的丰富性与复杂性”之间的对立,但使用的是另外一对相对立的概念范畴:“文学政治”和“公共事务经验”。

托克维尔:“文学政治”与“公共事务经验”

在托克维尔看来,理解大革命是如何发生的,最重要的因素是君主制行政集权的长时段演变与致命的、暴烈的、不期而至的决裂的必然结果:

> 它绝不是一次偶然事件。的确,它使世界措手不及,然而,它

> 仅仅是一件长期工作的完成，是十代人劳作的突然而猛烈的终结。即使它没有发生，古老的社会建筑同样也会坍塌，这里早些，那里
> 10 晚些；只是它将一块一块地塌落，不会在一瞬间崩溃。大革命通过一番痉挛式的痛苦努力，直截了当、大刀阔斧、毫无顾忌地突然间便完成了需要自身一点一滴地、长时间才能成就的事业。这就是大革命的业绩。[19]

尽管大革命的发端和原因完全包含在君主行政集权的进程中，但它不是一次简单的决裂，从这个进程中不能推断出其发生时机和激进性。有鉴于此，托克维尔在《旧制度与大革命》第三卷中提出了另外的缘由，试图清晰地阐明革命爆发以及赋予革命以意义和必然性的历史发展。为此，第三卷的论证重心放到了一种短时段（大革命前三四十年时间）的历史进程上，力图廓清导致观念和情感迅速发生转变的文化变化。知识分子在这些变化中扮演的新角色是至关重要的。

在第三卷第1章“到18世纪中叶，文人何以变为国家的首要政治家，其后果如何”当中[20]，托克维尔对知识分子的角色进行了分析。本章的出发点是，君主政府代理人（托克维尔称之为 fonctionnaires，在某种程度上带有时代错置的错误）对统治权力的有效行使与已成为公众舆论裁决者的文人发展出的“抽象的文学政治”之间的根本对立。在1750年之后的法国，名副其实的权威已与权力分离开来，政治已与政府管理分离开来，公共讨论在政府机构之外的领域展开。这种情形，将没有权威的权力和没有权力的权威危险地并置在一起，其带来的后果是双重的。一方面，它导致以“有关政府性质的普遍和抽象的理论”取代“实践”和“经验”的教益，被拒斥在政治统治领域之外，不能进行任何行政管理决策，政治生活只能转入文学当中。另一方面，行政权力与“文
11 学政治”之间的决裂，赋予了“文人”“启蒙哲人”和“作家”一种新的功能和责任，这种功能和责任以前（或在其他国家）是由正常的“公共

生活领袖们”承担的。在英国,“研究治国之道的作家与统治国家的人是混合在一起的”,“政党领袖”是公众舆论的指挥者,与英国不同,旧制度末期的法国,文人成为替代的贵族阶层,在拥有至高无上权威的同时毫无实际权力。

产生这种悖论的原因在于中央集权化进程。在此进程中,通过毁灭“自由机制”——托克维尔称之为“封建的”,削弱公共生活,把“上层阶级”排除出行使权力之列,法国君主政体自身为“哲学的”霸权创造了条件。一方面,君主政府抽空三级会议、省级和市政会议的实质内容之后,独占了全部的行政权力,从而剥夺了民众历练政治艺术的机会,使他们无从获得这种经验。另一方面,国家权力面对的是在旧的公共自由废墟上兴起并完全受“文学政治”诱导的公众舆论。被剥夺了所有的代议制机构,远离公共事务,精英阶层从曾经属于他们的社会中转移出来,转而进入由文人构建的理想世界中:“现实社会的结构还是传统的、混乱的、非正规的结构,法律仍旧五花八门,相互矛盾,等级森严,社会地位一成不变,负担不平等,在这个现实社会之上,逐渐建造起一个虚构的社会,在这里,一切显得简单、协调、一致、合理,一切都合乎理性。”针对社会世界的这种去现实化(泰纳从这个思想里受益颇多),“使全部文学习惯都被搬到了政治中去”,也就是说,抽象化和普遍化的双重运动,会把承接自历史的复杂现实,简单地归为“从理性和自然法中汲取的简单而基本的法则”。因此,在文学的政治化的同时是政治的文学化,并转化为对决裂的期待和“理想国”之梦。

中央集权化进程催生的“文学政治”和“理论教育”,成为那些被剥 12
夺了一切政府参与权的团体共同的意识形态。它们由此强有力地促成了贵族与资产阶级之间差别的缩小,使他们变得非常相似。因此,托克维尔把新政治思想“普遍而抽象的理论”的传播,放入各省和各阶级间差别逐渐消失(这在他看来是根本性的)的视角当中。正如我们在第二卷第8章“在法国这个国家,人们变得彼此最为相似”中所看到的,托克维尔的诊断非常干脆：

> 18世纪末，人们尚可以看出贵族与资产阶级的举止行为有所不同，因为，人们所谓的举止行为这种外表的风尚需要很长时间才能变得一致；但是，实质上，所有高居人民之上的人都彼此相似；他们具有相同的思想、同样的习惯、同样的嗜好，从事同样的娱乐，阅读同一类书，讲着同一言语。

但注意上引文字段落末尾的一句话："他们除权利外，概无差别。"[21]思想的一致，让特权的展示变得更加必要，同时也变得更加让人不可忍受。在思想和社会行为方式相同之外，他们之间的利益对立和差别的夸耀仍然非常强烈。随着"民主专制"的强化——这个相互矛盾的范畴在托克维尔笔下意指行政中央集权化与消灭社会差别的双重进程，等级和自由社会必然伴生的人与人之间相互关联和相互依赖，让位于个体利益的冲突对抗。尽管共同的文化让人们的倾向和行为趋于同一，但它丝毫不能缩小将"这些彼此相似的人"分离开来的距离。相反，政治自由的消失昭示着社会机体的解体，因此它加剧了敌对和提升了紧张关系。

我们为什么在这里如此冗长地讨论托克维尔？这样做至少有三点
13 理由。首先，托克维尔预防性地摒弃了将启蒙哲学视为胜利的资产阶级自有的对抗贵族阶级的意识形态，他以另外一种图式——将新思想视为"民众以上所有阶层"共有的精神，反对将启蒙哲学视为资产阶级独有的意识形态这种简化的图式。理性和改革思想，并非阶级差别和距离的表现，而是为上层阶级所共有，共同沉迷于"文学政治"使他们变得越相似，他们之间的敌对就越强烈。

其次，托克维尔的著作清楚地指出了莫尔内未能看到的东西：权力行使模式转变的文化影响。将政治形态的转变——按照他的说法就是，中央集权政府的专制主义毁灭了建立在代议机构基础上的政府固有的自由——置于中心和主导地位,他提出了一条思考思想文化领域状况和张力的精妙路径。把绝对主义国家的建构与批判思想的发展视为两个独立的、平行的历史,这种对立太过简单。正是因为日益行政化和集权化的国王权力意欲垄断一切政治治理活动,制造出了文学政治和公众舆论。

最后,托克维尔有助于我们弄清楚历史行为者的历史意识与他们的行为未被意识到的意义之间的关联。决裂幻想——革命行为的基础和显见意义,植根于想象的抽象政治当中, 18 世纪远离统治“现实社会”的各种机构的作家们构造了这种抽象的政治。因此,弄清 18 世纪的文化实践,对试图理解它们是怎样让作为大革命主要特征的彻底变革愿望与意识变得可能和可行,是必不可少的条件。“1789 年,法国人以任何民族从未尝试过的最大努力,将自己的命运一分为二,用一道鸿沟,把他们过去已然的样子与他们未来想要的样子分离开来。”[22] 因此,对大革命“文化起源”的任何思考,都必须要从这种末世论冲动和新纪元奠基信念着手。 14

旧制度的政治文化

半个世纪后,欲重新阐释莫尔内提出的问题,必然要对在他看来不证自明的范畴提出疑问,另外构建在他看来毫无关联的范畴,“政治文化”就是这样的概念范畴。忠实坚守朗松的研究计划,整部《法国革命的思想起源》都旨在廓清新思想在 18 世纪中期之后,甚至在 1770 年之后进入所有的文化机构和社会环境的传播动力。因此,莫尔内关注书籍报刊传播、学校教授知识和共济会发展当中的思想社交形式。阐述这些社交机构的建立,衡量民众对它们的参与程度,指出它们的变化革新,这部著作因此开辟了一片新的研究空间,即 1960 年代回溯性的文化社会学较为严格精密的研究工作。但在进行研究时，它以简单化的两分法，将“原则和学说”与“政治现实”截然对立起来，因此又回归到托克维尔的“普遍理论”与“公共事务”两相对立的平淡模式。在这种图式中，未能给确切地被称为政治文化的东西留下任何空间，如果我们把政治文化理解为“政治话语场域”[23]的话。

将旧制度政治视为由相同的参照对象和所有历史主角接受的输赢准则统合在一起的场域里的竞争性话语，为我们打开了两方面的视角。一方面，把被托克维尔截然分开的两个领域——“政治统治”与“文学政治”——结合到一起成为可能。针对全能的、不可动摇的和天衣无缝的行政中央集权的观点，它便于我们强调18世纪中期动摇了君主制基础的政治和“宪政”冲突的重要性。针对同质的、独特的抽象政治观念，
15 我们需要指出描绘不同社会政治秩序表象的哲学话语内部激烈的竞争。确定的是，无论如何，18世纪的法国人清晰地意识到自詹森主义危机以来话语和政治争论的剧烈转变，此时，拒绝给那些赞同唯一诏书（unigenitus）教皇通谕的教士做临终圣事，以及高等法院抗争的加强，思想沸腾不仅将国家秘密暴露在公共空间，剥夺了国家限制公共精神的权力，而且业已展开的公共讨论，正是将君主制的性质及其建基原则作为主要对象。[24]

另一方面，将旧制度的政治建构为专门的话语场域，既没有埋首于哲学思想当中，也没有专注于国家权威的行使当中，让我们得以向18世纪的思想社交中注入政治内容，尽管其外在的实践方式看上去远离生死攸关的权力冲突。有两条路径可用来描述这种政治化。第一路径是将18世纪的各种会社团体（俱乐部、文学协会、共济会）看作是民主社交实验和细化的场所，这种民主社交最终在雅各宾主义当中找到了显见而完备的形式。启蒙时代的思想会社，发展出与建立在等级社会基础上的表象全然不同的个人主义和平等功能的社交模式，建立起必然一致的公众舆论的产出模式，形成了一种完全独立于传统权威（也即

省等级会议、高等法院或君主自身）的表象功能，是新的政治合法性的来源，与君主制体系等级的、团体主义的政治合法性格格不入。因此，新的思想交往模式在坚持尊重权威和信守传统的价值观之时，在实践中却是最激进的革命的预演。[25]

上述第一种政治化模式有别于另一种政治化模式，后者将 18 世纪的思想社交看作是一个新的公共领域的建立。在这个新的公共领域里，运用理性和判断，不受任何批判性审查的限制，不必屈从于旧的权威。
各种不同的文学艺术批评（沙龙、咖啡馆内、学院以及报纸和期刊）主 16
张，构成了一个新的独立的、自由的和主权的公众。因此，欲理解新政治文化的出现，就要弄清楚文化公共领域不断累进的政治化进程，以及批评不断朝着以前被禁止的主题，即宗教和国家的神秘性的转移过程。[26]这两种视角，尽管彼此不容，但至少标示着理解在思想文化内部的政治文化所处地位的两种不同路径：第一种路径是将之置于自愿社团样态自动含有的功能当中，第二种路径是将之建立在公众运用理性的要求和理性最终获胜之上。

什么是启蒙？

重新思考莫尔内，也必然意味着质疑把“哲学精神”与启蒙运动阔步向前等量齐观的观念。启蒙的定义看上去很简单，只要将它看作是由启蒙哲人阐发的一系列学说，在法国的各个阶层中传播，表达着几条基本原则：批评宗教狂热和褒扬宽容，信奉观察和实验，批判地审视所有的原则和习俗，对自然道德加以定义，以自由观念为基础阐发政治社会关系。然而，面对这幅经典的启蒙图景，疑问出现了。可以确定启蒙必须绝对地或主要地被概括为一系列自足的显见观念，或一系列清楚明晰的话语主张吗？难道在其他地方——由实用和服务（用于国土和人口管理以及思想或制度机制对观念体系和社会等级体系形成根本性重组）目的主导的多样化实践中，就辨识不到18世纪的变化革新？

首先，这种视角让我们能够重估启蒙与君主制国家之间的关系，因为哲学话语批判的主要对象国家，毫无疑问是现实改革最强大的发起
17 者，正如托克维尔在《旧制度与大革命》第三卷第6章“政府完成人民的革命教育的几种做法”里所观察到的那样。而且，将启蒙视为没有话语（至少没有被传统直接界定为“启蒙的”那种话语）的行为实践之网，会赋予我们一条路径，推断出意识形态宣讲与“实践形式”（借用米歇尔·德·塞托的概念范畴[27]）之间存在的距离甚或冲突。

因此，对我们来说，从“思想的”转向“文化的”，不仅仅拓宽了问题范围或改变了研究对象。这种转向从根本上预示着让以下两种观念露出破绽：一是行为实践能够从为它们提供支撑或证明它们正当性的话语中推导出来；二是把社会功能的潜在意义转换为显见的意识形态语汇是可能的。莫尔内在试图复原“共济会思想的潜意识”时，采用了第二种路径；高善也使用第二种路径，把旧制度时代“思想会社”的智识和社会实践隐含的意识形态指为雅各宾主义的先驱。第一种路径——研究启蒙的所有文学著作的经典路径，以思想产生行动的假设为基础，将针对既存权威的决裂行动与哲学观念的传播联系在一起。针对这两种路径——它们同时存在着简单化和间接性的弊端，我们或可提出一种不同的路径，阐释组织起某个特定社会的社会与思想状态的话语系列和实践机制。从一种状态到另一种状态，两者之间既没有连续性，也没有必然性，譬如正像我们业已指出的那样，启蒙运动解放的意识形态与那些宣称建基于此种意识形态之上的实践机制之间的冲突，极大地增加了规约和控制。[28] 如果大革命确有文化起源，那么它们根本不在于将行动与主导行动的意识形态统一起来的和谐一致当中，而在于描绘社会的话语与话语被付诸实施创造出新差别、新分歧的行动之间的不一致当中。

18 在研究“哲学精神”的传播时，莫尔内的著作广泛地使用了“舆论”

概念，舆论的波动和演变是衡量新思想渗透程度的尺子。当这些新思想变成“普遍的公众舆论”或“公共思想”时，启蒙事业就赢得了胜利，对政治冲突形成看法并表达出来的“心智”之路打开了。因此，舆论带有与观念生产逐项对立的特征：舆论是非个人的和匿名的，而观念可以被归于某个个人和以个人的名义提出；舆论是从属的活跃的，而观念是原创的和革新的思想创造。按照莫尔内的看法，用其他词汇来思考舆论是不可想象的，他将这个概念作为一个历史的不变量加以对待，它存在于一切社会，史学要做的应该就是阐明它多样的和变化着的内容。

这种假说不再让我们满意。观念的传播不能够被视为简单的强加：接受总是涉及对所接受的东西进行改造、再表达和使之适用。舆论绝不是无保留接受的储水池，也不是随意刻印的软蜡。思想或文化模式的传播是一个充满动能和创造性的过程。反过来说，文本自身并非仅有稳定而单一的意义，它们在某个特定社会中的流播会导致动态的、多样的，甚或相互矛盾的解释。因此，传播（被理解为新思想所赢得的空间持续累进地扩大）与学说和原则实体（它们是传播的对象，能够在任何挪用之外被辨识出来）之间丝毫不差，是不可能的，这与莫尔内所想的恰恰相反。而且，“普遍的公众舆论”并不是一个超越历史的概念范畴，只需要把它应用到具体环境中即可。作为一种观念和作为一种形态，公众舆论是在具体的历史情境中构建出来的，具体的历史情境是建立在赋予其特定特征的话语和实践基础之上。因此，问题不再是舆论是接受哲学精神抑或抗拒哲学精神，而是要去理解在 18 世纪的任何特定时刻导致一种新的观念和社会现实——公众舆论——兴起的条件。 19

第2章

公共领域和公众舆论

为弄清18世纪公众舆论构建的方式，我们不妨从阅读尤根·哈贝马斯的经典之著《公共领域的结构转型》（法语译本题为《公共领域》）入手。[1] 著作的论题明晰有力：18世纪中期左右——这个地方早些、那个地方晚些，出现了一个“政治公共领域”，也称作“资产阶级公共领域”，它表现出双重特征。在政治学上，它构成了一个脱离国家（也就是“公权力领域”）控制的讨论和交流空间，并对国家权力的行为或根基进行批判。在社会学上，它既区别于隶属公共权力领域的宫廷，也与不能参与批判性辩论的民众保持距离：正因为如此，这个领域被定性为“资产阶级公共领域”。

政治公共领域

政治公共领域由数种要素组构而成，它直接源于文学公共领域，建立在沙龙、咖啡馆和报刊的基础上。其首要的定义是，一个私人在其中公共地运用他们的理性的空间：“资产阶级公共领域首先应该被视为私
20 人聚集起来形成公众的领域。”[2] 因此，一种新型“公开性”的兴起与私人生活领域的形成之间存在着根本性的联系，这种新型公共领域不再

仅仅是国家权威的展示和赞美，私人生活领域则包括隐秘的家庭生活、建立在商品和劳动交换基础上的公民社会，以及批判地行使“公共理性能力”的空间。

因此，从中世纪末到 18 世纪西方社会特有的私人化进程，不能仅仅视为个人退隐到各种社交关系（夫妇的、家庭的、联谊的、上流社会的和文人的）当中，使之摆脱国家的监控约束和行政管理。毫无疑问，当个人不参与权力行使，置身于不受君主统治的领域时，“私人”与“公众”是根本对立的。但恰恰是这种新获得的个人自主性，使得新“公众”的形成——建基于摆脱了对君主义务的私人之间的交流上，变得可能和可以想象。

这种交流，要求不同的参与者之间本质上完全平等。因此，政治公共领域摒除了将等级制度加于社会之上的身份等级划分。在意见的交流中，在批判力的行使中，在观点的碰撞中，个体间的平等得以确立，区别他们的仅是他们所提出的观点的可靠性和严密性。在由多种不同团体组织起来的碎片中，这个新型的公共领域与同质的和统一的领域截然相反；它取代了严格按照承袭的社会等级模式分配权威，产生出一个仅接受自身区分原则的社会。

私人公开地运用理性不受任何限制，没有任何禁区。批判地运用理性，不再束缚于对宗教和政治权威的尊崇。一方面，这个新公共领域消除了笛卡尔所创的强制性信仰与服从之间的划分，另一方面，各种意见观点都可以合法地受到质疑。笛卡尔的“临时道德规范”准则第一 21
条，就是让他“服从我国的法律和习俗，笃守我靠神保佑从小就领受的宗教”。[3] 这使他从根本上与众不同：“（将这些准则）作为信仰上的真理，在我的心灵里永远居于首要位置，我认为，这样做让我能自由地将我所有其他的意见统统地抛开。”[4] 在一个多世纪后构建起来的公共领域里，笛卡尔的这种保留消失了，因为思想或行动的任何领域都不能被抛开，逃脱批判性的评论。

这种评论在各种机制中进行，它们将公众组构为一个美学批评的法庭：沙龙、咖啡馆、俱乐部和期刊。新社交机制提供的公开性，剥夺了垄断着艺术生产评价的传统权威（宫廷、官方学院和业内行家），它同时具有扩容与排斥两种倾向。扩容，是因为多种多样的传播机制（尤其是报刊）创造出一个批判的共同体，这个共同体中包括“作为读者、听众和观众，拥有财富和文化，并直接主导讨论话题进程的所有私人”。[5] 排斥是因为，“财富和文化”并非是人人都拥有的东西，由于缺乏“私人公开地运用理性”所必备的能力，所以直接发源于文学批评的政治争论将绝大多数人排除在外。[6]

正是公共领域的这种排斥过程，使 18 世纪围绕着代表观念展开的争论变得极其重要。由于缺乏文化被逐出政治公共领域，民众需要以某种方式表现自己的存在，他们由那些号称民众教导者或代言人的人“代表着”，后者表达民众自己没有能力表述的思想。在此基础上，各种立基于公共权力领域的政治话语，各自以自己的方式发展出代表理论。按照凯斯·贝克尔的说法，我们可以辨识出三种这样的理论：绝对主义
22 理论，该理论把国王本人作为分为等级与团体的王国唯一可能的代表；司法理论，该理论将高等法院建构为国民赞同或抗议的表达者；行政理论，该理论将社会利益的理性代表归于以财产而非以特权为基础的市政或省级会议。[7] 面对这些对比鲜明且相互竞争的定义，新的公共领域理论提供了一种替代的代表模式，该模式让代表概念摆脱任何体制机制的印迹——也即君主的、高等法院的或行政的，且假设存在由公众舆论范畴所划定的、由能够发出声音的启蒙文人所代表的普遍一致。

理性的公共运用①

阅读哈贝马斯的著作，给我们打开了反思的空间，首先，我们要考问公共与私人概念之间的关联，而后稍作停留，考察一下作为哈贝马斯论证源泉的文本：康德 1784 年在《柏林月刊》（*Berlinische Monatsschrift*）上发表的文章《对问题“什么是启蒙”的回答》。[9] 康德在文章中讨论了启蒙运动向前进步必不可少的条件，他认为这种条件就是人类摆脱不成熟状态。他的答案建立在两个论点之上。第一，这种解放意味着，每个人都重新掌控自己理解力的运用，得以让自己从“惯例和程式，机械的理智运用方式，甚或说他天分的错误运用”中解放出来，这些东西桎梏了思想活动。因此，启蒙需要与强加的和承袭的思想决裂，要求每个人践行独立思考的义务。

但（康德的第二个论点）对大多数人来说，这是一个十分艰难的历程，因为根深蒂固的旧习惯“几乎已成为……他们的天性”，也因为被人类托付思考重责的监护者们沉重的既有权威：“因此，只有极少数人，通过自己的精神活动，成功地摆脱不成熟状态且能够迈出稳健的步伐。” 23
启蒙的发展进步，不可能源自由这个那个分离孤立的个体独自进行的理解力的改进，“但公众要启蒙自己，却是有相当大的可能；实际上，只要给予他们自由，这几乎是无可避免的”。因此，有一个共同体架构，能够支持每个人的进步，能够让最有远见的大胆行动为人们所分享，是启蒙降临的必要条件。

在此，康德提出了理性的“公共运用”和“私人运用”的区分。理性的私人运用是“一个人在其所受任的一定公职岗位或者职务上所能运用的自己的理性”。因此，理性的私人运用，与职责行使或职务相联系（康德举了服从命令的军官和向信众传教的牧师的例子），与公民对国

① “public”一词在本节里，在“公共领域”理论的概念范畴之内，根据意思表达的需要，被分别译为“公共的”“公开的”或“公众”。

家的义务相联系（譬如作为一名收税员）。在这些情况下运用理解力，能够被合法地限制在“公共目的”的名义中，以确保官员、牧师和收税员所属的共同体的存在，康德称之为“公共利益和共有事物的统一体”。这种没有给批评或个人理性思考留下空间的强制性服从，并没有妨碍启蒙，因为它让必然会滋生抗拒规训的社会肌体避免解体。

但这样的理性运用——按照旧定义，“公共的”被视为国家或宗教权威固有的保留地——何以被康德称为“私人（运用）”，因而颠倒了这些词汇的既定意义？利用牧师教诲信众作为例子，康德对这种矛盾性的定义给予了简略的解释：“一个宣教师在其听众面前所运用的理性，纯粹是一种私人运用；因为那仅仅是一种家庭式的集会，不管这种集会有多大。”因此，“私人”这个范畴指的是作为理解力运用之所的共同体的性质。信众集会，或某一特定教会、一支军队，乃至国家本身，都构成
24 单一的、受限的和局部性的实体。在这方面，它们与“世界公民社会”存在着根本性的差异，后者不限于任何确定的领域之中，其构成亦无任何的疆界。社会“家庭”——无论规模和性质如何，都不过是普遍共同体当中许许多多零碎的片段而已，因此应被视为“私人的”范围，对之形成对比的“公共的”，不是由作为代理人或臣民在行使某种特定权威时的参与性来界定，而是由人类整体的一致性来界定。

以这种方式置于普世的尺度上，理解力的公共运用，与在特定的有限的范围里进行的理解力的私人运用截然不同。“我所理解的理性的公共运用，是指某个人作为一名专家学者，在所有阅读公众面前所做的那种运用”：“作为一名专家学者”，意指作为一名无任何等级和条件差别的社会成员；“在所有阅读公众面前”，意指对着一个不受任何体制性属性限定的共同体发表己见。启蒙状态降临必不可少的“公众”及其不能受到限制的自由，是由一个个个人组成的，他们拥有相同的权利，他们根据自己的内心思考，以自己的名义发言，他们通过写作与自己的同类交流。他们的批判活动可以触及任何领域，科学、艺术、宗教问题

和立法事务概莫能外。开明君主（听听腓特烈二世的发言吧）之所以是开明的，正因为他容许这种理性的公共运用不受约束和限制地发展，因而容许人们变得成熟起来。这种宽容，绝不会危及“公民秩序”，因为它受到运用理性时需要具备职业和条件等种种限制的保障。而且，这种宽容有着宝贵光辉的典范：“这种自由精神还要向外扩展，甚至扩展到那些必须与由不明白自己真正利益的政府所树立的种种外在障碍苦苦作斗争的土地上。”（正如法兰西王国中所发生的情形那样，康德或许心中作如是想而没有明确说出来。）

在该文中，康德作出了两种决裂。一方面，他不仅将理性的公共运用与“作为专家学者”或“以博学者身份”作出并传播的评判等同起来（哈贝马斯就是持这样的观点），而且将公共定义为普世的领域，将私人 25
定义为个体的“家庭”私利——即便教会或国家的私人领域也是如此，从而对公共 / 私人的关系提出了新的阐释。另一方面，康德转换了我们思考加于批判活动之上的合法限制的方式。这些限制不再停留于思想客体本身，正如笛卡尔的推理，在其立论起点中就规定，存在着禁止进行质疑问难的限定范围，这些限定范围就是思想主体所处的位置，当他在履行职责或职位的义务时就合法地受到约束，当他作为一个“世界公民社会”的成员行事时就必然自由。

世界公民社会由著作的流通而联合起来，著作让思想的传播和讨论得以进行。康德始终坚持将“理性的公共运用”与著作生产和阅读联系在一起：以学者的身份，每个人都应拥有“就当前体制内在的弊病发表评论的自由，且是以公开的姿态发表，也即**通过著作**（强调系作者本人后加）”。在这里，“公共”不是根据新的思想社交形式（俱乐部、咖啡馆、各种社团、共济会）来进行诠释的，这无疑是因为这些社交机制存有某些“家庭集会”的色彩，形同某种私人的、分立的共同体。“公共”亦非参照古典城市的理想构建的，古典城市的理想意味着说话声相闻，大家共同思考，构成政治之躯的所有成员近距离而居。在康德看来，能够让不在场的交流得以进行，能够为思想争论创造一片自主的空间，唯有文字著作的传播，它是一种全世界皆可接收得到的东西。

通过通信与印刷物将专家学者联合到一起的“文学共和国”概念和功能，为康德思考理性的公共运用领域提供了思想源泉，早在启蒙运动之前它即已存在。[10] 建立在意志的自由参与、对话者的平等以及思想活动绝对的公正无私之上，文学共和国——它不是由启蒙哲人而是由上个世纪的学者们创制的，为自由公开地检视宗教或立法问题提供了模式和支持。与此同时，求助于自由参与的意志的观念，表明“公众”
26 概念在理论上的普遍性与其实际构成之间存在着距离。在康德生活的时代，“阅读的公众”绝非指社会的全部成员，而能够生产作品的公众更是微乎其微。康德认识到了“公众”与全体民众之间存在距离，因此他说道：“目前的情形是，从整体上来考量，人类在宗教事务上不经他人引导，已经处于熟练地运用自己的理解力并从中获益的状态，还缺乏许多东西。”或许，不独宗教事务，我们还可以添上艺术、科学或立法事务。“全体人类”只是“普遍的公民社会”潜在的组成因子，当这两个实体彼此重合时，我们就可以断言“普遍的启蒙时代降临了”。

公众或民众

公众（public）与民众（peuple）之间的对立，康德认为是暂时性的和过渡性的，是“正朝着启蒙行进”的世纪的特征，但在18世纪许多其他的思想家看来，这种对立是不可调和的二分。“公众不是民众”；这句话表明，旧制度最后几十年当中的公众舆论，被明确地界定为大多数人舆论的对立面。[11] 语汇上的对立有力地昭示了此点：在孔多塞那里，“舆论”与“下层民众”截然对立；在马蒙泰尔那里，“文人的舆论”与“群众的舆论”截然对立；在达朗贝那里，“真正启蒙了的公众”与“盲从的喧闹的群众”截然对立；还是在孔多塞那里，“引领公众舆论的启蒙文人的舆论”与“民众舆论”截然对立。被树立为主权权威和最终裁决者的公众舆论，必然是稳定的、统一的且以理性为基础。其裁决的普适性以及其号令的强制性，来自它既无差异亦无断裂的恒常性。因此，它是多样的、易变的、充斥着偏见和激情的民众舆论的反面。

这些思想家的言论，揭示了旧的“民众”表象在人们头脑里强有力 27
的延续，它被人们作为所有舆论都必须臣服的公众的否定性形象呈现出来。从里歇莱(Richelet)[①] 到孚雷蒂埃尔、从《法兰西学院词典》到《特雷沃词典》，一系列法语词典当中的“民众”词条，在整个 18 世纪都未能及时地标注出民众舆论所呈现的根本的不稳定性。[13] 譬如，孚雷蒂埃尔的《万有词典》(*Dictionnaire universel*)在其 1727 年的版本中如是解释：“民众就是无处不在的人，也就是，愚蠢的、忙个不停的、喜欢新奇之物的人。”接下来是两个应用例句：“民众有仇视同自己具有同样身份特质的其他人的习惯”(来自伏瓦图尔)，“民众的幽默没有任何内涵。如果它没有畏惧，它就会被畏惧；但当它战栗时，人们可以不受任何损害地轻贱它”(来自达布朗库尔)。被指为极端、无常、矛盾、盲从，“民众”在 18 世纪的词典里仍然保留着古典悲剧中所描绘的形象：顷刻间转向、时而温顺时而暴怒，但总是易于被操纵。因此，在 1650 年冬上演并于 1651 年出版的《尼科梅德》的最后一幕中，民众叛乱仅仅是权势人物们争辩的一种武器。由劳迪斯首先挑起：

> 根据战争法则，总是允许，
> 在敌人中间煽起民众叛乱。

如果他听从阿西诺埃的建议，叛乱可能被普鲁士人平息了：

---

① César Pierre Richelet(1626—1698)，法国语法学家，是第一部法语词典编纂者。

> 您在民众面前露面，安抚他们的怒气，
> 至少通过同您争论消磨了他们的怒气。

最后，尼科梅德的一个动作就熄灭了叛乱：

> 一切都归于平静，大人，我一瞥之间
> 28 立即就让躁动的民众平静了下来。[14]

背负着这些旧表象，民众难有可能被视为一种政治主体，即便这些话并非存心贬抑民众。《百科全书》中由尧库尔编纂的词条“民众”即是明证。[15] 该词条给出的定义是严格社会学意义上的：民众是“工人和耕作者”且仅仅是他们，律师、文人、商人、金融家乃至“一些类别的工匠，更精确地说就是那些从事奢侈品生产的手工艺人”，都不包括在内。这些工匠和农民，总是被视为构成“人口的最大多数和国家最必要的组成部分”，他们受到同情和尊敬，但从来不被认为有能力以咨询和代表的方式参加政治治理，而是被认为以奉献忠诚换取保护、以依附交换“更好的生计”的方式与君主联系在一起：“我敢说，国王没有比他们更忠诚的臣民和更友善的朋友了，这个阶层可能比其他任何阶层对国王有更多的爱；这并非因为它贫穷，而是因为它非常清楚地知道（尽管它愚昧），国王的权威和保护是其安全和福祉唯一的保证。”

《百科全书》并不认可“公众舆论”概念：“意见”一词在其中属于逻辑范畴，被解释作“犹疑不定的头脑作出的判断”，与科学的明确性截然相反；其复数形式，则被解释作司法语言里的一个法律用语；[16] 至于“公共的”一词，仅用于修饰“公益”或“公共利益”，其捍卫之责被托付给“君主和官员，官员在君主麾下负责保护公共利益”。[17] 我们无须强行将百科全书中的“民众”定义与对立面“公众”加以比照，因为在这部18世纪的哲学总括中，公众尚不存在。然而，《百科全书》将民众描绘为或友爱或反叛的传统形象，这表明，认为民众艰难的生存需求与参与理性的政治治理行为是不可得兼的表象依然完好无损。

公众舆论的力量兴起后，被定义为所有个别意见——哪怕是国王及其政府的意见，都必须服从的至高无上的权威，它与民众舆论就有了 29
本质的差别。正如凯斯·贝克尔所表明的，公众舆论概念诞生于1750年左右的论争中，先是拒绝给詹森教徒做临终圣事的争论，接下来是谷物贸易自由化争论，最后是关于王国财政管理的争论。[18] 因无力禁止公共争论，君主制自身亦被迫加入其中，向公众解释、劝说，力图赢得公众的赞成和支持。一种新的政治文化因此形成，并被当时的法国人视为全新的事物，因为它让权威的宝座，从国王独自的意志（秘密地作出决策且不可更改）转到全体人的评判，这种评判不是通过任何体制机构而是通过公开辩论做出的，因此它比主权君主更为主权。这种情形，向我们提出了一系列尖锐而急迫的新问题：如何将这个归属于公众的权威，与各个敌对派系间的纷争分裂（英国就是令人憎恶的榜样）区分开来？谁才是已经变成公众的舆论的真正代言人：是制造了它的文人，是明确将它表达出来的高等法院法官，还是将它付诸实施的开明行政官僚？最后，如何去评估作为意见一致保证的舆论意旨的明确程度？就公众舆论所要求的这种统一性而言，应答必不是一致的，因为众所周知，公众舆论是一种必须聆听的全体人的声音，是一个必须说服的法庭。

舆论法庭

1775年，在他刚刚入选的法兰西学院面前，马尔泽尔布铿锵有力地表达了这样的观念——从此之后该观念得到普遍认同，即公众舆论将被视为比其他任何法庭更加专横的法庭：

一个独立于所有权力并为所有权力尊敬的法庭兴起了，这个

> 法庭激赏所有才华杰出之士，发出所有优秀卓越之士的声音。在
> 30 一个启蒙的世纪里，在一个每个公民都可以通过印刷物向全民族说话的世纪，那些具有教导人们的才能和动员他们的天资的人，简言之即文人，在分散的公众中间，犹如罗马和雅典公众集会当中的演说家。[19]

进行这样的比较有好几种理由。首先，它给新法官——简言之就是文人——赋予一种普通法官所没有的权威。他们的权力范围没有边界，他们的管辖范围无远弗届；他们的审判自由受到保障，因为他们不依赖任何统治者的权力；他们的裁决具有尽人皆知的强大力量。以这种方式将文人树为这个理性的、至高无上的法庭的法官，就是赋予他们对所有传统权力——从国王的权力和高等法院的权力开始——基本的司法合法性。因此，像《百科全书》中的“人类知识体系图”中那样，文学共和国的权力，不再仅仅建立在对“上帝科学，或祈求上帝修改矫正和通过天启达到圣化的自然神学”的卑躬屈膝之上，而是以“一般性的存在科学”为基础，后者是“哲学或科学（因为这两个词是同义词）”的首要分支，是“与理性联系在一起的人类知识的组成部分”。这使得引导人类的角色从“经院哲学”过渡到“启蒙哲学”。[20] 随着公众舆论的创生，“文人组成的开明国家和哲人组成的自由的大公无私的国家”发现自己被托付了真正的公共职位。[21]

但比拟作法官还有另外一种功用：它意欲在审判的遍在性与个人的分散性之间建立联系，与古代人不同，构建一种一致的舆论不需要任何实在的地点。像稍晚之后康德的看法一样，马尔泽尔布在 1775 年 5 月以间接税法庭名义呈递的谏诤书里提出，正是印刷品的流通，使一个人民彼此分隔而居、各自按自己的方式形成思想的国度形成统一的公众成为可能：“知识通过印刷物得到扩散，成文律法如今为所有人所知，
31 每个人都清楚他自己的事务。法律学家们业已失去了因他人愚昧带给

他们的权威。法官本人可能会受到得到教育的公众的审判;对法官的这种审判,在冷静的、沉思的阅读中进行,比投票仅局限在喧嚣纷扰的议会中进行,更为严厉也更为公平。”[22] 通过将著作的“公开性”与由舆论宣示的审判至高无上的权威联系在一起,马尔泽尔布把源自独自阅读的诸多个别想法的集合转变为一个集体的匿名的观念实体,这个实体是抽象的、同质的。

在1793年《人类精神进步史表纲要》论述的第八个时代的头几页中,孔多塞发展了同样的思想。作为推论的起点,他比较了口头话语和印刷作品的不同,前者仅能触及邻近听众并激起他们情感,后者的流通为不受限制的公正的交流创造了条件:

> 人们业已掌握了向散布各地的各个民族说话的手段。人们业已建立起一种新型的讲坛,在其中,感想的交流虽则不那么活跃,但却更加深沉透彻;在其中,对人们激情所施的权威虽则不那么专横,但却在理性方面获得了更确定更持久的力量;在其中,全部的有利条件均倾向于真理,因为这项技术抛却了诱惑人的手段,同时赢得了启蒙人的手段。

因此,印刷术使得公开性的构建,在人们彼此并不接近(一种不在场的共同体)的情况下成为可能:“印刷术所形成的公众舆论,因分享它的人数众多而强大,因决定其内容的主旨同时涉及所有人的头脑——哪怕他们之间距离很远——而充满活力。我们因此看到,一个独立于所有人间势力,有利于理性与正义的法庭兴起了,人们很难对它隐瞒任何东西,也不可能逃避它的审判。”[23] 读者是其中的法官,作者是其中的党派,这 32
个法庭是一种普世的表征,因为它使得“在任何地点讨论的每一个问题,都会引起讲同一种语言的人的关注”。[24] 在孔多塞的著作里,尽管给它下了最“民主的”定义,但公众舆论——理论上是普世的——显然必须与各种文化差异作妥协，让纷繁复杂的社会现实完全投合概念的完美绝不是件容易的事："尽管仍然有大量的人被指为自愿的或被迫的愚昧无知，但横亘在人类无知人群与有知人群之间的界限已几乎全部抹平，充塞于聪明和愚钝两个极端之间的空间不知不觉地消失。"[25] 这样的词汇（"尽管""几乎"）充分表明，尽管孔多塞认为已经消失，但实际上差异距离并未减小。

因此，从 17 世纪到 18 世纪，想象公众的方式发生了剧烈的转变。在"巴洛克"政治时代，界定公众的界线是，它就等同于剧院公众的那一群人：异质的、等级不一的，仅因他们所看的和所信的剧情而构成公众。这种类型的公众，可能由分属各个社会阶层的男女组成，聚集起剧院想要获得忠诚和支持的所有人，大人物与普通民众、精明的政客与无知的无产者都同样囊括其中。另一方面，这是一种"受面孔支配"或"受外貌诱惑和欺骗"的公众，正如自封的政治理论家诺代写到，最引人入胜的效果就是揭开政治中的种种权谋以及这些权谋所谋求的目标。"世界剧场"里的观众们，他们被诱惑、被俘获、被操纵，无论如何构不成"公众舆论"，即便该词组在 18 世纪中期之前就已出现，譬如在圣西门的笔下。

当"公众舆论"概念出现时，它带来了双重的断裂。第一种断裂是，针对伪装术、掩饰术和秘密操作术，它吁求必须保证意图清晰可见的透明性。在舆论法庭面前，一切动机目的都要受到毫无掩饰的争论：明显
33 占有正义和理性的动机目的必然会获得胜利。但是，所有公民还不能熟练地以这种方式进行判断，或还不能熟练地集合到一起形成开明的舆论。因此，第二种断裂是，针对混杂在剧场里比邻包厢的大厅后排及每个人按照自己的方式释读面向所有人的表演的公众，它是一种同质的公众，构成了裁判文学或政治德能的法庭。当意见被视为行动者，而不再是旁观者时，它就变成了失去其普遍性特征的公众舆论，由此将许多缺乏技能作出由它宣布的裁决的人排除了出去。

公众的构成

将公众组构为一个其裁决比既有权威更加有力的实体，须通过几种运作方式，两方面例子可以解析之。第一种例子是从字面意义上进行司法比较，因为该例与司法诉状紧密相关。自 1770 年开始，律师和诉讼各方曾大量出版诉状，马尔泽尔布在 1775 年的谏诤书里对这种方式表示支持，反驳了那些声言“公众不应该构成法庭当中裁判员”的法官们的批评：“从根本上来说，法国正常的司法秩序是，司法应该公开。所有案件均应诉诸公众听证；当人们通过印制的司法诉状让公正成为见证人时，这不是正好增加了听证的公开性了吗。”[26] 在任何情况下，一个受到普通法庭审讯的事件，都应该暴露在舆论面前。欲将一桩针对私人且走秘密司法程序的诉讼案，转变为负责让真相得以发扬且让如实审判得以进行的公共争论，必须采取几种策略。

最基本的策略是给所辩护的案件赋予普遍性的和典范性的价值。这是律师拉克莱特尔认可的方案：“任何导致普遍思考且易于变成公众关注焦点的特定事务，都应该被视为一起重大事件，在这个事件中，社 34
会感受用其全部的权威来作证，公众舆论带着其巨大的影响兴起。”一位仰慕他的见证者告诉我们，这也是他真实的行事方式：“他不是将自己封闭在平常主题的狭隘圈子里，而是超越在各国政府的宪法之上；他只看大的结果：每个特定案件在他手里都会上升为国家问题的议程。”因此，一个宫廷贵族拒绝向其平民债权人偿还债务，会变成谴责不公正特权的理想机会，就像专横地囚禁一位布列坦尼士绅是谴责逮捕密札那样。[27]

为了让这种意图真正产生效力，还必须完成其他两个条件。其一，大规模动员印刷物流通的潜能，打破司法程序的秘密性，这里所利用的是司法诉状的大量印刷（至少 3000 册，经常是 6000 册，有时候甚至多达 10000 册）及其低廉的售卖价格——在它们不是被免费派送时。其二,用一种迥然不同的写作风格取代惯常的法律文风,这种写作风格仿效和参考成功的文类体裁,并在叙事上采取戏剧性的形式,或者像这个时代的文学作品那样,以第一人称叙事,通过展现"我"赋予辩护词以真实可信性。让个案普及化,让秘密公开化,让措辞"小说化":这些是让律师们得以诉诸舆论的手段,这么做,也宣告他们是舆论的权威的诠释者。

将个体与国王联系在一起的传统关系——这种关系是直接的、离散的和排他的,是国内秘密的保证人和守护者——让位于一种全然不同的机制:私人纠纷的公开展示。[28] 从这个观点来看,司法诉状是逮捕密札恰恰相对的反面,后者是君主派发的,用于满足那些意欲制止损毁自家声誉的失序行为的权贵家族之需。司法诉状展现了逮捕密札掩盖的东西:前者期待舆论的裁决,后者寄望君主的全能权力;前者将丑
35 闻转变为民事诉讼,后者负责掩盖丑闻。在18世纪的"私人化"进程中,个人逐渐从国家权威那里获得了自主和自由,从而为新的公共领域的产生提供了基础,"私人生活的政治化"看上去就是这种历史发展的产物。

公众崛起为至高无上的裁决法庭的第二种方式,在美学批评的演进中得到彰显。从1737年开始,美术展览会其时成为一种常规举办的和人们经常光临的机制。美展的存在将美学鉴赏的合法性,从直至此时仍宣称拥有垄断地位的狭隘圈子(皇家绘画雕刻学院、贵族和僧侣阶层的主顾、收藏家以及出售艺术品的商人),转向混杂的且人数众多的公众那里,他们对挂在卢浮宫正方形美术展览厅墙上的画作加以评判。当然,把这群参观者树立为品位的评判者并非全无问题。正如托马斯·克罗写道,对于那些认为新观众的期望与情趣压倒旧权威的人来说,一个至关重要的问题是:

> 是什么将全体观众(听众)转变为公众,也就是转变为一个在

> 艺术行为鉴定和对这种行为的产品进行估价方面拥有合法影响的共同体？尽管观众（听众）是公众的具体表现，但并不完全等同于公众……带有构成形态和意志的公众，通过不同的要求来描述之；当有足够数量的观众逐渐相信这些描述中的一个或另一个，那么公众就能够成为艺术领域重要的历史角色。[29]

将观众转变为公众，遭遇到来自铭文雕刻学院、艺术领域行家，甚至艺术家本人强大的抵抗。然而，独立批评家的行动——他们通常是匿名的，有时甚至是隐匿的，其人数自1770年代之后不断增加，其文章比狄德罗专供给格里姆主办的《文学通信》订阅者的评论流传得更广——或多或少地取得了成功。正如被撰写司法诉状的律师所激起并代表的公众一样，被认为规范绘画品位的公众，在被任命为美学方面的立法者的批评家当中找到了其首批的阐释者。

即便公众舆论被界定为一个概念实体，而不是社会学意义上的，但
在旧制度的最后二三十年里，公众舆论观念业已渗透到所有层面的话 36
语当中——政治的、行政的和司法的，作为社会纷争或社会合法性的有力工具在起作用。实际上，宣称承认公众舆论的判决令，并通过该行为把自己树为宣布公众舆论判决的代表，所有这样做的人都借助公众舆论确立了自己的权威。如托克维尔写到，正是把舆论构建为一个统一的、启蒙的和主权的公众，文人们才变成了“国家政治中的首要人物”。在本质上是普遍的、能够批判地运用理性的公众，在其实际构成中远非普遍的。从国王权威支配的领域里解放出来的公共领域，与群众摇摆易变的舆论和盲目的情感毫无共同之处。民众与公众之间，存在着显见的断裂，从马尔泽尔布到康德那里都可以看到，能够阅读和写作的人
与不能的人之间的分界线清晰可辨。 37

第3章

印刷的方式

两篇几乎同时代的文章让我们首次得以审视公共领域的出现和印刷文本的传播之间的关系。第一篇文章是马尔泽尔布的《出版业陈情书》(*Mémoire sur la librairie*),这篇文章写于1758年和1759年,是马尔泽尔布于1750年被任命为负责图书业的长官之后写的。[1]第二篇文章是狄德罗于1763年底撰写的关于出版业自由的一篇陈情书。该陈情书是应巴黎书商协会,尤其是会长勒·布雷东(Le Breton)的请求写的。勒·布雷东也是《百科全书》的出版商之一。第二篇陈情书在19世纪以后以题为《书业贸易信札》(*Lettre sur le commerce de la librairie*)而为人所知,和原稿的名字一致。[2]这两篇文章不仅出版的时间差不多,而且都是写给身份地位显赫的人物。马尔泽尔布的文章是写给一位位高权重的人物,可能是他的父亲纪尧姆·德·拉穆瓦尼翁(Guillaume de Lamoignon)。拉穆瓦尼翁1750年以来一直担任监管出版行业的大臣。当时拉穆瓦尼翁把回忆录呈递给王储。狄德罗的陈情书是以巴黎书商同业公会的名义呈送给安托万·德·萨尔蒂纳的。萨尔蒂纳于1763年取代马尔泽尔布成为负责出版业的长官。当时,马尔泽尔布由于其父地位陨落,主动辞去了出版局局长的职位,打算全身心投入到间接税法庭首席庭长的工作中去。因此,这两篇文章都是写给王室重臣，都是抱着为民请愿、呼吁改革的目的，但都没打算公开发行（实际上，马尔泽尔布的陈情书直到 1809 年才出版，而狄德罗的《书业贸易信札》直到 1861 年才出版）。 38

其实，早在 1769 年，狄德罗就想把这篇陈情书和他的其他一些文章一起出版。在写给莫夫人（Meaux）的信中，他说道："我可能会在合集中加入一篇我写的关于出版自由的文章。这篇文章披露了历年来编制书籍出版的一些规章制度，以及产生这些制度的原因，论述了什么样的制度可以保存，什么样的应该废除。"[3] 狄德罗认为"出版自由"就是出版任何印刷品的自由——不管是书籍、讽刺诗，还是杂志期刊。这个名词同样出现在马尔泽尔布的文章中。他强烈反对过分的审查制度："人们害怕得罪大臣们，好像他们优越的地位还不能弥补出版自由可能会给他们带来的小小困扰。"（M, p.121）因此，对马尔泽尔布和狄德罗来说，主要问题就是出版的自由问题，既然两位作者都认为出版的自由对于披露真相必不可少："书本确实有一些害处，但是人类精神一直在不断进步，总的来说是向好的方向发展。虽然有一些波折，但从长远来看，真理终将战胜一切"（M, p.110）；"我不想争辩，那些危险的书籍（禁书）是否像大家说的一样有害，也不想讨论谎言和狡辩是否迟早会暴露出来，遭人唾弃；也不想讨论真相是否真的处于危险之中。真相永远不会沉寂，它一直在不断扩散，一点一点地战胜偏见。只有经过一段惊人的时光之后，才会大白于天下"（L, p.87）。

18 世纪 50 年代危机

仔细推敲这些文字，我们会发现隐藏其中的三重危机，这些文集在 18 世纪 50 年代末正撼动着整个审查制度，乃至王权本身。第一个危机是纯粹政治上的，源于拒绝给詹森派做临终圣事。一方面，1751 年，巴黎大主教命令其麾下僧侣只给那些能够出示"忏悔证"的教士施临终 39

涂油礼，该证须有一名尊奉教皇谴责詹森主义的唯一诏书通谕的教士签名。另一方面，巴黎高等法院保护这些正在遭受迫害的教士们。因为国王数次取消了高等法院的决议（尤其是关于逮捕拒绝执行临终圣事的教士们的决议），高等法院的权威成了这场争议的中心议题。1756年12月，矛盾愈发激烈，路易十五在“御临法院”时颁发了数道声明和政令，矛头直指巴黎地方法官的申诉。1751年1月，一系列事件拉开了危机的大幕，1月5日，达米安企图刺杀国王；1月11日，布列坦尼高等法院的两名官员因为坚决反对1756年7月的税务声明而遭到逮捕；1月27日，巴黎高等法院的16名成员被流放，此前12月份在国王的御临法院中他们已经被罢免职务。危机一直持续到1757年夏天，直到9月，随着重新召回高等法院才告一段落。[4] 这些疾风骤雨般的事件凸显了另外两个事件的重大意义，这两个事件对马尔泽尔布和狄德罗写作关于图书贸易的文章有着很大的影响。

在其陈情书中，马尔泽尔布在好几处都隐秘地提到了高等法院与自己因爱尔维修的《论精神》产生的矛盾。该书得到了两名审查官的许可，1758年5月拿到了特许证，并于两个月后出版发行。恰在此时，指责该书违反宗教教义的谣言四起，指责该书把道德伦理视为一种由大众需要决定的实验科学，而不是按教会的要求来行事。1758年8月，国王政务委员会颁布了一道命令，收回了该书的特许证。爱尔维修和首席检察官泰西耶（Tercier）被责令当众收回该书，泰西耶在对书籍进行审查时，并没有发现什么不妥之处。尽管国王下了命令，但是高等法院还是于1759年1月23日决定重新审理该书，连同其他几本视为可疑的书籍。2月6日爱尔维修的作品被下令焚毁，该命令在四天后执行。[5] 决
40 议一出，社会哗然，因为它暴露了王室审查制度运作的自相矛盾之处，也暴露了高等法院的装腔作势，因为特许证都被国王回收了，高等法院还打算审查并谴责该书。

与此同时，一个关系到《百科全书》的冲突正在酝酿之中。尽管该

书在其出版商的努力下取得了3个特许证,分别签发于1745年4月、1746年1月和1748年4月。但是与《论精神》一样,它也成为高等法院决定审查的可疑书籍之一。1759年2月,他们的决议——口气没有爱尔维修著作案那么严厉——呈送了已经过高等法院指定的检察官审查的七卷书的意见。然而,国王通过3月8号政务委员会的一纸裁决(由马尔泽尔布撰写),取消了百科全书出版特许证。政务委员会不仅想挫败主权法院的新闻检查,而且打算保护《百科全书》。他们容忍出版商私下里印刷和发行该书,并于当年9月份为这些书籍颁发了许可证。

在写于1788年底的《出版自由陈情书》中,马尔泽尔布重述了该事件:

> 他们(高等法院指定的审查官)没有找到什么可以指责之处。书商做了一个他们原本可以早点做出的决定。他们在没有约到审查官商议的情况下,在国外,或在国内私密地出版了该书(我从没打算对此书刨根问底)。他们一下子就把所有卷册都印了出来。这样就不用逐册申请许可。出现这种情况,不是任何一个人的问题。所以对该书的关注冷却了,没人反对它的出现或发行。每本书都送到了订购者手中(M, p.269)。

"我从来都没想过对此书刨根问底"这句话真是非常有趣。显然,如果有人认为启蒙哲学和王室审查在所有的战斗中都尖锐对立,不可调和,那就大错特错了。

马尔泽尔布之前也拯救过《百科全书》一次,那次是在1752年。当时,教会和高等法院正吵得不可开交,因为一位来自蒙托邦的年轻教士普拉德神父。普拉德神父在巴黎大学攻读神学学位,其论文一开始获得通过,但是后来又被宣布不及格,并被下令烧毁,因为文章包含了十 41
条异教徒的信仰。事发时,普拉德神父已经被革去职务,并险些遭受牢狱之灾。由于他是《百科全书》第二卷中的词条"确信"的作者,所以当时即将出版发行的《大百科全书》也被叫停。行政委员会把对年轻教士的处罚也扩大到了《百科全书》(该书第一卷已经受到教会,尤其是耶稣会的严厉谴责)。2月7日行政委员会颁布法令,禁止《百科全书》前2卷发行,宣称该书包含几条意欲破坏国王权威的格言,这些格言"鼓吹独立,煽动叛乱,并且时不时地赞同错误的信条,宣扬腐坏的道德、宗教和不信教"。[6]这道由马尔泽尔布起草的法令,虽然表面上非常严厉,但却保护了最关键的东西,因为它并没有取消这部作品的出版特许证。而且更让人欣慰的是,因为这件事,这部作品剩下的几卷手稿被完好无损地保存在马尔泽尔布自己的家中,当时朝廷正在查收这部作品。狄德罗的女儿旺德尔夫人描述了当时的情形:

> 马尔泽尔布先生告知我父亲,第二天他会下令没收他的文章和卷宗。"你的决定让我非常沮丧,我不可能有时间转移我所有的手稿,此外,要想在24小时内找到愿意照顾它们的人,能保证它们安全的人谈何容易。""那就把它们送到我家去,"马尔泽尔布先生说,"没有人会查抄到那儿!"事实上,我父亲把他的半个书房都送到了那位下令查抄的人家中。[7]

七年以后,国家的最高权威机构以同样的方式保护了《百科全书》。狄德罗说,图书贸易的负责人以国家利益为主,采取了一种灵活的变通的方法,虽然《百科全书》没有取得出版权,还是允许其出版发行了。对此,巴黎警察总监(当时是萨尔蒂纳)对它的出售是睁一只眼闭一只眼。[8]

管理与公正,监管与贸易

马尔泽尔布在《出版自由陈情书》中,两组在 18 世纪法国常见的对立概念,清楚地说明了马尔泽尔布行为的理由。第一组是公正与管理的对立;第二组是监管与贸易的对立。在他看来,对出版业进行监管 42
是必要的,这决定了管理应该进行到何种程度,但这也让公正得到解放(M, p.85)。毕竟要把大臣和行政委员会监管和高等法院的权力清楚地、毫无争议地区分开来。前者是唯一有权颁发出版许可证和特许证(因此高于审查官的机构),而后者是运用法律公议来审判公诉人或个人呈送上来的案件。因此,就图书贸易事务而言,争论的焦点在于国家内部的权力划分问题,最让人担心的是高等法院可能会钳制行政机构合法的特权。

马尔泽尔布好几次谈到了他对国王可能会使用对于出版业的控制权的担心。首先,他害怕高等法院可能会限制出版业管理大臣的权力,会决定人民通过印刷发言的权力——把"这种能力交给一个已经对民众的头脑有很大影响的机构可能太危险了"(M, p.85)。在别的地方他也说道:"如果那个机构的决定在某些方面不同于国王,如果人们不相信它在主要问题上是完全公正的;如果人民认为出版是一种改变思想的恰当的方法,把这种权力留在高等法院的手中,就非常危险。"(M, p.91)

尽管马尔泽尔布没有在文章中用到"公众舆论"这样的语汇,他用的是"国民的普遍精神","精神",或者把"舆论"和"公众"两词分开使用,但是他非常清楚 18 世纪中期发生在政治领域的转变。国家的秘密,先前受到国王的秘密保护,如今由于各个试图争取舆论支持的派别而变得公开了。对马尔泽尔布及其同时代人雅各布—尼古拉·莫罗
(Jacob-Nicolas Moreau)来说,[9] 君主政权本身有义务加入战斗,动用 43
印刷方面的资源,重新夺取高等法院花言巧语蒙骗民众得来的发言权。这就是为什么绝对有必要拥有出版关于行政监管方面的书籍的自由:

“对我来说,逆来顺受的民众的哭诉只有那些需要澄清过错的下属才会害怕,而专制君主根本毫不惧怕,因为他对待民众总是随心所欲。我还认为公众在受蒙蔽的状况下同样会哭诉,不同之处在于最好的运作方式没有得到认可。”(M, p.122)。马尔泽尔布在别的地方也提道:

> 其他人借有些财政方面的顾虑不允许人们会书写,因为他们一旦会书写,就会谴责财政方面的一些措施。但是财政大臣从来不缺对他们的褒扬之词,他很容易就驳回那些对他的诋毁之词。而且我一直认为一本小册子就能破坏的体制本身就是不健全的(M, p.126)。

在其 1775 年的“谏诤书”中,马尔泽尔布写道:“印刷时代”业已无可挽回地“改变了权力行使的条件。它会让整个国家喜欢上并且习惯于通过阅读来进行自我教育”[10],因此,它能提高法国人民推理和判断的能力,通过这种方式,它能使讨论和评论公开化。这一点对马尔泽尔布来说非常明显。处于 18 世纪 50 年代末,作为国王忠实的仆人,他请求他的君主从这场革命性的变革中得出恰当的结论:国王完全可以利用印刷资源为自己服务,巩固王位,赢得民心。十五年后,同样划时代的变革也体现在法律界人士的请求之中,这些人为王室摇旗呐喊,谴责王室行政事务审批中的暗箱操作。

第二组对立概念是监管与贸易。当马尔泽尔布谈到限制印刷数量的规章制度时,他明确地提到了这个矛盾。“因此,”他说,“从商业角度考虑,对出版行业来说最有利的做法就是放开。考虑到**监管**,那肯定是
44 少一些印刷厂为佳。”(M, p.147;强调为作者所加)这种矛盾绝不只限于出版业;比如,所有与配给有关的想法,都与此有关。确保正常的配给,避免对食品行业的投机;要求有越来越多的规章制度来限制谷物商人和磨坊主的自由。但是用这种方式监管谷物贸易可能会打击交易热

情，使城市市场交易量下滑。所以这里需要的是人们对自由竞争和一个抽象市场的信心，而这些只能靠供给法则来约束，而不是官方的租赁机构和市场监管所。但商业一旦不受任何约束，可能会无限制地抬高价格，追逐最大利润，民众——消费者可能会因此怨气冲天，如果这种事情真的发生了，国王一定会权衡利弊，不会诉诸某一种单一的措施。他肯定会在一段时间内放开谷物贸易（譬如 18 世纪 60 年代或 1774 年杜尔哥时期），在另一些时候又回归更加严格的管控。[11]

谷物贸易与印刷业——亦即面包与书籍之间的比较，在两种意义上是有效的。第一，两种商品都不同寻常。费尔迪南多·伽利亚姆说到它"是监管对象而非交易对象"。[12] 图书贸易审查官约瑟夫·戴梅里与他的看法相同。戴梅里说道："把图书贸易看作是一种交易对象，没有什么比这更违背政府的利益了。"[13] 第二，尽管这两个行业一个有行会监管，另一个没有，但谷物商与印刷厂——书店遵循同样的经济规律：他们都需要自由和保护，也即没有约束的竞争和权威机构的庇护。这个权威机构既能实施监管又能允许竞争。特许制度、先期审查体系以及图书业其他规约机制，已深深地说明了图书贸易和王室监管之间强韧持久的联系。然而，这种毋庸置疑的联系建立在一种更深层的现实之上，这种现实就是旧制度典型的经济思维模式，它认为企业活动总是以牺牲他人为代价，它认为要求自由贸易和寻求特权之间没有任何 45
矛盾，它还将最大胆的投机与自愿接受的依赖性联系在一起。

在严格的监管和自由之间，马尔泽尔布毫不犹疑地选择第二条道路："解决办法不是越严酷越好，而是要给予一定量的宽容。书籍贸易如今非常普遍，民众对书籍的需求量很大，根本不可能不考虑大众的需求，把图书贸易限定在一定范围。"（M, p.104）必须要放宽尺度，理由有三。首先，这是尊重限制的前提："我只知道一种实施限制的方法：就是尽量不要去限制"（M, p.104）；或者，"我的整个行政体系就是建立在容忍一些小的过失之上，这样才能避免更大的错误"（M, p.110）。其次,宽容本身能消除欺诈。欺诈是外图书商和印刷商发财致富的秘诀,他们也是抱着赢利的想法,进口一些不能在国内印刷的书籍。最后,知识、礼仪和人类思维的进步都依赖出版业的自由。因此审查制度应该被限制在一定范围内:适用于那些挑战国王权威的文本、黄色书籍(要把它们与包含一些“放荡”“下流”内容的书籍区分开来,这些书籍还是可以视情况而定是否给予通过)和“攻击宗教本源的书籍”。

因此,马尔泽尔布遵循的是笛卡尔的信条。在其勾勒合法的审查制度的权力范围时,他并没有把信仰的真实性和国家原则考虑在内。他的区分方式确实包含一种讽刺,个中暴露了他的真实想法:

> 而且,(神学)不是一种追求进步的科学。其一、简单和连贯是其主要特点。所有新的观点最少也是危险的,一般来说都是没有用的。那么大家就不必担心,审查官的严厉会阻止神学家们完善他们的作品。宗教科学在呈现给我们之时就已经非常完善,探索
> 46 的热情对于它来说是有百害而无一利(M, pp.129—130)。

在其他所有领域必须非常宽容,这反过来暗示了让作家遵循“法律规范”的能力。“文学共和国”(马尔泽尔布文中的用法)的运转需要这种自由,只有“法律特许”才能对其加以衡量:“每个哲学家,每篇论文的作者,每个文人必须被视为需要大家长期关注的倡导者,即使当他提倡大家认为错误的一些原则时。有时一些问题争论了几百年:只有公众能评判,但是从长远来看只有当民众受到充分的教育之后,他们才能做出很好的判断。”(M, p.118)这样看来,18 世纪 70 年代以前公众就相当于一个论坛,当比较成为一种常态(正如我们在第二章中看到的),稍加转变就给文人披上了法官的长袍,而不是必须听从法官判决的律师的长袍。

出版业规章

当马尔泽尔布从审查制度的运转谈到规范印刷和书籍销售的一些措施时，他提出重新审视三种规章文本：1723 年 2 月的《针对巴黎出版业和印刷业的政务委员会规章》，又称作《出版业法规》；1728 年 5 月的《有关印刷商的公告》；以及最近在高等法院忠于国王的法官们（他们在其同僚辞职或流放后仍留在高等法院履职）的动议下，于 1757 年 4 月颁布的《公告》，该《公告》第一条就宣称：“所有被证实编写或受人指使编写或印刷了任何有抨击宗教扰乱民心、攻击权威、扰乱国家秩序和私定的书籍的人，将会被处以极刑。”这种极端的严苛，是这些法官眼下的利益激发出来的，他们被一些支持遭到罢免或流放的高等法院法官的宣传小册子骂得一无是处。《公告》并没有区分罪行的轻重，也没有区分秘密印刷商和得到授权的印刷商、大印刷商和熟练工人、印刷商和书商，所有这些人都无一例外被判有罪。它还规定了与所犯之罪非常不 47
匹配的死刑处罚：“对用如此含混措辞——如编写有扰乱民心倾向的书籍——表达的轻罪处以死刑，只会让所有人不满，而吓不倒任何人，因为人们觉得一条如此严苛的法律是不可能实施的。”（M, p.137）

马尔泽尔布就弥补这条不可实施的法律和以前的各种法规（它们仅限于首都）的缺陷所提出的建议，是围绕着三个基本观点组织起来的，这些观点为 18 世纪法国的图书业提供了很好的引导。传统上，王权当局限制每座城市里授权印刷工场的数量，但又允许它们在很多城市（根据萨尔蒂纳 1764 年下令调查得到的数据，共有 142 座城市）里设立工场。对此，马尔泽尔布建议反其道而行之，尽量压缩有印刷厂的城市的数量，快速提高稍大一点城市中印刷厂的数目。他的理由是，“监管只有在有监督官的城市才能行之有效”。在几个没有设立管理者但需要关注的城市，对图书业的管理工作要委托给图书业检查员，他可以是法官，尽管在这种情况下，责任要由他本人承担，而不是他的职务，这样行政和司法职责就能区分开来了。马尔泽尔布的建议并没有被采纳。在旧制度的最后几十年间,至少有一个印刷厂的城市的数目没有什么变化(1777 年《王国印刷商总况》里提到 149 座城市有印刷厂,该文献由新任出版局局长勒加缪·德·内维尔下令编纂)[14],因此让大范围散布的新闻报刊得以获得秘密印刷的途径。[15]

马尔泽尔布还努力建立一个全面的、严密的、系统的行政记录来对图书贸易进行管理。印刷商必须每年都要把记录一年来交易状况的账簿呈送给监察官。账簿要列出印刷品的名称,雇工的名字,以及每天承担的具体工作。在稍大一点的城市,因为对工人的需求没有什么规律,
48 工人们主要做一些五花八门的印刷工作(告示、海报、通告等),由印刷业公会或警察对担任各种职责的印刷工人(工头、校对员、排字员、印刷工)进行登记来替代。印刷商的账簿,这样一份五花八门的名册要给印刷商雇佣的书记员提供工人的姓名和基本情况,还要注明上一年有哪些熟练工人续约。每个熟练工人都会收到印刷协会会长颁发的资格证,证书上会标出他的姓名,一些主要信息以及他在名册中的编号。这本证书会按要求送到印刷协会的官员或警察那里。把这些为正当商人工作的工人登记在册,可以让那些不法商贩难以找到需要的人手。所有有资质和没资质的书商一样:巴黎街头的小贩和日用品商人,毒贩和干货商人都归《出版业法规》管理,还有有店面的书商和在外省集市做生意的商贩,对这些人以前官员都是睁一只眼闭一只眼,并没有对他们进行什么管理。

马尔泽尔布提出的这套缜密的做法旨在建立一种更全面的管理,这不是靠 1723 年《出版业法规》颁布的“离职证”能够做到的,离职证不允许熟练工人随便离开师傅;也不是 1724 年和 1732 年的严厉法令能够做到的,它们要求师傅留存每周的工人名单。马尔泽尔布的计划尽管在 1774 年的法律中有所体现,但大部分没有被付诸实施,其目的非常明确,就是要提出一种新的管理图书贸易的理念,通过卷宗、程式化的登记手

法，和书面报告这些行政手段来对图书贸易进行管理。马尔泽尔布的想法和其同时代的图书检查员约瑟夫·戴梅里的想法差不多，戴梅里把当时巴黎所有的作家的姓名都登记下来。戴梅里写于 1748 年和 1753 年之间的 501 份报告，用统一的格式印刷（每份都标有：姓名、年龄、出生
地、情况、地址、“历史”），并按字母顺序排序，是他搜索“坏人”（那些活 49
跃的、屡教不改的宣传册作者）的利器。[16]

在法律与需要之间：默许

马尔泽尔布还建议保留默许，但是他宣称这种许可需要改革，他说：“过去 30 年里……（这种许可）几乎与公共许可一样成了司空见惯的事情。”（M, p.159）默许的出现是由法律和现实需要之间的矛盾决定的，法律禁止没有获得法律许可的作品出版，只允许那些取得证书的作品出版。“有时候，人们不敢公开给予一部书出版许可，有时候人们觉得反正这本书是不可能被禁止的。”（M, p.209）这意味着行政机构会不按法律要求颁发一些许可。这些许可起初完全是口头上的，没有文字记录，后来就用“国外印制，法国准许发行”的旗号来做掩护，这种托词并不能让马尔泽尔布满意，因为如果一位书商兼印刷局没有办法证明他确实得到了许可，就容易产生一系列问题，比如一些确实得到授权进行印刷的商人受到了处罚，一些商人本来并没有得到任何许可，却弄虚作假，称他们得到了口头许可。为了既保护印刷商的利益，又不通过文字方式下发默许许可证（因为这涉及监察官和国王的权威），这位出版局局长提出“一种心照不宣的途径”：“得到默许的书籍”可以被视为已得到“署名和盖章的许可证：只是这些许可证还没送达”。——当然，这个许可证永远也不会送达（M, p.211）。印刷商兼书商不必在没有得到许可的书籍上印一个通告，但是他可以出示一份材料，说明他所印刷的图书已经接受了审查官的审查，这里并不需要提及审查官的姓名，这

种方式就是所谓的默许。

马尔泽尔布的建议一直未被采纳，但是随着时间的推移，越来越多的商人寻求这种做法：每年发出的默许，在1719年到1729年间原本只有6例，但到1730年至1746年间，却升至17例；到1751年至1763年间，升至79例；到1764年至1786年间，更是升至178例。在后面两个
50 时段内，给予的默许授权已经分别占到全部申请的59%和56%，几乎达到了申请官方特许而获得许可证同等的比例。[17]这个政策的出现有两个原因。第一个原因是经济上的，马尔泽尔布在1788年的《出版自由陈情书》中提道："商业的利益不允许外国书商因为发行这些书而日渐富有，而法国图书商却什么也得不到。"（M, p.247）第二个原因和国民智识发展有关，因为"一个只读政府允许发行的书籍的人比他同时代的人几乎要落后一百年"。（M, p.241）马尔泽尔布在这里提到了其前任达让松（d'Argenson）和肖夫兰（Chauvelin）。"负责图书业的开明的官员"，大幅增加的不仅是默许，而且还包括简单的容许：

> 有很多时候人们只是觉得有必要让一本书通过审查，但又不想明确表态。在这种情况下，不会颁发明确的许可证，但会告诉书商他可以出版这本书，但是要秘密的，警察也会装作没有发现，也不会进行查封。当然，既然难以预计教会和国王会有什么反应，所以就告诉书商一旦得到警告就随时准备销毁图书，同时答应书商会提前通知他们。我不知道该怎么称呼这种已经非常普遍的许可证。严格地说，这些只是不受惩罚的保证而已。（M, p.249）

譬如，正是利用这种"保证"，马尔泽尔布保护了1762年《爱弥儿》的出版发行，当时这本书还没有受到高等法院的谴责，逮捕其作者的法令还没有发出。[18]

因此，旧制度时期对图书业的管理常常自相矛盾，这种矛盾又非常

危险：其审查制度松弛，但其松弛又太具压制性。1788年，马尔泽尔布在陈情书中详细分析了这种体系的害处。一方面，它损害了国家自己 51
的权威，因为默许让人觉得是政府自己告诉书商和印刷商他们可以违反某一具体的法律（书籍出版需要取得官方正式的许可）。如果允许，那就是，警察总监在“鼓励他们想办法逃避法律的惩罚”（M, pp.248, 250）。另一方面，马尔泽尔布认为现有的严格措施更让人难以忍受，因为在执行它们的同时，所有东西，或者说几乎所有东西，都能自由地印刷并公开发售：“人们耐心忍受着苦难，以为这是不可避免的，但一旦有人出主意想消除苦难时，它就变得无法忍受了。当时被消除的所有流弊似乎更容易使人觉察到尚有其他流弊存在，于是人们的情绪便更激烈：痛苦的确已经减轻，但是感觉却更加敏锐。”[19] 托克维尔在这里很好地描述了一个容许法律之外做法的出版规则给人们带来的期盼和苦恼。

因此，这位出版局局长的做法几乎满足了狄德罗在其陈情书结尾表达的对出版自由的期许：“所以我认为对于文学和商业来说多给予一些默许是非常有益的，对于书籍的出版和发行只要适当地进行管理来满足一下小人之心就可以了。”（L, p.88）狄德罗的想法和马尔泽尔布是一致的（尽管马尔泽尔布的表达更有气魄）。禁止是无效的，结果也是灾难性的——无效是因为它们自相矛盾：

> 我看条例越严苛，书价就越高，人们就越好奇，买书的人就越多，阅读的人也越多。有多少书是因为被禁才名声远扬，尽管其实它们平庸不堪，根本不值得流传。有多少次取得特权的书商或作者对最高警察总长说如果他们敢说“长官，可怜可怜吧，判处我死刑，把我捆起来，在你楼下烧死”，每次官方宣称一部作品被禁，印刷商人就欢呼道：“太好了，再印一版！”（L, p.87） 52

禁令的结果是毁灭性的，因为它给国外的书商带来了极大的利润，这些书商拿到被禁止的图书，不管我们的管控，还是把这些图书偷运进来："尊敬的大人（萨尔蒂纳，继马尔泽尔布担任出版局局长），请您在前线布满士兵，给他们配上刺刀，击退所有出现在他们面前的危险书籍，那些书——请您原谅我的措辞——会从他们的两腿中间溜过去，或从他们的脑袋上蹦过来，来到我们中间。"（L, p.81）因此狄德罗建议应该从当代有名的作家中间选取审查官，应当多给予默许，把它视为一种真正的特权。

出版特权和文学产权

狄德罗的《论出版自由信札》是应巴黎出版商—书商们的请求而写的，他们的目的是想向出版局局长陈情诉苦，捍卫他们已经取得的权力。文章写好以后，他们也没有马上就喜形于色，他们把文章改写了一遍，对内容进行了严厉的删减，标题也改成了《以陈情书形式就书业的历史与现状尤其是特许所有权的描述和观察》（*Représentations et Observations en forme de Mémoire sur l'Etat ancien et actuel de la Librairie et particulièrement sur la propriété des privilèges*），最后才呈送给萨尔蒂纳。这些书商—出版商的目标与狄德罗的显然不同。狄德罗想要为"出版自由"呐喊，而他们考虑更多的是他们自己的利益，因为他们宣称一旦政府停止下发特许证，他们的利益就会受到威胁。1761年巴黎的出版界忧心忡忡，当时根据政务委员会的决议，刚从拉封丹的两位女继承人手中买得特许权的书商居然无权出版其《寓言》。此后，出版业就特别留意特许的合法性，只有有了这个，书商才能独家永久地出版某一本书。

这说明了贯穿狄德罗陈情书始终的矛盾。在陈情书里，狄德罗极力推荐图书特许证，尽管《百科全书》对商业和生产特许非常抵制，因
53 为对它来说，这些特权妨碍了经济规律的自由发展。狄德罗本人指出

了这种令人尴尬的矛盾之处:“这确实是一个奇怪的悖论,当经验和常识都认为所有的羁绊都有损商业的发展,人们却都认为只有特许证才能拯救图书贸易,但是不管他们多么肯定,我们也不要被吓倒了。”(L, p.39)

他还强调了严格监控出版业的重要性,建议减少合法出版商的数量,尽管人们都知道他赞同废除行会。最后,这绝不是最后的自相矛盾之处——他成了一位慷慨激昂的巴黎出版商代言人,尽管他和出版商们的关系从来都没有融洽过。每次与出版《百科全书》的出版商(1747 年、1754 年、1759 年和 1762 年,与勒 · 布雷东、大卫和布里亚松)签订协议或合同,他都很难从这些付他工资的人手里得到什么更好的条件,他把这些人称为“我的劫掠者”[20]。1764 年,狄德罗与这些书商的关系变得更加糟糕,因为狄德罗发现,勒 · 布雷东没有事先通知他就擅自改动了一些章节,而且当时样书都已经校好了。

狄德罗是靠工资吃饭,但这一点并不能充分说明他文章中的矛盾之处。即使他以自己的才智为巴黎出版商—书商服务,他实际上也正试图稳扎稳打地建立起作者的权力,保护他们的利益。为了达到这个目的,他首先需要把特权作为一种财产而不是王权赐予的一种恩惠。消除一直以来与之相随的一些特权——尤其是一直以来认为是理所当然的出版某一部作品的专属权——会让人们“把出版商的特权证作为一种可以随意给予或收回的恩赐,会让人们忘记它只是真正所有权的保证,而这种所有权一旦违反就是违法的”(L, p.58)。狄德罗重申了先前为出版商写的文章中的观点,把文学财产合约化。既然文学财产可以自由获取或买卖,那它完全可以与土地财产或不动产相比。“我问你,先生,是不是某人一旦买下了一幢房子,就享有了对其专属的所有权 54
力。”(L, p.40)这样的财产是不可剥夺的,因为它既不能在违背所有者的意愿下转移,也不能分割给他人。但不管怎样,这种财产权不同于其他专属权力,因为它不能给予出版商出版所有图书,哪怕只是某一主题图书的权力，它只能给予他出版特定图书的权力："它只能涉及一部书稿，一种合法割让的财产，合法获取的书稿，这份书稿取得的出版权，只属于一位买家，这种权力不管是全部或部分地转让给别人，都会损害所有者的权力。但是拥有这些权力并不能阻止其他人写作：出版书名相同的书籍。"（L, p.44）

如果特许受到这样的限制，那就是图书业中一个普通的程序。为了证明其观点，狄德罗历数了"竞争出版"带来的各种负面影响，在竞争出版的状态下，仅靠许可证并不能保障对某一出版物的专属权力。出版商会有倾家荡产的风险，因为他们的利润不断缩小。不同版本的书籍在竞争同一市场，销售额肯定会下滑。图书的质量也日趋低劣，因为"商业竞争"要求出版商尽可能付出最小的代价来出版书籍："图书可能会到处都是，但是不出十年，字体、纸张和校对都会变得一塌糊涂，就像'蓝皮丛书'那样——这真是一种在短时间内毁坏三种或四种重要产业极好的方法。"（L, pp.48—49）此外，如果按照商业逻辑来推算，长此以往，国家本身会成为最终的受害者，因为外国人会生产出更好质量的图书，而法国出版商不愿冒此风险："一段时期的迫害和混乱会让每位书商根据他生意的规模来考虑其长远利益。他不会再愿意承担失去资本的风险，如此谨慎他又能做些什么呢？但是国家会变得贫穷，没有工人，土地生产力下降，下一步就是用自己的土地来挖取本土不再产出的金银。"（L, p.75）

狄德罗在为出版商—书商呼吁专属不变的特权的同时，也在试图让每位作者认识到自己对自己作品的所有权。既然作者通常不会自己出版自己的作品（"保存收支账簿、问答、交流、收发——简直就是荷马
55 或柏拉图门徒的职业！"）（L, p.45），他就必须利用书商这个行业；但他们之间的合同关系，准确来说是作者对其作品的见证。["他自己最珍贵的部分，永不磨灭的部分"（L, p.41）]，"我再重复一遍：要么作者是其作品的主人，要么没有人是自己财富的主人，书商拥有作品，作者也

拥有作品”（L, p.42）。因此，是作者的所有权奠定了特权的合法性，反过来，正是难以废弃的特权间接地证明了作者的权力。

文学领域的自主性

狄德罗的策略以自己独有的方式展示了旧制度最后的三四十年间作家困境的转变。在此之前，作家通常有两种谋生渠道，要么他有一定社会地位或财富，能确保他经济独立，要么他有一位恩主，他用自己的忠诚换取一定的职业或生计。在这两种模式下作家都不是直接依靠自己的写作生存。戴梅里监管下的 333 位作家，绝大多数是依赖这两种模式生存的。他们的收入渠道都有据可查。一半多一点（55%）的人不是靠他们的文学活动来赚钱：12% 是教士，17% 是贵族，18% 是司法、行政、法律界人士，3% 是教师，2% 是物理学家，还有 3% 有独立的收入。1/3 的人有自己的职业（老师、记者、秘书、图书管理员等），这些职业是他们的庇护者安排的，其余 12% 的人身份职业各不相同，有手工业者、家仆以及其他一些职业者，还有 9 位作家是女性（占总人数的 3%）。[21]

根据 1784 年《文学法兰西》出版的文人（也就是至少出版过一部著作的作者）调查来判断，在 1393 名社会职业被提及的作家当中，戴梅里档案中两个最大的群体在他们中间仍名列前茅。根据《文学法兰西》的调查，教士占所有作者人数的 20%，贵族占 14%，律师和行政人员占 15%，物理学家和药剂师占 17%，工程师和建筑师占 20%，教授占 11%，那些职业直接与王室或贵族庇护有关的作家只有 10%——比戴梅里的 56
调查要少一些。这个数据说明要么庇护制度不是那么流行，要么更有可能的是，两者对作家的定义不同，巴黎审查官可能认为对作家的定义应该更严格一些，要更多地考虑文学性和哲学性，而《文学法兰西》则更倾向于把外省的显贵统计在内。[22]

狄德罗的文章还导致了另外一种从事文学活动的人物的出现——

利用其作品的“商业价值”谋生的作家;也就是通过其与出版商书商签订的合同和收到的酬金来谋生。“这样发不了财,但可以过得舒适一些,只要这些钱不是分很多年每年给一点,不是一拿到手就全部花光,也不是若干年后就消耗殆尽,那时开销增多,但老眼昏花,才气也大不如前。不管怎么说,这是一种鼓励!哪一位君主富到足以用其慷慨资助来取代酬金?”(L, p.64)因此,即使把慷慨的君主描写为文学的庇护者这样的传统依旧存在,帮助作家从自己的写作劳动获取正当的补偿的新规则也正在建立。

为了让大家意识到作家有权为自己的劳动获得报酬,作家对自己作品的所有权必须要清楚地确定下来。这也是为什么狄德罗要把这种所有权的合法性建立在让渡这种所有权的合法性基础之上。这也说明了作家要求正当回报的能力与“保证了商人不受争议地永久拥有其获取的作品”(L, p.64)的法律之间的联系,这种联系在狄德罗是强制性的。狄德罗对出版商特权这些自相矛盾的辩护,以及他愿意用自己的聪明才智为巴黎的书商们服务的理由至此也会清楚一些。在旧制度的出版业中,作家的经济独立性,只能源自保护让渡给出版作家作品的书商的垄断权:

> 废除那些法律。威胁获得者的财产权,这种具有错误导向的政策势必会打击作家。我会从我的作品中得到什么呢,尤其是我
> 57 得不到我想要的名声,如果书商惧怕竞争者不冒险试一下我的天分,不冒险投入资金出哪怕一版,不给我哪怕一点点酬金,却在六年之后(六年是特许证的正常有效期)立刻喜欢上这本书(L, p.64)。

狄德罗分析的关于作家的“专业技能”有两个外在标志。首先,随着18世纪慢慢前行,官方统计表明越来越多的作家没有社会地位或职

业。在戴梅里 1748 到 1753 年间所做的调查情况如此，434 位作家中有 101 位没有社会地位或职业，约占总人数的 23%。1784 年的《文学法兰西》的调查情况也是如此，2819 位作家中有 1426 位没有什么社会地位或职业。很有可能名单上列出的许多作家既没有职业也没有好差事，他们所能做的只能是用他们的笔来谋生。正是从他们这个阶层，1750 年之后的大型图书制造工程——百科全书、词典、文库、丛书、摘录和翻译——所需要的合作者出现了，还有一些小册子作者，他们不断给国外出版社提供煽动性的小册子，抨击政府、大人物、法院、王室或君主本人。

伏尔泰后来对“这些靠写作糊口的不幸阶层”进行了无情的嘲弄。[23] 这些“文学渣滓”（canaille de la littérature），既没有社会地位也没有荣誉，在书商面前毫无反抗之力，“一百个作者靠写作来赚取面包钱，三十个傻瓜靠为这些作品写摘要、评论或辩护，或撰文讽刺它们来赚取面包钱，因为他们也没有什么职业”。以写作为生——或试图这么做——对于任何作家来说都不值，因为这通常意味着出身贫贱，灵魂肮脏和才疏学浅：

> 这些穷人分成二派或三派，像托钵僧一样到处行乞；但是他们
> 的团体并没有发下盟誓，只能持续几天时间，因为他们会像教士一
> 样为追逐自己的利益而彼此背叛，虽然他们也得不到什么好处。
> 但是他们仍自称作家！这些人倒霉的地方是他们的父亲没有教会
> 他们一门手艺，这是现在政策的一大缺陷。每个原本能教会儿子 58
> 一门手艺的公民如果没有做到，就应该受到惩罚。泥瓦匠的儿子
> 17 岁时成为一位耶稣会会士，24 岁被逐出教会，因为他的举止贪
> 婪得惊人。让他饿着肚子吧！他成为一位记者，写一些最廉价的
> 文章，现在成了甚至连流民都看不起、讨厌的人。而正是这些人自
> 称为作家！

1760 年以后，出版合同中常用的一些术语有了变化——这是文学“职业化”的第二个标志。付给作家酬金时给他几本他自己的作品以献给他目前的恩主或可能会成为他恩主的人，这样的条款不见了，取而代之的是当印刷商—书商拿到书稿时就要付给作者一定的定金。定金数额根据作品的类型和作家名声变化很大，但是在 1750 年后提高了，有时达到五六千锂。报酬最高的作家是戏剧家，他们的手稿不仅能得到一些固定的收入，他们还能从每场演出中抽成（1780 年以后，抽成比例确定为 1/9，而一场五幕剧，演出的总收入的 1/7 会付给作家）。[24] 在一个文学活动要么依赖文学之外的社会地位和收入，要么依靠一位庇护者的体系中，文学市场开始形成了，价值体系也逐步建立，使文人独立的一些条件也正形成。[25]

毫无疑问，正是作家地位的变化标志着一个相对自主的文学领域业已存在。这个领域内没有社会压力，只有自己的规则、等级秩序和回报。大家都认为，在 17 世纪，1635 年到 1685 年间，有一些作家的文学活动常有一些文学机构的性质。有些沙龙和学术机构，它们遵循的不是百科式的人文体系，对于它们来说，文学和学术是两码事，还有恩主制度，它更注重才智而不是义务性的恩主—下层关系，一个更大的公众群体也出现了，这样即使没有学术界或宫廷的支持，作家也有可能取得显赫的名声；这样作家们也能拿到一些丰厚的版税，至少对某些作家来说情况如此。[26]

59 这种体制网络是否就能给予文学领域真正的自主性？可能还不行，理由有二。首先，各种形式的文学活动逐渐被王室接管、控制。学术上的合法性由法兰西学院裁定，庇护制度由王室大人物掌握。其次，作家中的一些贵族由于社会地位优越，又有恩主庇护，所以不愁吃穿，这极大妨碍了能确保作家经济独立的文学市场的形成。因此可以说，外部的政治和社会权力极大限制了古典时期的文学活动。

只有在 18 世纪后半叶，文学作为一种生活方式才赢得了一定的自主性。当时，全民对出版物的渴求所激发出来的出版竞争，与作者试图以笔谋生的雄心结合起来，创造了一个有自己规则的市场，直接从写作中取得报酬，而不是间接地依靠年金和馈赠。1777 年 8 月 30 日，王国高等法院颁布了六条法规，其中一条顺应形势变化，对图书贸易的行政监管做出了改革，尽管是以自己的方式。条例对出版特权证的时效做出了规定，与狄德罗文章中提出的巴黎书商的要求不同，条例把特权证定义为“建立在司法基础上的恩典”或“正式给予的恩惠”，而不是一种“合法的所有权”。而且，条例并没有无限地扩展出版特权证适用的范围。如果作品再版之时有 1/4 的内容作了改动，特许权就会失效。这个条例非常有创新性。首先，它把作者请求颁发或以他的名义请求颁发的特许权和下发给出版商的特许权的有效期区分开来：作者和他的继承人会永久享有他的特权证，而下发给出版商的特许权的有效期至少有十年。但是只有在作家在世的时候有效，而且只有在“特许权不作废的情况下有效”。即使不是所有作家都能出版发行他们的作品［狄德罗说，我也写作，有几次是我自己出钱印刷。我可以向你保证，没有什么比商人活跃的生活和文人死寂的生活更和谐的了（L, p.45）］。1777 年 60
条例也宣称作者对其作品享有永久的所有权，而且这种权力还可以转让（如果作者没有把它永久地让渡给出版商—书商的话）。这标志着人们对文学所有权是某人的劳动成果（条例中用到了“劳动”这个字眼）和收入渠道的认识又前进了一步。

这种情况在接下来的一年中更加确定无疑，当时应法兰西学院的要求，高等法院又颁布了一条新规，这条新规废除了对作家出版活动的种种限制。条例规定：

> 任何作家如果以自己的名义取得了特权证，就不仅可以将其出售（1777 年条例只是暗示了这种可能性），而且还可以和任何出

> 版社合作，将其作品出版，次数不限，也可以和任何书商合作，出售其作品，如果在出版或发行其作品期间，他没有签订任何协议或合同，其行为将被视为将其特权证转让。[27]

该条例承认了一些作家尽力披露的一种做法，他们的这种行动还让他们与印刷商和出版商同业公会产生了法律纠纷，因为同业公会宣称他们对印刷作品的销售享有完全的专属权力。[28]

此外，1777 年条例建立了一个公共领域——仍然极其有限。条例规定："一部作品的特许权失效，作者也去世以后，书商和出版商仍能获得再版一次的机会。相同的许可不会再给予别人，别人也不会得到类似的许可。"这种方式旨在书商中建立了一种自由竞争，机制刺激他们出版一些其他书籍。这种措施也是为了外省的书商着想，这些书商自路易十四时期以来，只能靠印刷一些不正规的书籍或盗版为生，因为绝大多数出版专属权都被更有权势的巴黎同行们抢走了。但是该目的并
61 没有达到，因为首都之外的出版业已经凋敝不堪，但是它却引发了一个开放竞争的文学市场必经的一些前提条件。

印刷：枷锁与解放

截至 18 世纪末，图书行业的管理者所建立的旨在阻挠这个市场全面发展的一些障碍已经变得让人难以忍受。在博马舍《费加罗的婚礼》最后一幕中，费加罗著名的独白就是证据之一。[29]出版行业在博马舍为其喜剧人物构想的职业中占据相当重要的位置，费加罗前后当过阿尔马维瓦公爵的贴身男仆和阿居亚—弗莱斯卡城堡的看门人。在虚构的西班牙人身份的掩护下，他抨击了整个朝廷的审查制度和对出版业的监控。他小时候被吉卜赛人绑架，在他们当中度过了童年（这个细节为第 3 幕中的相认埋下了伏笔，马斯琳娜原来是他的母亲，巴托洛原来是

他的父亲)。从少年时代开始算起,他先后从事过五种职业,其中三种与写作有关。他起先是名外科医生,但没有独立行医的希望,只能成为一名兽医。庇护制度让他感到幻灭,因为它并没达到他的期望。(“我学过化学、医学和外科知识,但是一位伟大的主公的全部影响力也没能让我当上兽医。”)后来他决定为剧场写剧本,但是审查官们为了取悦穆罕默德的王子们,禁止演出他的剧本——一出“讽刺贫民窟的生活”的喜剧。“我的戏剧被连根拔起。”他哭诉道。他的剧本与《费加罗的婚礼》这部剧本的命运一样。该剧写于 1775 年,先后递交给六位审查官,在宫廷的演出遭禁,但最终于 1783 年 9 月在阿尔图瓦伯爵的一个私人晚会上演出,1784 年 4 月在巴黎王朝王室戏剧团演出了该剧,四年前他们就接受了该剧。

“一场关于财富性质的公共争论开始了,既然一个人在争论时不需要什么,甚至可以一无所有,那我就写金钱和利益。”这里他讽刺的是当时的政治经济状况,因为重商主义者、重农主义者和自由派人士总是矛盾重重,费加罗因此成了一个针砭时弊的宣传手册作者,但是威胁作家命运的不是审查官:“我很快发现自己上了一辆马车,它前面就是监狱的吊桥,希望和自由全在车后。”剧本在这里用到了一个扎根于 18 世纪 62
读者集体意识中的形象,那就是巴士底狱——遭人唾弃的专制制度的象征。当时谴责王室监狱的可怕的书籍最畅销。

1782 年至 1784 年间,正当博马舍的戏剧演出之际,一个名叫莫夫兰的禁书销售商在特鲁瓦一处就卖出了 30 本兰盖的《巴士底回忆录》、21 本米拉波的《论逮捕密札与国家监狱》、18 本杜佩莱的《巴士底城堡历史考和轶闻录》、21 本米拉波的《国家监狱记闻》。这些宣传手册和其他类似的书籍宣传了对国土独断专横的憎恨。“专制暴君只在位四天”,正如费加罗所说,就把责任推到大臣们身上,就想方设法阻挠个人的合法权利和一定的言论自由。这些作品锻造了一系列强有力的形象,让皇家监狱成为酷烈的专制权力、野蛮的压迫和残暴的酷刑令人憎恶的巢穴。[30]

文学表现并非毫无事实依据，1750 年到 1779 年间，因为“出版罪行”被关进巴士底狱的人数达到最多。1759 年至 1789 年期间，因为这样的官司纠纷被关押的 941 位书商、印刷商、熟练工人、小商贩和作家中，有 383 位被关押在这个国家监狱（占总人数的 40%，每十年有一百多个这样的犯人）。而在这三十年间，作家（宣传册作者、小说家、报纸专栏作家）占了总人数（383 位中的 141 位）的 1/3。这些犯人通常被关押的时间不长，但是作家比出版商关押的时间要长一些（1750 年后平均超过六个月，出版商平均不超过一百天）。18 世纪后半期，因为写作、出版或出售禁书而被关押的所有人数仍占这座堡垒中的犯人总数的 40%。只有 18 世纪 80 年代是个例外。当时不论是监狱的总人数还是因为图书而被关押的犯人总数都下降了。数据显示，负责图书业管
63 理者表现出的宽容大度并没有很大程度上消除严苛的刑罚。实际上，正是马尔泽尔布担任出版局局长期间，正如我们所见，他是一位极其同情启蒙哲人的局长，因为出版而锒铛入狱的人数开始增长。[31]

费加罗出狱以后，试图第三次靠自己的写作才能为生：“我再一次削尖了我的鹅毛笔，询问人们有什么新闻。”他选择了新闻这个行业，创办了一份期刊，因为“马德里已经建立了由公众出资的自由贸易和自由出版社，因此，假如我不写与政府有关的书，宗教、政治、伦理道德、当权者、公共机构、歌剧院或其他国家剧院，或者任何做什么事的什么人，我就定会有自由，在二三名审查官的监控之下出版任何我想要的东西”。但是他的《无用报》还是难产了，因为违反已经颁发的特权证：“我意识到四个拿津贴的打手联手对付我，我被打倒在地，再一次失业了。”

费加罗的文学生涯又一次受到重创，他再次遭到恩主的背叛（“当有一个空缺人们想起我时，绝望几乎扼住了我的喉咙，不幸的是我非常适合这个职位。他们需要一个会计，却找了一个舞蹈家。”），他不得不放弃了诚实理想的抱负，转向赌博这种不那么体面的行当：“唯一的出

路就是成为一个贼，赌窟里的经纪人。当时，我亲爱的，我风光极了，我外出用餐，那些令人尊敬的人们客气地为我打开大门，而且只收我 3/4 的费用。”现在我们回到独白的开场主题上，费加罗把自己比作伯爵，他谴责的不是等级和“财产”的不公，这些他认为是使王权制不至于沦落为独裁所必需的，他抨击的是嘲笑那种特权产生的伦理上的责任行为。他曾经试图自杀，最后是再一次放弃了自己的职业，回到他的第一份职业（“我捡起剃刀和匕首”）。从《塞维勒的理发师》和《费加罗的婚礼》中，我们都知道下面发生了什么事。

因此，费加罗在独白中主要抨击的对象是对于出版行业的各项规定，中央政权操纵的社查制度、扼杀创造热情的特权证和专属权，以及严厉的规章制度。至于新闻业的自由：“我多想把这些暴君攥在手心 64
里，这些人只在位四天就准备大开惩戒！当他们下台，没那么趾高气扬，我会让他知道那些出版方面的所谓的事务只有在自由流通受阻的国家才是危险的；没有批评和权力，表扬和赞许都是没有任何价值的，只有小人才害怕这些无聊的书籍。”呼吁出版自由意味着要求废除阻碍言论自由的体系，这种体系绝不能表达政府的力量，反而是暴露其弱点。但是，要想废除这些维持对图书贸易管理的机构，也是在要求文学活动和作家的独立。博马舍为了保护戏剧家的利益，不受法兰西剧院演员们的影响，建立了戏剧立法局。博马舍是一位热诚的捍卫作家权力的斗士，他在利用费加罗为文学职业和出版自由的合法性摇旗呐喊，他认为没有后者的合法性就没有前者的合法性。

所以出版行业饱受束缚，必须要从限制它的枷锁中解放出来。如果这样的解放变得可以想象，那是因为启蒙进步有赖于驱散所有错误，推翻所有压迫的艺术。在大革命高潮时期，孔多塞追随他人的步伐（我认为是普罗斯佩·马尔尚出版的《印刷的起源和首轮进步史》，海牙 1740 年版），赞扬了印刷不可战胜的力量：

> 难道不是出版业把人们从所有政治和宗教枷锁中解救出来
> 吗？专制主义枉然地想侵入所有的学校；专制主义枉然地想要其
> 严酷的体制永久地固定下来，以规定和裁定用哪些错误去污染人
> 类精神，哪些真理是下令予以保存的；专制主义枉然地严命那些从
> 事对人民的道德教育或对青年在哲学或科学方面的教育的讲席，
> 65 除了有利于这种双重暴政的学说而外，其他一律都不得传播；但印
> 刷术却仍然能够散发出一道独立而纯洁的光明，每个人都可能在
> 沉默和孤寂之中从书上接受到那种教育，他们是不可能被普遍地
> 腐蚀的；只要还有一角自由的土地，出版业就可以在那里发行它的
> 印张，这就够了。[32]

真是这一寸自由的土壤孕育了让旧制度崩塌的书籍吗？书籍真的
66 会引发革命吗？

第4章

书籍制造了革命?

书籍制造了革命?我们在本书第1章里业已陆续提及的三位作者,对该问题给出了确定无疑的答案,听听他们是怎么说的。

阿列克斯·德·托克维尔:

> 一个伟大民族的政治教育完全来自文人们的著作,这真是前所未有!正是这种特殊情境,或许最有力地赋予了法国革命异乎寻常的特征,并使得革命之后的政体呈现出我们所熟知的形式。吾国之文人墨客,不仅把他们的革命思想传授给法兰西民族,还形塑了民族的精神气质和生命观念。在按照自己的理想模式塑造人们头脑的长期过程中,他们高歌猛进,因为法国人在政治领域未曾有过任何训练,所以他们拥有一片可以自由驰骋的场地。结果是,我国的作家们以赋予法国人文人般的本能、气质、旨趣甚或怪癖而告终。如此,当行动时刻来临时,这些文学习性都被灌注到政治领域里。[1]

伊波利特·泰纳:

> 正是通过诸如《袖珍神学》(*Théologies portatives*)这样的反
> 67 宗教手册,通过秘密流传的黄色小说,通过格言警句和歌谣,通过日常的猎奇,通过市井的消闲逗乐和学院的高谈阔论,通过从世纪初到世纪末、从伏尔泰的《俄狄浦斯王》到博马舍的《塔拉尔》(*Tarare*)之类的悲剧和歌剧,哲学之风劲吹,充溢着所有的公共和私人渠道。除哲学之外世界看上去别无长物,至少在哪里都能找到它的踪迹,它泛滥在所有的文学创作中,没有人在意它是否令文学创作变形,心满意足地把文学创作当作宣泄哲学玄思的导管。[2]

丹尼埃尔·莫尔内:

> 哲学为那些选择涉猎政治的人就政治问题高谈阔论提供了可能。在旧制度下的所有时期,即便出版审查最严厉最有效的时期,毫无疑问都会有政治小册子流传不止,但它们相当稀见,且流通传播困难重重。然而,1770 年后,尤其在 1780 年后,哲人们曾经要求的写作自由几近完全实现……成百上千不带丝毫哲学意味的谤文和最为四平八稳的论著,之所以跻身对公众舆论产生最强有力影响的要素之列,原因在于:它们把政治问题展露在舆论面前,并赋予它思考政治事务的兴趣。[3]

这三段表述中潜藏的共同思想是:阅读具有如此强大的力量,它能够完全改变读者,使他们融进文本的思想内容中。因而,这三位作者,每个人都按照自己的方式,把革命前法国公众舆论的形成视为一种内化的过程。印刷文字催生的新思想,征服了人们的头脑,形塑了他们的存在方式,引出了种种问题。如果说 18 世纪晚期的法国人制造了革命,那是因为,书籍制造了他们;而且,这些书籍提供了一套远离日常经验

的抽象话语和对权威具有毁灭作用的传统批判。这个观点正是我行将研究的假设,但在研究过程中我保留提出一些疑问的权利。 68

日益增长的读者

数字表明——源自最大规模的系列数据,书商向一个人数众多且饥渴日盛的阅读公众提供发生深刻转变的产品。就读者方面来说,此处至关重要的,与其说是识字率的总体上升(在 1686—1690 到 1786—1790 年间,男性识字率从 29% 上升到 47%,女性从 14% 上升到 27%),毋宁说是社会中印刷物的显著增长,人们原先在社会中拥有的书籍是少之又少。然而,18 世纪期间,拥有书籍的人口比例(尤其在工匠和店主中间)和他们藏书的数量皆有增长。在巴黎,根据对死后财产清册的统计,18 世纪初,仅有 30% 的家仆和 13% 的熟练工人死后财产清册中出现过书籍,而到 1780 年,在此类死后财产清册中数字分别上升到 40% 和 35%。在法国西部的城镇和城市中,从 17 世纪末到 18 世纪中,遗产价值不低于 500 锂的死后财产清册,提及印刷物的比例从 10% 升至 25%;遗产价值在 500—1000 锂之间的死后财产清册,从不到 30% 升至 40% 以上;遗产价值在 1500—2000 锂之间的死后财产清册,从 30% 升至 55%;遗产价值 2000 锂以上的死后财产清册,从 50% 升至 75%。收藏的书籍数量也在增长:17 世纪末至 1780 年代间,“有才干的资产者”藏书数量,从 1—20 册上升到 20—100 册;僧侣阶层所拥有的书籍数量,从 20—50 册上升到 100—300 册;在贵族和法律界人士的藏书中,数量从 20—50 册之间剧增至 300 册以上。尽管并非所有具有读写能力的人都可以被视为书籍的潜在购买者(尤其在农村地区,印刷物在商贩的货篮仍只能偶或可见),但至少在城镇,书籍售卖量业已提升,更多的读者渴求得到更大数量的文本。[4]

与此同时,新的商业模式兴起,以满足这些读者的需求,如 1760 年 69

后书商和租书店摊开办的阅览室，让人们得以在不买书的情况下读到书。阅览室的订阅者交纳 10—20 锂不等的年费，换取阅读或借阅图书的权利，这些书籍是他们自己难以购买的，如定价高昂的报纸、字典、百科全书和历书等大型参考书。阅览室让订阅者在花钱少的同时能广泛地阅读，并小心翼翼地让他们有机会读到被禁的书籍。阅览室在巴黎和外省皆获得了成功，它们从自由职业者、商人阶层、学生、教师甚或富裕的工匠中吸引来大量的顾客。[5] 图书租借商为利益计，按天甚至按小时向巴黎人租借书籍。正如路易—塞巴斯蒂安·梅西耶在《巴黎图景》中写道："有些著作激起如此强烈的热情，乃至书商不得不将书一分为三，以满足众多读者急不可耐的阅读需求；在这种情况下，不是按天付费，而是按小时付费。"[6] 设在小商店里或露天摊上，这些租书店很可能直达社会最底层的读者，他们在法国大城市的各种公共领域里，如饥似渴地阅读着众多的廉价读物和政治性小册子。因此，在旧制度最后数十年间，尽管公证人财产清册中所显露的私人藏书，在数量和规模上均在增长，但它们还不足以衡量这个世纪的阅读饥渴，这种饥渴甚至席卷最低微的城市居民。

书籍产品的转变

18 世纪图书业向这个人数日众的读者群体提供了完全转变了的产品。正如"公开许可"（包括书籍出版的特许和简单许可两种）申请书里所反映的那样，图书业中最引人注目的变化，是宗教书籍的下降，起
70 先是轻微的接着是急剧的下降。17 世纪末，在全部图书种类中，宗教题材占巴黎印刷商产品的一半，到 1720 年代仍然占他们产量的 1/3，但宗教题材到 1750 年代初仅占书籍产量的 1/4，到 1780 年代仅占 1/10。其他的图书文献大类——法律、历史和纯文学，在整个 18 世纪期间保持着相对稳定，恰恰是艺术和科学，从宗教书籍的下降中获益最大，

1720—1780年间,它们所占的份额比例翻了一番。在默许出版的书籍中,这种转变表现得更加明显,艺术和科学著作在其中占到了最大份额。尽管此类著作在1750年代,仅占默许申请书的1/4,居于纯文学之后,但到1780年代初,它们位列榜首,在默许申请书中占到40%以上。科学类著作在官方默许中一马当先,政治性著作在默许申请书中占据榜首,艺术和科学类著作持续不断地增长,为读者盘整和扩大自己的知识范围提供了机会,但同时向他们提供了批评和倡导改革的著作。[7]

获得许可("公开的"或默许的)出版的著作,仅构成18世纪法国阅读公众能读到的书籍的一部分。大量被图书业界称为"哲学的"书籍也在读者中流传,它们由处于王国辖界之外(在瑞士或德意志诸公国境内)的印刷会社印行,被秘密地运入法国,"偷偷摸摸地"售卖,这些在商业通信和秘密的文献目录分类中被称为"哲学的"著作,是一个大杂烩。首先是一般意义上的哲学文本,即高谈道德与政治的著作。其二是色情淫秽作品,主要是色情文学经典,同时也包括新创题材。其三是五花八门的讽刺文学、谤文和丑闻纪事,这些轰动性的文字时常谴责权贵们的专横与腐败。这些"哲学书籍",警察称之为"坏书",是一种危险的商品。携带、收藏或传播这些书籍的人要冒极大的风险:没收、坐牢、苦役。尽管王国境外的出版商处于法兰西国王的官员打击范围之 71
外,但他们有时会引起管辖他们的新教政权的雷霆之怒。这意味着有必要谨慎行事,以规避监管(或贿赂监管当局);这还意味着"哲学书籍"价格的抬高,通常比其他书籍的价格贵2倍。[8]

在试图根据行政档案(这里指官方的印刷许可登记册)或为财产评估草拟的私人藏书公证清册对书籍流通进行计量分析的研究中,禁书生产的重要性长期被低估。许可登记册缺漏许多书籍,图书出版印刷商们压根儿没有梦想能为这些书籍申请许可,哪怕是默许,之所以如此,是因为他们确信,当局会断然拒绝这样的申请。总体上,悲戚的继承人为了怀念逝去的亲人,在不动产清册草拟之前拿走的那些书,清册也不会提到。梅西耶在描绘法院估价拍卖员（huissiers-priseurs，他们收缴被罚没物品并对之进行估价，而后主持公开拍卖）时证实了这种做法：“估价拍卖员将色情图书和秘密印刷物放在一边，不对它们进行公开拍卖，继承人们马上将它们瓜分一空，对售卖他们老父的床、衬衫和衣服没有感到丝毫的不安。”[9]

因此，公开许可登记册中所列的书名，仅是旧制度时代读者可能读到的书籍的一部分。以 1764 年为例，我们可以看到，未在官方登记册中登记的出版书籍比例相当之大：这一年出版且存留至今的 1548 种法语书籍，只有 40% 出现在呈交给出版局长的许可申请中。因此有近 2/3 的已出图书，或是经秘密授权和纯粹的口头授权，或压根儿没有经过授权，或违反禁令擅自出版。[10] 王国境外的图书出版发行商，占有了未经公开许可出版的图书市场份额的大部分。梅西耶在他对皇家书报检察官的尖刻批评中如是揶揄道：

> 这些人是对国外出版界最有用的人，他们让荷兰、瑞士和低地
> 72 国家等发财致富。他们犹疑不决、胆小如鼠、谨小慎微，只敢批准出版那些毫无价值的著作。因为他们个人对他们所批准出版的书籍负责，谁又能为此指责他们呢？如果他们不如此行之，则意味着冒险，且不会得到任何荣耀。尽管保全了自己，但由于他们给本已十分不便的枷轭平添一份重压，所以书稿逃逸出去，寻找理性的和明智自由的乐土。[11]

梅西耶的评论不过是一个司空见惯、老生常谈的话题，但它阐明了书籍出版的基本现实。正如罗伯特·达恩顿写道：“可能的情况是，18 世纪下半期出版的法语书籍大部分都来自法国境外的出版商。”[12]

盗版书和禁书

在非法出版的图书中,我们有必要区分出两种类型:其一是禁书,其二是盗版书。这两种类型的图书在偷运进首都过程中如若被抓,会得到来自书业公会和警察当局截然不同的惩处:禁书将被没收并予以焚毁,盗版书则被退还给邮递人或移交给拥有该书出版特许权的书商,后者可以出售它们并将所得揣入囊中。每个涉身图书业的人都对这种差别了如指掌。国外出版商准备两种不同的供货目录:一种是为盗版书准备的公开目录,另一种是为“哲学书籍”准备的秘密目录。煽动性图书走私者非常清楚,他们为这两种类型的商品所冒的风险是不一样的。

盗版书是书籍贸易不可或缺的组成部分,它们既让外省(尤其是里昂和鲁昂)的出版活动得以生存下去,也滋养了国外(阿维尼翁、瑞士与荷兰)的出版活动。它们构成了国外印刷业团体出版战略的基 73
础,这些印刷团体通过其文学经纪人、流动商贩和有业务联系的书商,搜猎需求最旺的图书,并对它们进行盗版印刷。在颁行 1777 年 8 月出版法过程中,在两个月的宽容期内,盗版书籍通过申请官方印章获得合法授权,大量的盗版书因此从库房流出,这证明它们构成了书商生意的很大一部分。[13] 20 个书业公会中的 8 个书业公会的盖章程序记录保存至今,这些记录表明, 387, 209 册图书以这种方式被合法地放入市场。1777 年法令对赦免期之后的盗版规定了严格的惩罚措施:“首次违法处以 6000 锂罚金,再犯者处以同等金额的罚款并吊销执照”,这还不排除被侵盗的特许权的所有者通过司法程序向盗版商提出的侵权赔偿。

国王的“宽容法案”(正如该法案的序文所称之的),给予两个月的宽容期让流通中的盗版书合法化,这反映了两方面的实际情况。一方面,它认可了这门不仅关涉外省书商也关涉他们首都同行的生意的广泛性，譬如庞库克，订购他自己拥有的正版书或他为皇家印刷厂销售的书的国外盗版，利用国外盗版书的低廉成本补贴他自己新版书的耗费。另一方面，很显然这也是出于国王的宽大仁慈，尽管盗版书是一种商业犯罪，侵犯了特许权，但它不会对政治或宗教权威构成威胁，因为根据定义，所有盗版的题材先前都曾得到公开许可。因而，1777 年法案通过一种非法的商业，增加了得到合法授权的书籍的流通量，这或许解释了为什么一些图书出版发行商的名字和地址出现在他们盗版的书籍里。[14]

梅西耶激烈抨击的“违反道德的诽谤性小册子”（颇具讽刺意味的是，梅西耶自己的《2440 年》和《巴黎图景》，也跻身煽动性图书贸易的
74 “畅销书”之列），所面对的情形就不一样了：

> 至于那些性质令人作呕的书籍，最好就是把它们投入碎浆机——也就是说，在为此目的专门制造的机器里把它们粉碎，把这些可耻的书页变成有用的纸板盒。它们制成每个人都揣在衣兜里的鼻烟盒。这种不虔敬的猥亵的玩意儿，如今落到了教士的手里，他摆弄把玩着他此前诅咒的东西，他从先前书写《夏特勒的看门僧》（*Le poitier des chartreux*）的纸张中得到了鼻烟盒。[15]

“哲学书籍”的传播：三个例证

首先是一个问题：这些大量偷运进王国的禁书，主要是由如今已完全被遗忘的“违反道德的诽谤性小册子”组成，抑或是由传统上被视为表述启蒙哲学的文本组成？直至罗伯特 · 达恩顿对警察档案和印刷会社记录中最常提及的 720 本书进行系统研究，该问题方能得到部分的暂时性的回答。那么，我们以三份禁书清单作为例证（不一定具有代表性）。第一份是 1777 年 7 月 31 日从巴黎书商罗什 · 莫罗那里缴获的著

作清单,根据巴黎警察总监勒努瓦(lieutenant général de police Lenoir)的命令,16 种书(共计 59 册)被送往巴士底储藏,以备销毁。它们都是些什么书? 5 种是色情文学:其中有些是色情类的古典作品[如尼古拉·肖里埃的《贵妇学堂》(*L'Académie des dames ou les entretiens galans d'Aloysia*),初始版本出现在 1678 年,以拉丁文写成];其他的是较近的新书[如 1751 年译自英文的《放荡女人》(*La fille de joye*),以及杜劳伦的《拉莱丹》(*L'Arétin*)]。在数量上与色情文学相等的是政治诽谤小册子和丑闻故事,它们当中有皮当萨·德·麦罗贝尔创作的两个文本《杜巴里夫人轶闻录》(*Les Anecdotes sur la comtesse Du Barri*, 1775)和《莫普大人秘密通信》(*Correspondance secrète et familière de M. de Maupeou*, 1772)以及昂热·戈达尔的《中国密探》(*L'Espion chinois*, 1764)。最后是启蒙哲人:伏尔泰[有三本书在列:《奥尔良少女》(*La Pucelle d'Orléans*)、《终于得到解释的圣经》(*La Bible enfin expliquée*)、《巴黎高等法院史》(*Histoire du Parlement de Paris*)]、霍尔巴赫[《普遍道德》(*La Morale universelle, ou les devoirs* 75 *de l'homme fondés sur la nature*)]、梅西耶(他的《2440 年》系列里面有 11 册)。[16]

蒙塔日的"行商"诺埃尔·吉尔,1777 年 7 月 30 日寄给纳沙泰尔印刷社的订单当中包含着同样的书目。尽管色情文学仍赫然在目[归于阿尔让侯爵名下的《B**** 老爷传》(*L'Histoire de dom B*****)、《夏特勒的看门僧》、《女裁缝玛戈》、《哲人泰莱丝》,加上《贵妇学堂》和《放荡女人》],但 23 种书中大多数是哲学书籍。图书商贩吉尔订购了霍尔巴赫所著的 6 本书、伏尔泰的 5 本著作(除《终于得到解释的圣经》、《哲学通信》、《埋性福音书》、《上帝与人》、《理性的神学论集》和《关于百科全书问题》外)、爱尔维修全集和卢梭的多种著作 。他的订单中只有 1 本诽谤性小册子,但却是一本非常过火的小册子:泰弗诺·德·莫朗德创作的《穿盔甲的报人,或法国宫廷丑闻录》(*Le Gazetier cuirassé, ou*

Anecdotes scandaleuses de la cour de France）。该书1771年在伦敦出版，但宣称自己是“在离巴士底100法里、自由标牌高举的地方出版印刷的”。诺埃尔·吉尔用纳沙泰尔社的秘密目录书写自己的订单，由于其他原因这家瑞士出版社并未将他的订单登记下来，它不想与被它疑为（有根据的）不良商贩的人谈生意。很显然，他业已得到了纳沙泰尔社的出版目录，因为他请求订购的图书的大部分（23种中的15种），都出现在1775年编写的手抄清单上，由达恩顿从纳沙泰尔印刷社档案中发掘出来的这份清单，有110种书标注着哲学书籍的题名。这名商贩要求出版社以后将类似的清单定期邮递给他：

> 如果您愿意与我做生意，您应该将所有哲学书籍的目录邮递
> 76 给我，以便我从中开出订单，前提条件是您给我发送的是向里昂预付费的商品。[17]

在特鲁瓦，做私下流通书籍生意的商人布鲁扎尔·德·莫夫兰，1782至1784年间订购和接收到的图书，展现的是另一种情形。他共申购过120种图书，总计1528册，其中有48种至少订购过三次，达996册之多。在这些禁书中，三种类型的书籍占据着主导地位：讽刺小册子和政治性小册子（314册）、淫秽书籍（206册）和丑闻纪事（178册）。哲学论著相对较少，仅有107册，图书目录中既无伏尔泰的作品，亦无卢梭的作品，相反倒是倾向于唯物主义哲学家，如拉梅特里、爱尔维修和奥尔巴赫，以及启蒙运动的普及者，如有梅西耶的作品两部和雷纳尔的《欧洲人在两印度定居及贸易的哲学政治史》（*L'Histoire philosophique et politique des établissemens et du commerce des Européens dans les deux Indes*, 1770）。

最经常被订购的图书的排行榜，显示了消费资本对这种煽动性文学如饥似渴需求的主调：排在榜首的是1782年出版的《路易十五奢华

录》(*Les Fastes de Louis XV*),这是一本攻击已故国王堕落腐化行为的讽刺性小册子,订购11次共计84册。接下来是一部淫秽作品《歌剧院之家诗集》(*Les Muses du foyer de l'Opéra*),订购5次共计46册;一部描绘大人物们道德败坏的轶闻录《丑闻纪事》,该书由波尔多的纪尧姆·安贝尔撰写,1783年出版于“巴黎一个洞悉一切的角落”,订购5次共45册;还有夏尔·波尔德创作的一部反教权的淫秽诗篇《女教皇让娜》(*La Papesse Jeanne*),出版于1777年,6次订购共计4册。此外,正如我们在上一章中提到,谴责君主专制主义——尤其是逮捕密札和国家监狱的小册子,是毋庸置疑的畅销书,兰盖的《巴士底回忆录》、米拉波的《论逮捕密札与国家监狱》、布罗塞·杜佩莱的《巴士底城堡历史考和轶闻录》以及《国家监狱记闻》,共计87册。与诺埃尔·吉尔的订单不同,莫夫兰的订单并未召唤启蒙运动的大作家们或经典文本,而是青睐抨击贵族、宫廷乃至国王的谴责性作品。[18] 77

哲学与“低俗作品”

读物的这种变化,是1780年代期间人们思想日益激进化的结果吗?抑或它只是表明,莫夫兰书籍生意的专营性,把启蒙运动经典著作的经营让给了特鲁瓦的其他书商?这是难有明确解答的问题。但无论如何,确定无疑的是,直至旧制度末期,哲学论著与政治—色情讽刺小册子,无论在出版业实践中还是在官方镇压行动中,都是被放置在一起加以处置的,纳沙泰尔印刷社1775年寄送的“哲学图书”书目即是明证。[19] 书商莫夫兰的顾客最喜欢购买的图书类型:淫秽书籍、政治小册子和轶闻记事,在这份内有110种图书的书目清单中占据了很大部分。在色情图书方面,书目清单提供了15种题材,涉及古代与现代所有的经典色情之作:从阿雷蒂诺的《流浪的娼妓》(*La Putain errante*)的法语译本到《哲人泰莱丝》(*Thérèse philosophe*),从《修道院里的维纳斯》

(*Vénus dans le cloître, ou la religieuse en chemise*)到《夏特勒的看门僧》及其姊妹篇《卡尔默罗修女会负责对外联络修女的故事》(*Histoire de la tourière des carmélites*)。在关于政治谴责的类目里,除诸如《女公爵杜巴里夫人的真实回忆录》等诽谤性小册子之外,还有多卷本的套书,如《中国密探》(6 卷)、皮当萨·德·麦罗白与莫夫尔·当热维尔的《莫普大人在法国君主制宪政体制中发动的革命历史日志》(*Journal historique de la révolution opérée dans la constitution de la monarchie française par M. de Maupeou*,全书共 7 卷,在草拟这份书目时业已出版了 3 卷)。

然而,在纳沙泰尔印刷社的秘密书目中,令人印象最为深刻的是启蒙哲人的大量存在。丰特内尔[书目中给出的《不信神者共同体》(*La République des incédules*),是丰特内尔死后才出版的《启蒙哲人共同体》]、波兰维利埃、霍布斯[归功于霍尔巴赫对其《论人性》(*De la nature humaine*)的翻译]和培尔[Pierre Bayle,通过弗朗索瓦—玛丽·德·玛尔西和让—巴蒂斯特—勒内·罗比内以皇皇 8 卷本篇幅对其著作的"理性分析"]奠定了新思想的基础。狄德罗[《盲人书简》(*Lettre sur les aveugles*)、《聋哑人书简》(*Lettre sur les sourds et mmuets*)和《八卦珍宝》(*Bijoux indiscrets*)]、卢梭[《社会契约论》和《杂文集》(*Oeuvres diverses*)]、启蒙运动的普及者(雷纳尔、杜·劳伦斯、
78 梅西耶、波尔德)和唯物主义潮流(爱尔维修的四本书,《论精神》是其中之一,拉梅特里的《哲学论集》,尤其是霍尔巴赫撰写或翻译的 14 种著作),也为新思想增添了新的内容。但是,在该目录中占据主导地位的作者是伏尔泰,当中有他的 31 种书,所涉范围从 1734 年的《哲学通信》一直到 1770 年代初出版的《哲理小说与故事集》和《论百科全书的问题》。

在我们这里引用的第二份文献——巴黎书商普万索(Poinçot)1790 年 6 月至 9 月间拟成的一份书目中,伏尔泰也是出现最多的作者。

1785 年，旧制度时代发动最新一次打击危险书籍行动，大量遭到罚没的图书存放在巴士底狱，普万科被授命负责为这批图书登目造册。[20] 他主动提出，“为了这座城市的利益，应当利用这批被凌乱无序地大量堆放在一起的印刷物，如果不赶紧采取拯救行动，它们将很快遗失在潮湿与粉尘之中”[21]，此后他接到了这项任务。这份书目清单，涵盖了大革命爆发之前 5 年的罚没书籍，分为 4 份清册表，共 564 个条目对应着 393 种不同书名的图书。除上文业已讲过的各种著作之外，它还提到了为数甚多的新书名。譬如在色情类图书方面，我们可以看到塞纳克·德·梅朗的《做爱狂：淫乐诗篇》（*Foutromanie, poème lubrique*, 1775）、米拉波的《性爱宝典》（*Errotika Biblion*, 罗马梵提冈印刷所，1783）、《卷起的门帘》（*Le Rideau levé, ou l'éducation de Laure*, 1786）。小册子包括攻击王后的谤文，如《夏尔洛和托瓦内特的情人们》（*Les Amours de Charlot et de Toinette*, 1779）、《奥地利的玛丽—安托瓦内特——法兰西王后生平史论》（*Essais historiques sur la vie de Marie-Antoinette d'Autriche, reine de France*, 1781）。

如同纳沙泰尔印刷社的库房里一样，在巴士底的储藏室里，启蒙哲人的著作遭受着与“丑闻集编”同样的命运。这两份书目清单也展示了类似的结果：伏尔泰以 18 部著作在 1790 年的巴士底图书清单中名列榜首。次之是霍尔巴赫（8 部书），接下来是卢梭（4 部书，包括《社会契约论》、《论人类不平等的起源和基础》和《爱弥儿》），还有爱尔维修、狄德罗、孔多塞、雷纳尔和梅西耶，每人都有一两部书名列其中。尽管 1789 年 7 月 14 日在这座国家监狱里仅有 7 名犯人，但启蒙运动的所有经典之著皆囚禁其间。这些书籍与各种小册子，都是书报检查和国王治理制度的牺牲品，梅西耶因此讥讽道： 79

> 一本乏味至极、十分邪恶、恶意中伤的讽刺小册子秘密出现，立即被争相购买。人们为此付出疯狂的代价；目不识丁、一心只想

为贫困不堪的家庭挣片面包的流动商贩被捕了，被投入监狱，他在那里的命运可想而知。小册子被禁得越多，人们得到它的愿望就越强烈；当你阅读它的时候，就会发现它低俗粗鲁无比，你会为曾经那么疯狂地追逐它而满心羞愧，几乎没有人敢承认“我读过它”。它是低俗文学的糟粕沉渣，但什么东西没有糟粕沉渣呢？[22]

关于文学领域组织结构的基本划分，我们想起伏尔泰的抨击性文章，他将文学领域对立为名副其实的作家和属于“为谋生而写作的不幸物种”的蹩脚文人，这样的划分并不能显示出在书籍生产上一个群体与另一个群体之间的根本性断裂。诚然，这种划分建基于身份识别策略之上，具有同等身份标志的高端作家对“低俗文学”公然表示鄙薄，让我们听听《巴黎图景》所说的：“在古代人当中，公众的尊崇是充满活力的；与为人类服务所付出的荣誉相比，我们的荣耀是暗淡无光的。为卸除我们中间感恩的负担，人们从四面八方呼喊：作家的数量太多了！确实，太多人篡得了作家之名，太多人一生只创作了一本小册子。实际上，法国仅有不超过30位作家在持之以恒地从事文学志业。”梅西耶在一个注释里继续对应得公众尊崇的“名副其实”的作家和根本不配享受作家之名的“编著者、新闻记者、多产翻译者”作出区分。[23] 我们不难猜出，该文的作者暗自里将自己置于哪一种类型中。当被文学界排斥出去的作家自己也从心底认同这样的身份区分时，“上层启蒙运动”与“文学底层”之间（这里借用达恩顿的术语）、体制化的启蒙哲人与“贫贱的卢梭”之间的分立，因此成为文学对抗的结构性要素，雄心受挫的后者起而反对前者养尊处优的美妙境遇。

80 然而，在“哲学书籍”生意和政府镇压中，两种类型的作家面对的是共同的命运，幸则同幸，不幸则同不幸。在全部的书籍生产中，这种著作被划归为一种特定的类群，对应于政府对之禁绝所激发的期待以及抗命或违法的冲动诱惑，其读者群体可能是相同的。这类极端混杂的著作的相干性，不仅源自外部现实，即出版商、警察或读者把它们视为同一类群，同时也植根于它们自身的写作实践当中。一方面，即便闻名遐迩的作者，也会毫不犹豫地利用低俗文学最常见的形式，因此，在运用和颠覆诽谤性谤文、反宗教讽刺诗和政治小册子，同时玩弄匿名、错误的出版地信息和滑稽模仿签名把戏方面，伏尔泰是驾轻就熟的高手。另一方面，各种文学体裁绝难截然分开，不仅哲学语汇经常侵入到色情文本当中，有时候甚至渗透在书名里，如《哲人泰莱丝》，而且启蒙哲人们本身对色情体裁也毫不鄙薄，如伏尔泰有《奥尔良少女》，狄德罗有《八卦珍宝》。形式上和主题上这种十分自由的转换交流，无疑强化了“哲学书籍”同属一类的感知。那么，这意味着它们可以被视为革命烈焰的纵火者吗?

从阅读到信仰

按照罗伯特·达恩顿的看法，答案确切无疑是肯定的，他毫不怀疑，这类谴责性的批判作品的大规模传播扩散——旧制度最后二十年间其流通量和尖锐性都极大地提升，破坏君主制赖以立基的神话，嘲讽君主制表现权威的礼仪仪式，并让法国人习于相信自己是一个专横衰落政权的受害者，从而根本性地改变了君主制的表象。因此，“哲学书籍”——不论其意图如何，对旧制度构成了真正的“意识形态侵蚀”，从而为革命裂变铺平了道路：

> 体裁千变万化的政治小册子都谈论同一个主题：法国君主制
> 业已退变为专制主义。它们并未呼唤革命或预见到 1789 年，甚或 81
> 没有对让君主制毁灭成为可能的深层次的社会政治问题给予太多的讨论。然而，在不经意间，它们通过剥除象征体系的神圣面纱和消解意识形态神话——这两种东西是君主制在其臣民眼里具有合

法性的重要来源，为这个事件准备的条件。[24]

因此，亵渎神圣的腐蚀性禁书的深层渗透，与保证国王受其臣民尊敬和热爱的信仰体系的衰竭，两者之间存在着紧密的联系。

然而，这种观点会不会可能赋予了阅读一种并不具备的力量和功效？让我们暂时回到梅西耶那里看看。在他眼里，几种东西严重地削弱了谴责性著作的说服力量，首先是它们流通的社会领域，受到的限制远甚于针对淫秽著作的限制：

> 针对大多数人完全无法理解，仅有少数人阅读的哲学书籍，惩戒非常之多。而粗鄙下流的版画公然大行其道，所有的眼睛都能看到它，纯洁无邪的眼睛备受折磨，廉耻腼腆为之脸红。是时候对商人们的货架施以严厉的规约了，他们甚至鲁莽地将这些东西摆到店铺外面公然展示。想想看吧：纯洁的少女和端庄的女人也要从这些街道上经过！[25]

其次，对谴责性作品的兴趣昙花一现："十五天后，流言谤文就会在公众舆论中枯萎消亡，被打回它声名狼藉的原形，不知所踪。"[26] 最后是公众的不轻信："在形式上，它就像看到几张关于时事的批评性街头招贴那么普通平常……这种类型的讽刺画不再被贴到墙上，转而进入偷偷摸摸分发的小册子当中……讽刺言论如今只在小册子中见到，上流社会对它们只是付之一笑，根本没有拿它们真当回事。"[27] 路易—塞巴斯蒂安·梅西耶并没有推定，"哲学书籍"的读者完全相信文本试图加给他们的表象。他对公众阅读方式的描述，让人想起英国社会学家理
82 查德·霍家特（Richard Hoggart）对大众阅读特征的概括，他谈及的文本接受的"间接方式"包括"怀疑""不信""无声的抵制"。[28] 讽刺谤文和小册子所呈现的形象，并没有像随意刻印的软蜡那样刻入其读者的

头脑里,阅读并不必然带来信仰。如果说亵渎神圣的小册子文学大肆流传与君主制形象的毁灭之间存在着联系,那么这种联系毫无疑问既非直接的,也非必然的。

相同的书籍与相异的选择

把哲学读物与革命思想联系在一起时需要慎之又慎的另一个证据是,拥有相同哲学读物的读者,在面对革命事件时所做的选择高度相异。卢梭的情形就是如此,他的著作在小市民当中也广为人知和深受喜爱,所有社会阶层都如饥似渴地阅读之。熟练玻璃工雅克—路易·梅内特拉,在《我的生平日志》里仅提到 6 本书,其中 3 本是卢梭创作的(《社会契约论》、《爱弥儿》和《新爱绮洛丝》)。他宣称,1770 至 1778 年卢梭在巴黎的最后时光里,他曾与这位作家有过密切的交往:"我们走进摄政咖啡馆,他要了一大杯啤酒。他问我是否会下象棋,我说不会。他问我是否会玩纸牌,我说会一点儿。他开起了玩笑,对我说这正与我的年龄相符合。我们玩牌,我输了。我听着和看着围在我们身周的人,他们一刻不停地说着话,这可是卢梭,他们确定无疑是他志同道合的兄弟。"[29] 由雅各宾的宣传话语、激进报刊和卢梭移入圣贤祠激发出来的巴黎无套裤汉火热的卢梭主义,根源深植在旧制度时代最普通读者的阅读偏好之中。

在社会等级的另一端,贵族阶层读者同样是让—雅克的狂热拥趸。这里列举几条证据。一个迹象是,在卢梭的通信者当中,贵族(宫廷贵族、外省显贵、通过服务王权取得贵族称号的人)占全部通信者的 36%,
他们与第三等级的通信人员数量一样多。[30] 另一个迹象是,埃墨侬维尔 83
花园的纪念卢梭祭拜活动,是在吉拉尔丹侯爵的邀请下举办的,贵族阶层众多最显耀人物都前来参加了朝拜。还有一个迹象是,长期喜爱卢梭及其著作(《社会契约论》除外)但坚决抵制革命,在反革命的流亡贵族那里表现得非常明显。[31]

卢梭不仅为平民和贵族提供了读物，他同时也是商业中产阶级中一些成员最喜爱的作家，他们将之尊奉为自己的“思想导师”。这在拉罗歇尔商人让·朗松致纳沙泰尔印刷社经理奥斯特瓦尔的信里清楚地表现了出来。对朗松来说，卢梭是一位真正的良师：“诤友让—雅克就夫妻责任、父母义务所写的一切，都对我产生了深远的影响，我很坦白地跟您说，当我处于任何相关情形中时，他写的东西都作为我行事的法则。”卢梭之死让他陷入深深的惋惜和悲痛之中：“我们失去了伟大崇高的卢梭。再也见不到他了，再也听不到他说话了，没有了他让我苦痛不堪。读他的书，让我对他产生最异乎寻常的钦仰。如果有朝一日我旅行到埃墨依维尔附近，我会到他的坟上拜祭一番，且很可能洒上几滴泪水。”[32] 因此，同一个参考对象（卢梭著作，甚或卢梭本人——他宣称真相的保证人）产生出不同的甚或相反的解释，与此同时它也引起了矛盾对立的拥簇表白。

《百科全书》阅读得到的是类似的评价。在其订阅者可以被鉴别出来的地方，如贝桑松和弗朗施—孔泰对纳沙泰尔社第四版的订阅，教益是双重的。首先，显然，由于价格高昂（即便通过缩小开本降低价格），只有贵族才能买得起《百科全书》，相较于商人，占订阅者的极小部分，传统的社会精英，如僧侣、军功贵族、高等法院法官、律师及自由职业者，才是这部皇皇巨著真正的阅读公众。其次，尽管购买了《百科全书》的人中有一部分投身于革命事业，但毫无疑问，大多数对革命无动于衷甚或敌视之。[33] 因此，订购这部象征着启蒙运动的著作，并不意味着其读者中间有任何选择的共同性或行动的共同性，它在与旧制度国家紧
84 密相连的环境中的巨大存在，表明了思考社会的传统方式急剧断裂。

最后，1792 年后革命当局没收的流亡贵族和被判刑者所拥有的书籍，证明大革命的受害者或敌人对哲学类图书有强烈而持久的热爱，他们所读的东西，与彻底的革命者的读物并无根本不同。因此，在牢狱里，

陪伴马莱夏尔·德·布罗格利的是布封的著作和《百科全书》，在当普尔，路易十六读的是孟德斯鸠、伏尔泰以及高乃依和拉封丹。[34] 这些事实，证明了托克维尔的直觉（“实质上，所有高居人民之上的人都彼此相似；他们具有同样的思想、同样的习惯、相同的嗜好，从事同样的娱乐，阅读同一类书，讲着同一言语”）[35]，同时也证明不能赋予书籍太过直接的角色。它们提出的新表象，并没有印入读者的头脑里，在任何情况下，读者都可能对它们进行多样的使用，作出多样的解释。因此，认为哲学著作在促进法国社会与君主制离心离德方面取得无可争议的成功，可能是冒险的。

日常行为实践的直接关联性

对君主离心离德不一定是思想作用的结果，它可能立基于日常行为实践、未经深思熟虑采取的行动和变成平常话的语汇的直接关联性当中。梅西耶敏锐地指出了这种自发性的离心离德，其潜藏在日常生活最深处，令人难以察觉。它们以各种降低皇家品质的方式被使用着，譬如词组“皇家”（à la royale）：“经常被使用着的鄙俗大众语汇。‘皇家牛肉’、‘皇家蛋糕’、‘皇家擦靴师傅’；烤肉店老板把这个词用金字招牌挂在自己店铺门上方；猪肉制品销售商出售皇家火腿和皇家香肠；人们看到百合花镶嵌在炖鸡、手套、靴子和女鞋上，茶叶贩子高声叫卖，皇家茶叶喽！”这些在任何方面都不存在对君主制的敌意。恰恰相反，正如梅西耶评论的，“‘皇家’意味着良好的、优质的、绝世无双的，因为平民百姓认为，任何的平庸之物都不可能接近宫廷”。[36] 然而，平凡化的使用让皇家的属性和象征丧失了神圣性，从此失去了一切超然卓越的意义。梅西耶写道： 85

在梅日斯里码头的五金商中，有数家“老招牌”商店，主要是装修巴黎市区和郊区所有小酒馆和烟馆的大门。地球上所有国王都全部躺在那儿：路易十六与乔治三世友爱地拥吻在一起；普鲁士国王与俄罗斯女皇睡在一起；（神圣罗马帝国）皇帝与选帝侯们并肩而立；最后，教皇的三重冠与头巾混杂在一起。一个小酒馆店主来了，用脚翻踢着这些戴着皇冠的头检视之，随机选中了波兰国王的雕像带走了，他将雕像扛起来，雕像下面写着：伟大的胜利者。[37]

这种情形——是真是假无关紧要，表明国王陛下的形象并没有得到任何特别的尊敬和激起任何敬畏之心。这让人想起了情感变化与削弱国王权威的文本大规模传播之间的另一种关系，也即我们为什么不认为，人们对“哲学书籍”的青睐之所以可能，是因为在象征和情感预先业已消解的作用下，使它们变得可接受、可理解，被人们当作理所当然的物事？哲学书籍非但不是此种断裂的制造者，相反它们是此种断裂的产物。

这种思路当中含有质疑哲学印刷物思想颠覆性的第一个理由，但还有第二个理由。尽管哲学文本具有产生影响的机制，尤其是政治讽刺小册子，但它们施加影响的手段，要经过阅读期望、阐释工具以及不同读者之间，甚或同一个读者在不同时间的理解水平的过滤。我们以革命事件为出发点，回溯性地阅读启蒙哲学著作，并赋予这些著作明确的谴责和说服意义，这么做毫无疑问是有风险的。18 世纪的读者，并不一定相信他们读到的内容，如国王政府的专横行为使之变成专制体制、君主和宫廷的腐败堕落就是真的，但这种不轻信丝毫没有减少他们对禁书的贪婪渴求。

86 谈论焦点对准显贵、宠臣、王后和国王的色情小册子就是例证。此类文本的类型是多种多样的，因此也招致了多重的阅读。首先，它们遵循色情类书籍的传统惯例：它们运用经过加密的语汇表达性愉悦；利用当时的文学形式，向其中填塞入出乎意料的和充满刺激的内容；文本中存在着一种替换读者目光的视角。然而，在政治讽刺小册子当中，尽管这些机制仍然清晰可辨，但它们被用于一种超乎其外的意图。也就是说，文本的寓意不是直接显现的，这一点在最早攻击玛丽—安托瓦内特的小册子（《夏尔洛和托瓦内特的情人们》或《奥地利的玛丽—安托瓦内特——法兰西王后生平史论》）里清晰可见。如同一个多世纪前攻击马扎然的小册子一样[38]，这些小册子并非想让人们相信，王后果真就像文本里描画的那样；相反，它们试图通过贬损她，证明宫廷里其敌对方的正当性。对宫廷里不同小集团之间的斗争稍有了解的读者明白，诸如此类小册子的意义根本不在它的文字当中，而在于它对重大政治需要的影响上。其他更容易被操纵的读者可能会相信，将王后描述为随性行事和不守职责的种种指控是真的。因此，一种主题（1789 年后该主题被革命小册子进一步放大）出现了，它不屈不挠地将贪婪嗜血的王后形象与骄奢淫逸的妇女形象统合到了一起。[39] 各种文类交叠、各种题材交叉、各种文笔（政治指责、淫秽描写、哲学思考）交混的“哲学书籍”本身的文体风格，在某种程度上组织着差异化的接受水平线。恰是这种嵌入在文本当中的多样性，让我们难以相信，所有读者以同一种方式在阅读这些书籍，或它们可以被化约为一套简单的意识形态话语。

革命创造了启蒙？

那么，我们是不是应该将本书一开始提出的问题反过来说：正是革命创造了书籍和启蒙哲学？也就是说，正是革命事件构造出一系列被 87
认为是革命发动机的著作和作者？革命对启蒙的这种回溯性的重构，其路径和方式是多种多样的。迁入先贤祠无疑是最令人瞩目的，但也是最精挑细选的，因为在过去数个世纪里的众多作家当中，仅有两位“大人物”——伏尔泰和卢梭获此荣耀，所有其他获得提名的作家，如笛卡尔、费内龙、布封、马布利，均遭革命议会的否决。[40] 因此，这两位作家，被视为大革命真正的先驱。1791 年 7 月 11 日,在革命与服膺于宪法的教会之间达成联合、举国实现一致的时刻,盛着伏尔泰遗骸的石棺被移入先贤祠,石棺雕刻的铭文表明了这一点。一侧的铭文写道:

> 他与不信神者和宗教狂热分子战斗
> 他伸张人权
> 反对封建奴役

另一侧的铭文写道:

> 诗人历史学家哲学家
> 他拓展了人类精神
> 并教导它说它必须是自由的[41]

这与罗伯斯庇尔在其演说“关于宗教和道德思想的报告”中对卢梭的评价类似(演说恰巧对百科全书派的唯物主义“宗派”进行了严厉的抨击):

> 在我所讲到的那个时期里,在那些投身于文学和哲学生涯的人中,有一个人(卢梭),以其高尚的心灵和庄严的品格,显得无愧于恪尽职责的人类导师……他是这场革命的先驱者,并因此让他进入了先贤祠(1793 年 10 月 12 日)。啊!如果他亲眼见证这场革命的话,毫无
> 88 疑问,他宏阔的灵魂定会充满激情地拥抱正义与平等的事业![42]

先驱者们的著作并不仅仅限于两位入选先贤祠的作家,还包括其他各种各样的文类体裁,如刊载于年鉴和文学杂志里的作品精选[43],以及来自某一部著作或多名作家的言论精选。[44]维龙 1794 年出版的政治

入门书，题为《致人民：令人心惊肉跳但须臾不可少的真话，来自卢梭、马布利、雷纳尔及所有热爱平等原则哲学家的名句选粹》（*Au peuple. Des vérités terribles, mais indispensables, tirées de J.-J. Rousseau, Mably, Raynal, etc. et de tous les philosophes amis des principes de l'égalité*），属于第二种文类；而刊登在 1794 年《缪斯年鉴》（*L'Almanach des Muses*）中的诗歌《哲学家们》（"Les philosophes"），颂扬了丰特奈尔、伏尔泰、狄德罗、富兰克林和卢梭，则属于第一种文类。共和二年的庆典仪式，将启蒙哲人的半身像与自由烈士的半身像组合到一起，共同参与对合法性的回溯性诉求。因此，在鲁瓦、皮卡第，同一场仪式，既向伏尔泰、卢梭、布封、本杰明·富兰克林致敬，也向马拉和勒佩勒蒂埃致敬，并高唱"公民歌曲"对他们颂扬赞美。[45] 大量广泛传播的印刷物，如扑克牌（印刷商伽扬共和二年出品的扑克牌用哲学家——伏尔泰和卢梭，也有用拉封丹和莫里哀，取代大小王）、历书、启蒙读本和革命教理问答，也同样如是为之。同样出版于共和二年的《无套裤汉启蒙读本，或共和教育初阶》（*L'Alphabet des sans culottes, ou premiers éléments d'éducation républicaine*），给出了如下的问与答：

> 问：是哪些人用他们的著作为革命准备了条件？
> 答：爱尔维修、马布利、让—雅克·卢梭、伏尔泰和富兰克林。
> 问：你是怎么称呼这些伟大人物的？
> 答：哲学家。
> 问：这个词的意思是什么？
> 答：圣贤，人类之友。[46]

因此，在某种意义上，恰恰是革命"制造"了书籍，而不是相反，因为正是革命赋予某些著作先驱性和纲领性的意义，将这些著作构建为它的起源。

从书籍到阅读：去神圣化的阅读

然而，这种情况并没有让我们最初提出的问题失效，现在我们不妨
89 这样表述：在旧制度末期法国的思想和情感转变中（这种转变让与绝对主义君主制和团体社会突然而剧烈的断裂，变得可想象、可接受和可研判），印刷物的传播究竟占有什么样的位置？在形形色色的原因当中，除"哲学书籍"大规模呈现出的批判性和谴责性的表象之外，难道我们不应该强调根本性地改变了人们阅读方式的那些变化吗？有学者提出，18世纪下半期德国发生了"阅读革命"[47]，与传统的阅读方式相比，这种新阅读风格表现出好几种新的特征：面对数量更多、阅览时间更少的文本，读者的阅读日益灵活易变；阅读个人化，阅读从根本上变成一种静默的独处的私密行为；阅读的宗教成分减少，它已失去了所承载的权威性和神圣性。人们对书籍集体的和崇敬的关系——以恭顺与服从为内核，让位于一种更自由的、更随意的和更具批判性的阅读方式。

尽管存在可争议之处且经过大量争论，但这种"阅读革命"假说有助于阐明18世纪法国阅读方式的转变。随着世纪初到1780年代间书籍生产增长三四倍，让读者能够读而不买的机构日益增多，以及短期印刷物（期刊、谤文、小册子）日益泛滥，一种不再视书籍为权威的新阅读方式传播开来。农民在夜晚家长制的和圣经式的阅读，即由户主为聚集在一起的家庭高声诵读，经常是18世纪末作家和画家们的创作主题，这从一个方面说明了对业已失去的阅读方式的感怀之情。在文学精英眼里弥足珍贵的理想的农民世界表象中，集体阅读表示一个书籍受到崇敬、权威受到尊崇的世界。这种想象的诗意画面，是对市民阅读方式——贪快求多的、粗枝大叶的和带着怀疑的——显见的批评。[48]

梅西耶再次敏锐地察觉到了这种文化的转变。他的判断明显存在
90 着矛盾之处。一方面，他为全神贯注且耐心的阅读方式的失去而感到遗憾："在巴黎，人们几乎不再阅读超过两卷的任何著作……我们德行

端良的先辈们经常读六卷本的小说，对他们的漫漫长夜来说，这些小说根本不长，他们充满激情地追踪着古代骑士的行为风尚、美德和战斗。对我们来说，很快会只在烤火的当儿阅读片刻。”[49] 另一方面，梅西耶也注意到，阅读已渗透到一切社会实践中，且正因为阅读已变成最常见的行为习惯，从而迫使书籍不得不改变形制以顺应之：

> 对小开本的偏好取代了15年前流行的对阔边栏的偏好。那时候，读者要时刻不停地翻页，人们所购的几乎是白纸：但购买者乐意为之……时尚如今已变：读者都在搜寻小开本；我们所有美丽的诗篇因此都要重印。这些小书的优点是能够方便地放在衣兜里，为散步提供休闲，或聊解旅途的乏味，但与此同时，我们必须带上一副放大镜，因为印刷字体太小，非得要一双好眼神才行。[50]

梅西耶的这两段文字看上去截然对立，但实际上表达的却是同一种思想：当阅读渗透到最普通的日常生活环境中和如饥似渴地消费着被快速放弃的文本时，阅读也就失去了长期以来一直拥有的那种宗教意蕴。读者与文本之间一种新关系因此得以建构起来，读者不敬服权威，反过来不断地为新鲜事物所诱惑和心生幻灭，不再倾向于信服和拥护。这种新的阅读方式，在日常行为实践直接关联性方面，大规模地践行着康德所谓的“个人公开运用理性”。[51] 那么我们何不认为，问题的关键并不在于“哲学书籍”的颠覆性内容当中，它们可能并不具备人们通常认为的那种巨大的说服性影响；相反，新的阅读模式——哪怕所阅文本内容完全遵从宗教和政治体制，发展出一种批判的态度，将人们从构成旧表象根基的依赖和顺从中解放出来？从这个意义上来说，阅读方式的变化是更大范围转变的组成部分，历史学家通常把这种更大范围的转变概括为去神圣化进程，这是我们现在行将研究的话题。 91

第5章

非基督教化与世俗化

托克维尔在思考革命与宗教是怎样联系到一起的时候，提出了两种似乎自相矛盾的观点：不信教情绪在18世纪的法国人当中，已经变得“很强烈和普遍”——成为一种主导的情感；尽管如此，但大革命沿着“宗教革命的路线”去重新定义一种信仰人类“内在德性”的“新教”。一方面，法国典型式的“对任何宗教信仰的全然拒绝”已经削弱了基督教的势力，因此，当这种全新信仰在法国所有阶层中得以广泛传播时，就为其与传统、权威和旧等级制遽然决裂（大革命激进性的根本即在于此）准备了条件。但另一方面，与传统信仰的决裂绝不是完全摒弃宗教参考体系。相反，正是从“宗教习性”（尤其对于基督教而言）到新价值理念（崇尚德性，对人类的完美充满自信）和新期望（人类再生，社会转型）的这样一个转变使得法国大革命独树一帜，这既是一场激烈的宗教改信运动，也是对人性的召唤。[1] 正如托克维尔所说：“宗教一旦没有了灵魂，其结果并非引发空虚和冷漠；相反，一群新的追随者和一些世俗化的思想会在顷刻间将其取而代之，他们不仅能填补宗教的空档，而且还会激发民众的想象力。”[2]

92 托克维尔的分析提出了两个问题，本章也将试图做出解答。第一，我们是否完全赞同反天主教的思想是源于18世纪（因为大革命前的法国人对宗教已经漠不关心，甚至有了强烈的反宗教情绪）这一观点？第二，当投入了大笔宗教费用而建立起来的委员会和组织机构并未履行教会教义，甚至与教会宣言背道而驰时，我们是否可以认为这种神圣性的转移是由大革命重大事件所引发的一种新现象呢？

在回答这两个问题之前还需要说清楚一个问题，因为他们假设，在陷入全面信任危机之前，如果基督教信仰确实，像托克维尔说的那样，深深扎根于法国人的灵魂当中，非基督教化的猜想则认为法国曾完全被基督教化过；然而，正如让·德吕莫所言："我们所说的'基督教'一词由来甚晚，事实上，它是各种习惯和经常使用，却与福音书没有很大关系的信条混杂在一起的产物？如果此番说法成立，那么仍将其称为'非基督教化'是否恰当？"[3] 在恭敬顺从的表面下，旧制度下的法国真的是一个基督教国度吗？

宗教的稳定性

此文现用的"基督教化"和"非基督教化"这两个术语并不是指基督教应有的主要含义（界定这一层面的含义不是历史学家的工作），而是特指在一定的历史文化环境下，对福音书进行布道、释义和体验所带来的行动和举止上的改变，这一方式最显著的特点无疑是更加接近实际。事实上，各主教教区的改革都有一些区别，天主教改革的教士在虔诚度上增添了两点要求：即积极参与日常的弥撒和认真地履行其基督责任。

自中世纪晚期至 18 世纪以来，这两条惯习发生了巨大的改变（这一改变从佛兰德斯地区就可以看出，也是当时社会的缩影）[4]。在中世纪，周
末弥撒从不会召集教区的所有成员，每次弥撒并不是所有成员都会参 93
与的。不仅如此，参与弥撒的人数会随着季度浮动，圣斋节期间最多，夏季最少。最后，1215 年拉特兰大公会议（Lateran Council）所创办的

复活节年度忏悔和圣餐仪式是最少受到人们重视的节日。如果我们接受雅克·图萨埃尔（Jacques Toussaert）的估算数据的话，城市和城镇中多至一半的人都不去履行其复活节职责。他估算有 10% 的基督徒完全不过复活节，40% 的人偶尔在复活节的时候做做礼拜，40% 的人会经常参与复活节的圣餐仪式，还有 10% 的人要比前面所说的完全放弃复活节的这一类人要重视一点点。农村地区对教会戒条的遵守程度要高一些，但也不是经常性的，而且一年不如一年，第一年的时候，几乎是全体遵守，到下一年时，也只有少数人遵循。

天主教改革最明显的结果就是使教会戒律日常化和普及化，而在两三百年前，却很少有人会遵守它。正如 17 世纪和 18 世纪的教士拜访数显示，无法履行其复活节职责的市民变得越来越少，不到教区总人口的百分之一。这些渎职者处于最低和最高阶层，因为我们发现他们中有一些绅士和公职人员常因一些臭名昭著的恶习（尤其是公开与其情妇生活）而没有资格参与圣礼，还有一些人因其流动的职业很难和教区保持密切的联系，这样的职业包括：水手，木匠，农作工人和牧羊人。因为法律的支持，周日做弥撒的人数也同样居高不下。法律规定，在弥撒期间，旅馆都要停止营业，并且在法定休息日是禁止工作的。[5]

以夸张的教会布道为依托，教区教士的日常说教常会使用一些逐出教会或拒绝以基督教仪式埋葬等会引发集体行为改变的威慑性说辞。原为统计主教访问量的民意调查可以帮助我们找到基督化的原动力，甚至记录下了在什么时候完成了基督教化。例如，我们可以通过人们对就圣礼仪式，尤其是复活节圣餐会的提问频率进行分析。[6] 在 1550
94 年至 1620 年，主教教区的提问率只有 29%。后来因为人们对此事的关注度有所提高，所以在 1610 年至 1670 年，教区的提问数达到了 58%，在 1670 年至 1730 年则为 78%。经过这一时期对新行为模式的严厉镇压后，并伴随着教会说教的兴起，提问频率呈现出下降的态势（在 1730 年至 1790 年间只有 57%），尽管许多地区的宗教当局认为他们已打了一场胜仗。除了法国北部和东北部的一些主教区（它们受特伦托宗教的影响要比中部教区慢一点）之外，教会坚信全国所有的天主教徒都遵循一个"好基督"模式，这些人孜孜不倦地参与弥撒，而且履行复活节职责俨然已成为他们生活的一部分。虽然普遍的惯例比较基础，但在信仰者中间塑造了一个基本的身份认知，因为在这些活动中，通过重复相同的动作，让他们直观地感受到一种归属感，并构建了一种重要的参照体系，为世界和人类的存在赋予意义。正如阿尔方斯·杜普隆（Alphonse Dupront）写道："一开始，日常生活和普通日子的宗教有着固定的礼拜频率，之后便是天主之日，按圣餐礼仪组织活动，以救赎故事为题材的戏剧与精神世界的轮回结合得如此相得益彰，以至于成为人们无意识的行为习惯。"[7] 这一"宗教稳定性"专属于一个特定的文化环境，它不仅有别于早期未能达到的文化氛围，而且不同于之后的统一宗教时期，在这一时期，基督教教义已经缩减至三大仪式，即洗礼，缔结，殉葬。

但这是否就代表着世界范围内宗教狂热呢？事实上，统一的法令背后，处处存在的文件性法令（有从17世纪中期开始的，也有1730年之后的）对联结信徒和教会之间的关系产生深远的影响——每一个，如果不是专有的话，中介者和圣者之间息息相关。主教区之间千差万别，即使是在一个教区里面也存在差异，这些差异不存在于几乎统一的复活节圣餐仪式中，而是表现在一些较为自由和志愿性质的宗教行为的参与上。僧侣这一职业亦是如此。例如，教外协会的建立。拉罗什尔主教区就是一个经典的案例，南北部迥异——在树木繁茂的北部，一半 95
的教区都有数量庞大的僧侣，玫瑰园（Rosary）团体也蒸蒸日上；但是在平原和沼泽满布的南部则僧侣匮乏且只有少数几个积聚在一起的宗教团体。[8] 很显然，如果宗教改革对个体和集体经验的基本框架都进行了基督教化改革，那么对基督徒的热情度也会呈现出强烈的地区差异。

情感的变化：死亡与生活

尽管18世纪宗教模式的反常可以在非基督教化的层面得以理解，但对周日和复活节礼拜义务的尊敬并未消失。然而，在尊敬的背后，人们关于基本物质范畴的观念已经发生了根本性的转变。这一决定性的疑惑影响着人们对于死亡的态度。在基督教的土地上，遗嘱为我们提供了大量的、统一的，且具有社会代表性的文件来源，这些文件都反映人们对于死亡的态度。事实上，人们在对1730年至1780年的遗嘱作历时研究时发现，在巴黎和普罗旺斯，基督教改革时期的教士都逐渐不再使用十七世纪信徒做礼拜的手势。[9] 第一，遗嘱中用来资助公众洗礼的资金数量逐渐减少；第二，公众对死后的埋藏地的神圣性不再关心；最后，公众也不再祈求对牢狱判刑进行减刑或者缓刑。在普罗旺斯，遗嘱中用来资助公众洗礼的遗产比重由在17世纪晚期和18世纪中期的80%，到18世纪80年代仅有50%。不仅如此，申请这类遗嘱资金进行洗礼的人数也由原有的400人降至100人。这样一来，基督教的瓦解打击了基于两种基本规定——把教堂或者修道院的圣地作为埋藏地和将不动产的一部分资金（1670年至1720年间在巴黎可能是4%）用作公众资助和慈善馈赠——之上的一整套行为习惯。

当然，各地的态度转变的程度不一。首都地区要比其他省份发生转变得早一些，城市要比农村转变得迅速一些。而且这些转变在男性
96 立嘱者身上要比女性更为明显，较之传统的精英人士、工匠、航海人员以及农夫——甚至那些比较富有的商人的转变更为显著。不管怎么说，这一转变都是个好兆头，它预示着至少大部分人，如果不是全部的话，开始摆脱了天主教改革强加给人们的一些基本信念——对炼狱折磨的恐惧，使人们要求仲裁以减轻惩罚。一旦人们摒弃了由这些信仰所操控的法令，那么基督教在圣经预言和符咒的论述结构上就会失去连贯性，因为遗嘱常会省掉这样一句话：“以死亡的正义之名与上帝的热情

为誓”,这句话在狂热的基督信徒的灵魂扎下了根,在上帝神秘的化身中觅到踪影。这一对早期行为惯例的背离是否仅见于法国?毗邻隐士的普罗旺斯但却在萨瓦家族(House of Savory)境内的尼斯伯爵家族(Countship of Nice)遗嘱设立者对传统模式一如既往的坚守表明,这一问题的答案是肯定的。18 世纪晚期,尼斯家族十分之九的遗嘱都会要求让逝者的灵魂得到安息,尽管在整个世纪里资助公众洗礼的数量有所浮动,但并没有明显减少的迹象。[10] 萨瓦家族亦是如此,在尚贝里参议院宣誓的遗嘱中,赠予公众的遗产没有表现出明显的下滑趋势,从 1725 年至 1767 年的 91% 到 1768 年至 1777 年的 88%,继而在 1778 年至 1786 年变为 86%。[11] 如此看来,各地的习惯都大相径庭,即使是邻近的地区也有差异,这就预示了法国非基督教化态势的单一性。

避孕措施的出现是与传统习俗的第二次背离,它改变了最亲密的爱人之间的行为模式,也削弱了人们的宗教道德感和教士对人们的控制力。大量可靠的人口数据证实了 1760 年之后许多地区的人口出生率逐渐下降。当女性最后受孕的平均年龄比她们自然终止生育的平均年龄要低的时候,我们就可以肯定她们采取了一定的避孕措施。这在
鲁昂是不争的事实,在那里,“避孕的” 夫妇数量从 17 世纪末的 5% 至 97
10% 增至 18 世纪初的 20% 至 30%,到了大革命之前升至 50%。同样的情形亦出现在了法国维克萨的乡村,巴黎周遭的郊区还有上诺曼底地区。最后要说的是,在法国中等大小的城镇也上演了相同的戏码,如默朗、洛林地区的塞尔河畔维克。如此一来,我们可以清楚地知道在大革命前夕,在旧制度尚存的最后三十年里,人为地阻止孩子出生的避孕措施(这样定义是为了和延长孩子出生之间的间隔时间区别开)至少在法国北部已经出现。[12] 这种新的人口模式——其影响力城镇和城市先于郊区,社会上层先于商人和工匠——显然是与基督两性伦理(两性的结合就是为了孕育生命)相违背的。

然而,自相矛盾的是,作为与先前准则背离的基础,教会教义可以

从两个完全不同的角度来审视。首先,反宗教改革教会通过强调两性关系的原始纯洁性,高度评价禁欲主义和节制主义,并将肉欲与原罪紧密联系在一起等手段,开创了一种“苦行生活”(在心理层面),虽然苦行主义会让人们晚婚甚至是不婚,但是它也提倡避孕。通过一种迂回的方式支持这一习惯(避孕),使人们对控制身体变得不再那么罪恶,或者,也可以说这是一种掩盖身体缺陷的方式。这样一来,就有这样一个假设,即:避孕措施的兴起与严格强调罪行的詹森主义的盛行有着紧密的关联。正如皮埃尔·肖努所说:“纵观地图,詹森主义盛行的地区,通常是很早并长期存在着非基督教化运动的地区,而且这些地区的生育数量也会迅速陡然地下降,这些特点都完美地交织在了一起。”[13]

根据第二种观点,教会所提倡的新家庭道德观其实是基于两种需求,一种是让女性避免频繁受孕,因为这会危及她们的生命,另一种是为了让父母更好地对孩子履行职责。父母乐于照料襁褓中的婴儿,并保证他们可以茁壮成长,不能输在起跑线上。这在很大程度上导致了
98 人们优先考虑的改变,想要通过控制家庭大小来达到此目的。这样一来,避孕措施就成了实现这一目标的方法。按照这一观点,应该贯彻一套不太强调享乐和个人主义的价值体系,而这套用来保护妇女和孩子的新教义却是与教会本身的两性道德观相违背的。所以说,当18世纪的教士教授信徒新的虔诚职责时,他们也将传统的基督戒律推向了深渊,而如今许多夫妻对这一新戒律却是熟视无睹,他们变得更为自由并且更加独立(或许在那些极度奉行詹森主义的地方这一现象还更为严重)。[14]尽管从分析的角度看,这是两种不同的解释,然而它们都揭示了一个道理,即:信徒们使用教会说辞的同时,行为上却已经与教会的初衷背道而驰。

还有两个事实也证实了天主教伦理道德的削弱。第一,未婚先孕的比率在17世纪相当高(不管怎么说,要比长期认为地要高),且在1760年和1770年后有所上升,达到了10%—15%,甚至在第一个生育

高峰之后达到了 20%，在有大量工人的社区，这一比率高得出奇。第二，在 18 世纪 50 年代以后，非法生育的数量有所增加，不仅城市和城镇如此，许多村庄也一样。在一些较大的城市中，非法出生人口占总出生人口的比例从 6% 上升至 12%（若将已婚的出生人口算入其中的话，那么数据将会更高，这在非法出生人口中是司空见惯的现象）。农村地区的数据低一些（占总出生人口的 1.5% 至 4%），但部分是因为这些农村里的女孩儿一旦未婚先孕，就会隐姓埋名去城里把孩子生下来。显然，人们长期热衷于非法生育这一现象有力地证明了 16 世纪中期与 1650 年至 1730 年（这是出生率最低的年代）期间的一次大衰落，毋庸置疑，这次衰落反映了教会成功地对违反基督婚姻道德的行为进行了干预。然而，同样的数据也显示出，非法生育人口的普遍增长——婚外情导致的结果——开始于 18 世纪 50、60 年代。[15]

这一较为自由的行为方式是否仅见于法国，还是在其他信奉基督教的国家也是如此？在英格兰，虽然没有明确的证据可以证明在 19 世纪之前人们人为地控制生育，但是，其农村地区的非法生育率一直高于法国，且在 18 世纪 30 年代和 90 年代翻了一倍。英国的第一次工业革命 99
给人们，尤其是英国生活和婚俗（例如，对订婚夫妇婚前性行为合法化的长期惯例）带来的转变则在一定程度上解释了这一增长，但也从另一侧面反映了教会在社会管控能力上的薄弱——英格兰教会就是其典型。[16]此外，我们假设在 18 世纪末，避孕措施已经写入了法国的瑞士还有莱茵河谷的法律中，那么我们就能断定在整个欧洲的西北部，那里有久负盛名并得到广泛传播的文学艺术，那里的人，无论是基督教徒还是新基督教徒，都能很快就从基督教的道德伦理的束缚中解脱出来了。法国一直都是这场分离运动的先驱和中心，因为较之其他地方，它早早地并系统化地将两性行为从教会伦理脱离出来。

基督教神职的危机

如果法国在1750年至1775年就经历了其特有的世俗化进程，这必然是因为人们的感知力和社会认知发生了转变。世俗化的基督徒不但摒弃了天主教会的教义和道德，同样也无视教会组织。宗教的职业危机则是其第一个讯号。18世纪中期之后，几乎所有教区的神职数量都有所减少，在18世纪70年代降至最低。尽管在随后的几年中，数量稍有上升，但是在大革命前夕的法国教会仍然面临教士稀缺的窘境，这一情况一直延续至18世纪，这和宗教改革高峰时的大范围招募教士形成了鲜明的对比。同样地，大量宗教订单也和这几十年内神职的处境类似，呈现下滑态势的情况。

教士数量的下降伴随着教士招募的类型的变化。到了本世纪末，一大批的教士是农村人和农民的儿子。而在17世纪的教区教士中，官
100 员儿子、一些自由职业者和资本家占了很大的比重，现在他们开始拒绝接受教会事业，因为教会开始接受“商人”（他们大多数来自农村）和农民。[17] 这样一来，在大革命前夕的四十年里，一大部分法国人改变了他们对教会的态度。经济上的考虑（如，货币贬值是由于物价的上涨和固定圣职税等综合引起的）使一些官员之子和城市商人对教会事业避之不及。然而，根本原因还在于人们思想观念上的世俗化使他们放弃了神圣伟大的宗教事务。

忏悔会自1770年被贵族放弃之后，组织成员的不断变化也是此次世俗化的另一个原因。在普罗旺斯，那些原本担任忏悔会会长和副会长的一些政府官员、商人和社会公民一同摒弃了宗教组织，转而投向了共济会。尽管这一转变从类似的社会实践能力（保密性，社会宴请，独立性）和社会运转（互帮互助，公益慈善，社会论坛）这两种社交能力中找到了支撑。然而，这种协会成员的集体转变，表明了人们开始远离宗教协会——它在反宗教改革时期得以盛行，并为信徒构建新的社会组

织提供了主要的技术支撑。[18]

圣玛丽亚集会是耶稣会在大学里建立起来的，用来制止激进的虔诚派运动（它不仅在学生中活跃，而且在城镇中的男子和青年人中更为活跃）的组织，但其新会员制的衰落则是民间信徒组织危机的另一个迹象[19]，甚至在驱逐耶稣会之前，巴黎、鲁昂、第戎、兰斯和雷恩等地的集会会员招募数量已经有所下降，而且新会员常常会遭到老成员的忽视。但在阿尔萨斯和洛林地区，集会的热情依然高涨，在1773年耶稣会遭到教皇镇压之前，圣玛丽亚协会都传播得相当迅速。就这一点来看，同一运行模式的新协会组织接过了接力棒（如基督蒙难会），它们赋予自身使命——在农村教区传播基督教的生活理念，这一理念直至今日还引导者大部分城市居民的生活方向。

不可否认的是，旧制度时期，王国东部边境的某些地区的信徒对特伦托布道组织仍然有很强的依附力——这一事实则是对法国普遍非基督教化运动的一种强烈警告。然而，在法国其他地区，这些矛盾和冲突不但使人们不愿受基督的庇佑，而且也不再参与任何集会活动，这都清楚地表明了民间联谊组织已经开始掌管自己的事务。 101

社交方式的转变是伴随着印刷制品的重大改革进行的，也为与日俱增的新晋学者提供了大量的读物。那些获得官方特权或者公共许可权而出版的文章就验证了在本书第4章所讨论的巨大改变——宗教书籍在整个书籍贸易中所占份额开始是有所下降，之后则是一落千丈，因此我们可以推论，百科全书式的各门艺术和科学迎来了属于它们的春天。如果我们还把世俗化却受法律认可的读物、书评和禁书统统算作通俗读物的话，我们就能清楚地了解到，旧制度下最后三十年的读者有大量可供选择的新出版物，在这些新读物中，旧有的平衡已经被粉碎——那些以科学与政治写作为基本内容的著作成为向读者介绍大自然和城邦组织的基本参考书目。正如阿尔方斯·杜普隆所言："很显然，长达数世纪之久的世俗化还有'公民化'（很古老的一个单词）进程在

18世纪的最后几十年达到了巅峰。世俗化的初衷就是想要打破所有圣主的神话，消灭一切迷信，从而建立一个‘公民’社会，它高度统一，社会立法的精髓也在于服务公众。”[20] 杜普隆指出了关键点：人们行为的转变是与出版读物的改变息息相关的。一时间，那些通俗读物在精英读者中的广泛传播，不仅削弱或者忽视现实存在的基督组织，动摇了传统的根基，也使人们开始以一种新方式来正视共产主义社会和个人存在两者的关系。在与传统形式分离的过程中，这些新思考方式构成一
102 种“革命前的情感”。[21]

疏离的缘由

作为与传统背离运动的主体和标志之一，新思想的广泛传播本身并没有揭露出这场运动的根本原因，它并没有那么残暴，那么庞大，也没有那么系统彻底。借助一下德塞托和多米尼克·朱莉亚所提出的假设法，我们可以尝试作一些解释。[22]

第一个关键点就是教会的分裂。不同形式的新教教会的出现与联合动摇了历史悠久的西方基督教，此后，冲突便转移到天主教会内部了。在此之后，在王国不同地方，如香槟、勃艮第、卢瓦尔河谷、巴黎行政区、巴黎城和诺曼底等地的教区教士中，詹森主义的非基督教化影响力愈加猛烈。宗教圣事都有其严格之处——即：在参加圣餐和宽恕仪式前，信徒都要进行严格的准备，还要求他们不但要知晓关于基督信念的神话传说，还要有深刻的灵魂悔悟——当信徒无法或者不愿达到基督的这些要求时，詹森式的心灵疗法无疑使大量的忏悔者开始远离忏悔和圣餐仪式。不仅如此，当这些世俗权力转而去支持某一个互为争斗的宗派时（议会支持詹森主义，国王和他大臣反詹森主义，并支持耶稣会），教义和宗派冲突就会演变为政治纷争。[23] 这就意味着，教士的权威与信仰的虔诚不可避免地会产生动摇。詹森主义式疗法和耶稣会传

教士陷入了激烈的战斗之中，他们的目的就是想要动摇对方的宗教合法地位，并且大肆宣扬对方的教义为异端邪说。敌对的双方在政治问题、管理理念上都存在着争论，这使信仰的绝对性转化成了一种简单的观念，即：因为它本身存在着争议，因此人们便可将之摒弃。教义与戒律的一致性的彻底丧失，这就为疑虑、倒退和分裂提供了可乘之机。

詹森主义信奉教士虽然作为整个法国教士的一小部分，但它以其独有的不妥协姿态展现出了（激进的方式）反宗教改革运动所产生的教会分裂，一种是在以宗教协会的指导下完成文化输入的必要任务；另一 103
种完全不同的模式就是通过体验遭到诋毁和污蔑的神圣事物来进行。1731 年，一位来自南特分教区的詹森教士在信中对一位同事说道：“我亲爱的、脆弱的同仁，请牢记，我们神圣的主的美丽语言（看啊，你就像狼群中的羔羊一般）：尽管我们身处基督教的中心地区，在这里除了异教之外，一无所有，但是我们要像身处中国或者土耳其一般生活在这些行政区内。”[24] 此信很清楚地表达出了，在基督教士和宗教信徒之间存在着无法弥合的代沟，或者，更确切地说，这一运动借助“教会和女性统治者的文化以及知识和精神上的联结等手段，切入到一种更为宽广、复杂，并且亟须得到净化的宗教生活经历中”。[25] 当它在圣者和世俗等级之间做出严格的区分，其精确度足以验证他们身份的有效性的时候；当它在那些无处不在的宗教参与场所中制定宗教调停的义务时；当它为那些基本的宗教冲动（它常常伴随着非理性和焦虑情绪）强行设立规则和约束力的时候，教士的基督化进程（可能会自相矛盾）会使信徒们逃离一个充满宗教恐惧的世界。

教会试图想要所有基督徒都信奉由教士界定的基督教义，但这一尝试却承载着难以承受的压力。在虔诚的基督信徒与反宗教改革的教区教士——他们常年在神学院接收神学理论文化的熏陶，他们比教区的其他教民更想建立一个较为入流的社会环境——之间总不可避免地存在着沟通上的障碍。有时候（例如，朝圣、圣餐会，或者驱邪仪式）这种尝试甚至会招致公开的冲突，到处都抵触这两种上帝洗礼的方式。[26]一旦欧洲各地的主教们和教区的教士们公开抨击存在于圣经中的职权滥用或宗教迷信时，气氛就会变得紧张起来。如果这些张力能使法国人比其他地方更早地摒弃法规戒条（正是这些戒条使公众对教会要求百依百顺），可能是因为法国式的天主教徒充斥着奥古斯丁主义（Augustinianism）的基因，甚至超出了詹森主义的范畴，它在“流行的”
104 神性体验和由教会协会定义的正当行为和义务法则之间划下了最难以跨越的鸿沟。这场基督教化运动动员了社会上的所有资源（布道所，传教会，教义问答组织，学院），让公众强行接受它的道德伦理，但是一旦宗教权威被分裂开来，且充满活力的、已经改变信仰的公众自行管理自己的宗教事务，那么大众与宗教组织之间的鸿沟就真的难以逾越。

非基督教化的第二个基本原因在于教区的衰败，它曾是人们生活的重要支架。18世纪下半叶见证了移民人口的急速增长——移民有永久性的也有暂时性的，前者是指人们离开郊区前往城镇和城市生活，后者是指人们离开村庄去城镇或城市打工赚钱，去那里洽谈生意，或者是寻求帮助。这类人口迁移带来了两个后果。第一，这些移民保证了印刷物、新闻报纸和时尚刊物的庞大发行量，如此一来，他们为社区注入了新的思想观念和行为方式，而在这之前，社区与外界是隔绝的。第二，这些移民破坏了社区先前的秩序，而且也使原本相互依存的邻里关系变得紧张，而之前，这一依存性靠着教区制约和教士权威得以保证。总的说来，到大城市生活意味着开始一种快速去除旧教义束缚的自由生活，并开始培养一种新的行为模式的自治生活。即使那些人很快回到村庄，他们在城市旅行和生活的经历很容易去除原有的习惯，并削弱其宗教服从性。不足为奇的是，不仅城市在整个世俗化过程中起到了先锋的作用，也是最早摒弃了教会教义和禁令，而且非基督教化程度最高的教区往往是受移民文化影响最大的教区。

很显然，正如德塞托所言，我们要把18世纪的世俗化潮流置于一个从社会宗教组织向社会政治和经济道德组织转变的长期过程中来审视。事实上，16 世纪到 18 世纪期间最根本性的变化就是政治制度（解释国家和绝对君主产生的原因的政治学）开始取代宗教，成为法国社会的管理原则和参照体系。宗教结构和惯例似乎并未受到这次转变的影 105
响；实际上，它们重新投入使用，并和新的正式管理条例重新衔接起来，当然这些新条例是按照国王、国家和社会秩序的需求所制定的。“政治机构通过向宗教机构灌输自己的运转原则，主导他们并让其处于政治庇护之下，由此来利用宗教机构来达到得益于自己的目标。”[27] 在精神体验——脱离世俗事务，回归心灵深处，这一术语的第一层次含义即为神秘的——与公众基督行为之间产生破裂，继而服从了“政治化”的世俗要求，它是世俗化的基石，也是反宗教改革教会得以辉煌的关键所在。我们可把 18 世纪后半叶那些摒弃教会或与教会分离的事例视作宗教惯例衰败的讯号，因为对于注重社会实用或者专横的精神需求的自治伦理体系而言，这些惯例已毫无价值。

天主教改革、非基督教化与神圣性转移

启蒙时代的非基督教化，因其传播范围的广泛，构成了法国文化史中最为独特和激动人心的词汇之一。大革命所带来的破裂以其自有的形态在各方面揭示了非基督教化所产生的影响；例如，教士宣誓支持公民宪法时的地理分布，这部宪法是在所有教士强烈要求下，于 1791 年春制定出来的，而且 54% 的教区教士、代理教士和教士助理参与了宪法宣誓。[28] 法国的“宪法”支持派教士与“反宪法”教士之间存在着明显的对立，前者愿意成为“天主教的公众调解者”，他们拥有两块领地：一块是巴黎盆地，向外延伸还包括以下地区：皮卡底、香槟、贝里、波旁内以及吉耶纳的部分区域；另一块是索恩河及罗讷河的左岸地区，包括布雷齐、比热、多菲内以及普罗旺斯。而后者则不愿服从于新宪法。他们

将巴黎三角区的三面都圈了起来：西面（包括西诺曼底、布列塔尼、安
106 茹和普瓦图低地），北面（包括弗兰德斯、阿尔图瓦和艾诺），东面（从阿尔萨斯一直到弗朗什—孔泰），它们就像嵌入两座"宪法"大厦之间的楔形物（将两座"宪法"大厦割裂开来），因为在中央高地和朗格多克地区，拒绝宣誓是头等大事。如此看来，宣誓的地理分布很是复杂。在反宪法教士占多数的地区，宗教习惯要根深蒂固些，而在宣誓教士占主要地位的地方则会弱一些，这种情况一直持续到了 20 世纪。

教士对摆在面前的重大事务做一些棘手的决定的时候，不可避免地会因为社区的限制而束手束脚。从这方面来看，他们的选择可以看作是处理人们与革命前的教会组织以及教会所维护的一整套法令和信仰两方面关系的体现。拒绝签署天主教誓约的现象在清教势力（1787 年的宽恕法巩固了清教的势力）强大的地方（例如，朗格多克和阿尔萨斯）则更加普遍；那些较晚归依于王国的地区则不太能接受法国教会中的高卢主义（Callicanism）（如法国北部省份和弗朗什—孔泰）；总而言之，本土生源和农村背景的教士密布的教区，常常因为得到了与教区教士关系亲密的代理教士和轮班教士的支持，则表现出很强的教士身份认同感和鲜明的教士特点（这就是法国西部地区的写照）。

与其形成对比的是，在那些宪法宣誓的教区（尤其是在较大的巴黎盆地），教士就是个局外人和小市民，而且他们通常因为分散的教区布局而被隔离开来，因而他们常常很容易屈服于来自教民的压力。他们对公民宪法和大革命的接受，以及对特伦托宗教和罗马天主教的背离都可以解释为：世俗化已经取得了很大的进步并得到人们的广泛认同，其范围甚至超出了有限的精英团体，而这些精英们在我们看来是最早脱离传统的。

第二次激进的非基督教化运动也存在差不多的分裂现象，这次运动在 1793 年 9 月至 1794 年 8 月达到顶峰，受到了使节代表、军队改革
107 者和社会团体的影响。如果把一张显示公社地名已几经变动的革命地

名地图叠加在显示僧侣叛变率的地图上，我们会发现非基督化运动最激进的地方恰好是宣誓僧侣最多的地方——中央高地的边界地区（这里是僧侣离职的中心地带）、巴黎行政区、多芬、莱茵河谷和普罗旺斯。[29] 这一区别可以看作是仍信奉天主教的法国地区和一个不再信奉基督教的法国地区之间的一个长期的分裂；而这一分隔直到 20 世纪中期才在宗教惯例中露出蛛丝马迹。但是，如果这种分裂长期存在并意义重大，那无疑是因为它在紧要关头揭露出并突出这些分裂，而在这之前，它一直被 1789 年之前基督教会的强制联合所掩盖。

法国非基督教化的两次浪潮—— 第一次改变了旧制度前三十年的人们的一些基本的态度，第二次使大革命期间的教士们分崩离析——让我们反观到底宗教改革对法国的渗透有多深。对世俗化的抵制最为激烈的当属拥有数量众多的互助教士团体的教区——不仅有教区教士，还有代理教士、专职教士，和副教士的临时代理人——他们信奉并坚信"在大众宗教和人类现实主义文化和拥有传奇历史的天主教文化以及宇宙进化论和来世论（指的是意识与感知上的存在感）之间保持平衡，虽然这一平衡微不足道但却十分必要"。[30] 相反地，一旦一个地处较为分散教区的教士制定了一项残酷的文化渗入的教区法，那么很快就会招致背叛，因为这一法律试图在不进行圣性体验经历的前提下，向人们灌输一个纯净的基督教精神，而圣性体验被判定为封建迷信，被认为和真正的信仰格格不入。法国西部是第一种情形的典型代表：当地教士拥有强大的"教权统治"和举足轻重的教宗，他们表面上注重，甚至是"过分"强调公共捐献和集会活动，主张取消种族隔离的教士还试图改变一些根深蒂固的宗教仪式。[31] 较大巴黎主教管区则为第二种情形提供了很好的说明。那里的教士中一些奥古斯丁主义激进者，试图改 108
变信徒们的内在信仰，但这一行为的结果只能是教士控制力的不断削弱。因此，反观 18 世纪中期法国文化独有的世俗化过程，我们就会发现法国的反宗教改革运动的独特之处：法国的反革命运动开始的比其他地方要晚(除了在法国东南部的教区之外);清教徒受众范围始终较小;在如何建立一个能够体现耶稣信徒的妥协与詹森信徒神圣的抵抗这两股强势的全新基督教这一问题上始终存在两种分歧的观点。

正是因为这场法国世俗化运动的反常和独特,才使这场运动伟大而意义深远。它在 18 世纪后三十年使法国进行了社会转型,因此不应该简单看作是一场去神圣化运动。虽然它取得了一定的成就,即:从之前通过法令来约束人们的行为到改革后的天主教以道德伦理和禁令进行约束;但世俗化并不意味着将宗教彻底泯灭,即使是在传统信仰的堡垒之外仍有宗教的踪迹。非基督教化运动从短期看来是激烈的,但从更深的层面来看,大革命无疑占据了"神圣德性的转变"的公认巅峰,在公众知晓它之前,其原有的价值观已经悄悄地发生了转变,变得更注重家庭、民主和爱国情怀,这些情感是基督教原先所代表的。[32] 自相矛盾的是,如果天主教革命的新基督教在启蒙运动的非基督教化的过程中产生了割裂和背叛,那么大革命则通过宣布与旧宗教为敌来向众人揭示:信仰的转变早就已经发生。

这么看来,托克维尔的双重分析似乎有效。一方面, 18 世纪的法国经历了一个不同于欧洲其他地区的摒弃基督规范的过程。是不是像托克维尔所言,可以将这归咎于启蒙运动者对教会的狂烈抨击,那时候的教会已经被一种"肆虐的……凶残的、无法容忍的,掠夺成性的"反宗教情绪所左右?如果我们承认书籍并非总能发挥它们应有的效用,如果我们认识到在生命存在方式最深刻的改变并非是铸就创见的直接原因,那么这一问题的答案也许就是否定的。除了伏尔泰与唯物主义论者对基督教"启蒙式的"指责之外,事实上,信徒们因无法达到教会
109 要求而彻底引发的宗教争论也是促成这次规模最为庞大的基督教叛变的主要原因。然而,可以肯定的是,公众的怀疑(可以理解为:一种在个人和教会的说教和掌控力之间拉开距离的能力)并不意味着人们完全摒弃了新价值体系中的所有信仰。就像被取代的原有价值体系一样,

新体系跨越了特定的群体，表达了大众的心声，并遵守了宗教的神圣秩序。早在大革命之前就开始的信仰与行为的世俗化运动经历了一个分裂和转变的过程。那么臣民与国王之间的关系是否也经历过这样的一个过程呢？ 110

第6章

去神圣化的国王

1789年，法国民众对国王的爱戴之情似乎并未减少。呈递给三级会议的“陈情书”，充满着“狂热的精神状态和对君主的颂歌”。[1] 陈情书充满虔诚热情的序言，对君主致以感恩戴德之情，表示要永远效忠国王，坚信在国王仁慈的治理下，一种幸福安详的新秩序指日可期。在陈情书中，国王往往被描绘成一个无微不至的父亲形象，总是在关怀着他那些最虚弱的孩子。加斯科涅地区的圣—让—德—科凯萨克社区致信赞美国王：“您为您忠实臣民采取的那些神妙行动，取得了伟大的成就。这些成就上镌刻着深深的父爱，并赋予了您欧洲最伟大国王的声誉。”在普罗旺斯的洛里社区，人们将三级会议想象为家庭般的团聚：“直到这天，我们方感到非常肯定，在这个庄严的议会里，人与公民的尊严将冉冉升起，臣民们团团环绕在一位公正而仁慈的国王身周，犹如待在自己孩子中间的父亲，向他们咨询这个大家庭的利益所在，这将缓和一部分人的贪婪之性，抑制另一部分人的自负奢华，关注被压迫者的苦痛，擦干他们的泪水，破除他们的镣铐。”作为正义的保护者和分配者，这位当政君主复兴了历史上明君的美德，铲除了昏君的错误：“啊！路
111 易十六，路易九世、路易十二世和亨利四世节杖和美德的继承者！自您登上王座的第一步，您就已确立了道德风尚，使您的荣耀更加熠熠生

辉,为法兰西宫廷做出了榜样。”(洛里社区陈情书)或如:“如果说路易十二和亨利四世,因他们的善行至今仍是法国人心中的偶像,那么‘恩德之主’路易十六,就是法国人的上帝;历史必将证明他乃世界各国和亘古以来所有国王的典范。”(巴塞罗内特第三等级陈情书)

因此,按照各种词典里的定义,陈情书依然旨在修复和重塑君臣关系,将谦恭感恩的臣民与时刻关心人民福祉的君主联系到一起。凡尔赛司法区辖下的塞夫雷居民,意欲以言词与石雕文字,以双重方式纪念路易十六这次新的登基:

> 我们祈求陛下屈尊接受祖国授予一位伟大君主杰出品质才配拥有的头衔,它主要彰显伟大君主卓越的爱国美德,也即“人民的慈父和法兰西的再生者”。但愿此次爱国主义行动和君主对其臣民的爱,通过足以让这个重大事件永世长存的纪念碑传之后代;但愿此次爱国主义行动,将这个议会深深浸润的对君主全体一致的爱戴之情印入法兰西人的心灵中,乃至印入域外诸邦的心灵里。

因此,在大革命前夕,传统上与国王相联系的形象(父亲、公证人、保民官)看上去并未受到触动,且由于国王的仁慈与领主的盘剥之间对比鲜明,因此得到更加有力的申述,正如勃艮第地区图特里的居民所说:

> 我们非常了解陛下对其人民的仁慈之心,我们也十分明白贵族和僧侣对我们日复一日的无穷烦扰。由于他们无时无刻的勒索压垮了我们,剥夺了我们的生计,所以我们恳求陛下的援助,在我们今天发现自己处于悲苦不堪之境的时刻,乞求他用善给我们带来令人温暖愉悦的关怀。 112

洛里的居民用下述语汇向国王陈情:“啊,伟大的王!完善您的杰作吧，扶弱锄强，摧毁封建奴隶制的残余……实现目标让我们幸福起来；您的遭受暴君蹂躏的人民，成群逃避到您的王座之下，来到您面前寻求他们的保护神、父亲和捍卫者。”[2]1789年春弥布整个王国的再生激情，并未减损国王的神话，相反给它注入了新的期望和张力。

然而，即便陈情书有力热情地宣示各等级（或民族）对君主的忠诚热爱，但正如我们看到的，陈情书里描绘的国王，不再完全是传统意义上的国王了。形容词“神圣的”依然经常与他的名字连在一起，但这个词在语义上业已弱化。一方面，国王在政治秩序中不再是唯一“神圣的”，相比之下，民族、三级会议代表和个人权利也被认为是“神圣的”。另一方面，人们认为国王的“神圣性”不再是神授的，而是民族赋予的。在司法区的总陈情书里——无论是贵族的还是第三等级的，尽管对君主制的热情依然不减，但国王本人神圣性的消减则是显而易见的。[3]在国王被称颂为再生者的同时，君主制的表象已经发生了断裂。不知不觉间，在其狂热的话语中，1789年陈情书表露出了某种可称为“象征性觉醒”的东西，它通过将国王与神圣性分离开来，让种种革命亵渎——利用图像和词语，醉鬼、疯子、猪，对国王加以嘲笑和羞辱——变得可能和可以想象，乃至最终发生处决这名暴君的史无前例的行为，同时毁灭了他的形体之躯和政治之躯。[4]欲了解这个过程，无疑需要弄清几个时间段。

坏　　话

第一段时间是短暂的，限于巴黎地区。自18世纪中期开始，敌视国王的话语大量出现，不仅谴责其个人，而且批评其权威。这种敌视
113 的第一缕迹象可能发生在1750年5月，当时爆发大规模暴乱，抗议警察当局在执行前一年的一项法令中大量逮捕孩子，该法令要求：“无论在巴黎街头、教堂里、教堂门口，还是在巴黎农村和巴黎邻近地区

发现的乞丐和流浪者，不论年龄或性别，都将送入国家监狱囚禁。”暴乱的直接原因是低层警官们热情过火，他们为了讨好巴黎警察总监贝尔耶，或者为了勒索被抓者的父母，不仅抓捕流浪汉和居无定所者的未成年孩童，也抓捕商人、工匠和工人的子女。尽管市民的怒火首先指向警察，尤其是指向警督及其手下的警探，因为自 18 世纪初这个岗位建立以来，破坏了街区警长熟悉而令人尊敬的权威——真不为国王省心。

达让松侯爵在日记里记道：“谣言四起，说国王是个麻风病，像一个新的希律王，在鲜血中沐浴。”谣言是这样建立事情的推论逻辑的：如果国王真的懒散而变态，耽溺于警察暗探侦报的民间坏话所描绘的邪恶乐趣中，那是因为他是个麻风病；如果孩童消失不见，那是因为他们的血是他疗病所必需的。这种谣言，让巴黎城与玩忽职守的血腥残酷的国王之间彻底决裂了。“不纳军粮税，国王万岁！”“不纳特税，国王万岁！”“不纳盐税，国王万岁！”这些都是 17 世纪农民起义的口号。17 世纪农民起义的正当理由是主持正义的国王与他所保障的传统习俗之间的联系，起义矛头指向那些违反传统特权和触犯国王权力的人，他们认为国王遭到奸臣的蒙骗、误导和偷盗。[5] 一个世纪后的巴黎，经历了詹森派对国王不纯净和不虔敬的谴责，这种起义理由已不复存在。君主本身是指控的对象，并成为日益加剧的暴力威胁的对象。因此，在
下等咖啡馆的一次闲谈中，警察密探偷听到有人说，“集市里的妇女们 114
将全部聚集起来，前往凡尔赛推翻国王，把他的眼睛从头颅里抠出来。回到巴黎后，她们将杀掉刑事总监和警察总监”。[6]

罗伯特·达米安在 1757 年 1 月 5 日试图谋杀路易十五并在 3 月 28 日被处决，该事件构成了主权权力惩戒力量最引人注目的终极展示，同时清楚地表明了国王与其臣民之间业已存在的裂缝。这两个事件——未遂谋杀和酷刑，引起了两种反应态度。第一种是报刊，包括不受皇家报刊检查制度约束的国外报刊亦复如是：它们力图将谋杀案与

当时的诸多政治事件分离开来，这些政治事件是拒绝临终圣事的詹森主义危机，以及国王与巴黎高等法院的冲突（1756年12月13日国王“御临法院”后巴黎高等法院大部分法官愤而辞职）。报刊否认达米安招供的言辞具有任何意义，把谋杀描绘为一个孤立行事的疯子或恶魔毫无理由的行为，没有同谋共犯。报刊给读者提供的是一套赎罪与补偿的复杂仪式图景，试图重建君主与其臣民之间的纽带。[7] 米歇尔·福柯写道，对达米安的惩戒，首先是“一种仪式，通过这个仪式重构暂时受到伤害的君权”。[8]

但警察探听到的坏话和搜罗的煽动性海报，表现的是另外一种事件意识。它们宣称秘密审判背后隐藏着不可告人的阴谋，达米安只是动手者而已。一方面，在詹森派看来，这次未遂的弑君行为，毫无疑问是巴黎大主教、耶稣会士和高等法院里继续忠于国王的法官组织的；另一方面，在宫廷虔诚党看来，是勾结詹森教徒的高等法院法官在幕后操纵。街头巷尾的谈论和自发贴在墙上的海报都敌视国王，他要为国家
115 和人民的所有不幸负责，应该作为正义惩处的对象。[9]

在达米安被处死后一年半，律师埃蒙·巴比耶（Emond Babier）在其日记里记下了下述事件：

> 莫里梭·德·拉莫特先生，皇家上诉法庭执达员，思想暴烈、狂热分子、政府尖锐的批评者，至少55岁的人，八个月前刚与情妇结婚，无所顾忌。一两个月前，他前往圣日耳曼—奥克塞鲁瓦街上的一家饭店里用餐，吃十二人份的“客饭”。在饭桌上，闲聊话题很快转到恐怖的达米安事件，他慷慨激昂地讲起审讯采用的方式，反对政府，甚至反对国王和大臣。[10]

“或被上诉法庭人员，或被担心此等言论可能后果的吃客饭宾客”检举，莫里梭·德·拉莫特遭到逮捕，被囚禁在巴士底狱，受到酷刑审

讯，并被坐实曾撰写过反对国王以及忠于国王的高等法院法官的招贴：“有人说，在国王谋杀案发生前后，在他的文稿里看到过被张贴在公园和其他地方的招贴。讯问他从哪里弄来这些招贴，他回答说是从墙上揭下来的；但这些招贴既没有粘贴过的痕迹，也没有揭下来时留下的破损。”

软弱无力的狡辩终告失败，莫里梭·德·拉莫特被判处“在巴黎大教堂门前当众认罪，剃光了头，穿着囚衫，一根绳子套在脖子上，拿着一个火把，身前身后各一块牌子，上书：‘损害国王权威的煽动性言论的始作俑者’，随后被绞死在格雷夫广场，没收财产”。公开的认罪和惩罚仪式就这样以常见的形式发生着。对罪行的反复昭告（通过公开宣读处决令，通过案犯的忏悔和当众认罪，通过他背着的标语牌）和示众性的惩处场景，意在宣示国王恢复了的权威，在全体臣民中强化对神圣不可侵犯的国家的尊崇。案犯是国王的一名官员和巴黎的一个中产阶级，这个事 116
实更是给这场示范性处决增添了力量。

然而，1758 年 9 月，该判决却遭遇了波折：“大量民众拥聚在他游行示众的线路上和格雷夫广场，有人说，不能因为说话和简单的文字就杀人；其他人希望他能得到赦免；但他们要在一个巴黎中产阶级，一个拥有公职的人身上树立样板，以便震慑大量肆无忌惮地对政府说三道四的狂热分子。”巴比耶记录的民众言词，混杂着司法国王的传统表象，他既能惩戒也能赦免，表明了罪与罚之间新的不平衡意识。无论什么内容的言辞，都罪不至死。在巴黎民众看来，冒犯君主罪行已失去了传统的意义——尽管 1757 年 4 月 16 日皇家声明重申这个意义。在民众观念里，攻击国王的言辞和文字，不再被看作是冒犯君威。[11]

君主制的去神圣化

巴比耶的记述清楚地印证了达米安事件的双重影响。一方面，尽管皇家书报检查制度和新闻报刊小心谨慎，该事件仍然创造出了一方政治舞台，敌对各派在舞台上相互指控对方欲置国王于死地。坏话——无论是在坊间流传还是写成招贴和讽刺小册子，催生出激进的政治化，君主在其中不再能免于批评，同时将巴黎普通市民卷入这个或那个敌对的阵营。因此，1757 年事件——可能是第一次，最大限度地将民众卷入到政治斗争中，“以高等法院为一方，以教权机构和君主为另一方的政治—宗教争论激起了民众的政治兴趣”。[12]

117 另一方面，达米安的弑君行为可能会招致模仿者——至少是言词上的。1757 年和 1758 年，相当数量的普通男人和妇女，在并不一定了解高等法院或耶稣会政治奥秘的情况下，对达米安袭击未能杀死国王表示遗憾，声言要是换成他们会干得更漂亮。早在 1750 年，国王就被指为人民苦难的根源和玩忽职守，已成为民众憎恶的对象，连同王室和君主制本身亦未能幸免。因此，借用达尔·K. 范克莱的语汇来说，“君主制的去神圣化”肇始于 1750 年代。此时，支持斗争中此方或彼方（高等法院—詹森派为一方，虔诚派为另一方）的显贵们消息灵通的政治话语，加入民众直言不讳地表达对不尽职守的国王憎恨之情的坏话当中，这两种话语之所以交汇到一起，是因为“拒绝临终圣事争论，在让国王本人失去神圣光环的同时，打开了民众言论的闸门，不论他们具体的抱怨内容是什么”。[13]

1768 年，在谷物贸易自由化政治最紧张的时候，谷物价格升腾[14]，警察总监萨尔蒂纳（Sartine）通知巴黎各街区警长：“毫无疑问，对于时不时张贴在街头巷尾的招贴，你们务必不要掉以轻心。全力以赴缉查你们街区的招贴作者，或至少在清晨轮番遍巡尔等值守区域，以便撕下发现的招贴，并立即将之交到我这里来。”事实上，招贴当时在巴黎大量传播，一些遵循着传统的抗议模式，指责大臣而非控诉国王。1768 年 9 月末，努瓦耶街警督发现了这样一张招贴，该招贴要求国王“将舒瓦瑟尔和拉维迪（l'Averdy）解职，他们有一支偷盗大军，将谷物搬到国外”。

警督觉得可以辨识出招贴作者的基本情况:“它出自生计艰难的人之手,因为招贴满是拼写错误,写作毫无章法。”

相反,另外一些招贴直接攻击国王本人,指控他是粮价上涨的组织者和首要得利者。书商阿尔迪在其日记里抄录了这样一张招贴:“亨 118
利四世治下,人们遭受了战争导致的面包短缺,但在这个时期,人们拥有一位国王;路易十四治下,人们同样遭受了数次面包短缺,或因战争造成,或因气候恶劣带来的真正缺粮,但人们仍然拥有一位国王;递及今天,人们既不能把面包短缺归咎于战争,也不能归咎于真正的谷物短缺,但我们不再拥有一位国王了,因为国王是谷物贩子。”这张招贴,以重提达米安谋杀案作为结尾,引起萨尔蒂纳和巴黎高等法院检察长的警觉,证明将忠诚的民众与养育的、庇佑的和父亲般的国王联系在一起的不言自明的契约已经破裂。“法兰西民众热爱其君主,君主关心其民众和各族人民的福祉。把国王称作民众的父亲,相较于称呼其名并不具备更多的褒扬之意”,1771年版的《特雷沃辞典》在说明词语peuple的用法时举例说。[15] 与此同时,巴黎当下的现实已全然不同,荒淫、腐败和让民众挨饿的国王不再是国王,数个巴黎人因发表“针对国王的谴责性言论”遭到逮捕。

1774年5月,在路易十五生病期间[16],阿尔迪记道:“每天都有大量的人因太过自由地谈论国王的病情而被捕。因为不满的人数空前庞大,此举无疑是警告人们谨言慎行。有谣传说,在圣奥诺雷大街上,一个人对他的朋友说:‘国王生病跟我有什么干系,我们不可能比目前的处境更坏了!’”“跟我有什么干系”:表明在平民百姓的生活与波旁王朝的历史之间已形成了一道难以弭平的鸿沟。一方面,国王不过被视为一个私人,他的身体——无论有恙或健康,业已失去了全部的象征价值。另一方面,街上的人们已将自己的命运与君主本人的灾病断然分开。

路易十五死后,书商阿尔迪注意到:“民众似乎并没有受这位本性善良但软弱的国王之死的影响,许多年来,他不幸地变成了放荡激情的

119 可悲的傀儡，在丑恶的廷臣怂恿下追花逐蝶，意在诱使他厌恶工作，以便让他们自己变得更有权力。”在这里，两种观念反应之间的对比鲜明。阿尔迪的评论重申古老的话题，即国王被那些为确保自己权位而迎合他放纵的近臣们所利用，旨在为这位君主开脱。然而，他谈到的民众观念，十分残酷地表明，赋予国王身体象征着王国政治之躯以有效性的实际纽带消融了。

难道我们就此得出结论说，法兰西国王与其臣民之间的关系在1750年发生了急剧的转变？难道我们理应赞同达尔·K. 范克莱的说法，“达米安事件表明，至1757年，民众的坏话已直接影响到君主制”，乃至“这种现象是在1757年之前不久刚产生的，总的来说，在此方面1750年代是决定性的”[17]？看起来确定不疑的是，正是从18世纪中期开始，当局（高等法院支持国王的法官、巴黎的街区警长、警方巡察员及其线人）对煽动性言论、阴谋谣言和辱骂国王加以密切的关注。但是，这就一定意味着“君主制的去神圣化”势不可挡，决定性地赢得了所有人的头脑？或许并非如此，理由有三。

断裂的限度

首先，巴黎并不等同于整个王国。确实到处都能听到“坏话”，这从1757—1758年间许多地方都出现了大肆辱骂国王的现象中可以得到证明：贡蒂埃堡附近的一家小酒馆、吉索尔旁边的另一家小酒馆、在克莱蒙—费朗城里、在马耶纳地区、在布里的塞珊娜小酒馆里。[18]然而，只是在被宗教与政治危机困扰的大城市巴黎，坏话才构成令警察与司法当局忧心忡忡的“舆论”。从一条街流传到另一条街、从一个街区流传到另一个街区的公众声音形成的舆论，能够激起不再仅仅停留于口头说说的暴力行动。

120 其次，坏话的散播不应该被视为一个连续累进的过程，对国王不满情绪的传播在1750—1789年间一直持续扩大。1774年之后,在大革命爆发前的15年间,相较于针对路易十五的谴责,敌视路易十六的言论和招贴既没有那么密集,也没有那么暴烈。在1775年“面粉战”(导因是农业歉收和杜尔哥决定重新实行鼓舞自由贸易政策的辐辏)与1788年物价腾涨之间,詹森派斗争的平息和谷物价格的稳定,似乎让对君主制最猛烈的攻击失去了火力。因此,在这些年里,如潮的谴责已故国王堕落无能的讽刺性小册子,如特鲁瓦莫夫兰(他于1782—1784年间在这座城市里卖畅销禁书)的顾客们需求最旺的图书《路易十五奢华录》,与敌视现任国王小册子的缺乏(至少是相对缺乏)之间存在着断裂。[19]这种对比可能为这样的假设提供了有力支撑,即攻击国王陛下的书籍在制造先前业已存在的离心离德方面,比给民众带来新的表象认知方面更加成功。

最后,1750年之前的法国人,确定无疑真的相信他们的君主是神圣的吗?如果我们想起,法国国王与英国国王利用特定的奇迹赠礼——用手简单的触摸治愈瘰疬病,表明他们神圣的性质,那么这个问题看上去似乎有点不着边际。国王的奇迹直至路易十六时代仍在举行,它表明,由于在加冕仪式上被施以圣油和得到圣马可的祈福,君主权力是超自然的存在,他的权威及其本人都是神圣的。“中世纪作家们再三肯定的国王的神圣特征,持续不断地得到阐发,直至现代仍然是一个显见的真理。”[20]

然而,我们可以由此得出君主身体是神圣的以及人们普遍信仰国王宗教吗?大量将国王指为“有形体的上帝”(借用1620年一位法理学家的语汇)[21]的说法,并没有树立起完全意义的国王宗教信仰。在一些历史学家看来,在关于君主制超然性的理论建构中,或在根据国王两个身体(脆肉而易于消亡的有形肉体,永远不灭的政治躯体)原则组织的葬礼仪式中,很难看到君主本人在政治上真正的神圣化。若果真如 121
此,那么正如阿兰·波勒所写的,“君主体制的思想意识不会促成任何信仰”，我们不能用宗教信仰中信徒与上帝的关系模式，思考臣民与国王的关系。[22] “概念并不能衍生出任何信仰的东西。”不能把对国王百依百顺想当然地与神圣的宗教信仰等同起来。也就是说，这种可能并不存在的神圣化（其原因，或者是教会不愿意自己被看作是国王神圣的中介机构[23]，或者是人们确信，包括领舞“死亡之舞”的国王之躯在内的所有死亡的身体，都注定走向共同的命运），促使我们在探索削弱国王与其臣民之间关系的进程时要谨慎从事。不仅仅是“去神圣化”——假定此前是具有神圣性的，难道我们不可以说，某种情感断裂或曰幻灭的受骗感，在 18 世纪中期无疑并非一种全新的事物（路易十四同样是类似抵制的对象），但却让人们惯于将自己的日常生活与君主命运脱离开来。

尊崇君主与关注自我

职业玻璃装配工雅克—路易 · 梅内特拉，就是这种觉醒的典型例证。其日记和其他文章，对君主制表达的仍然是完全传统意义上的忠诚，且这种忠诚并不是装出来的。1763 年，他从夏第永回到巴黎，“在路易十五广场观看骑马雕像的揭幕典礼”。1770 年，他与妻子一同参加了“王储（未来的路易十六）那场致命的婚礼”，人群拥挤和推搡打斗酿成了悲剧，132 人死亡，数百人受伤（“喜庆的夜晚变成悲悼的夜晚……我们只能哀叹这个致命的节庆，像是法国人不幸的序幕”）；1781 年，他写了一首诗庆祝王储的诞生：

> 我们如愿拥有了一位王储后代；
> 朋友们他在葡萄丰收的美好时节到来，
> 122 波旁的高贵血统千秋万载。[24]

在梅内特拉的日记里，我们看不到警察和记者们报告的任何坏话和恶意话语。同样在 1763 年 2 月，根据巴比耶记载的路易十五雕像揭幕典礼（梅内特拉也恰巧同时在场）：

> 本月 23 日，人们把国王的雕像安放到杜伊勒里宫图尔桥对面新广场的基座上。把雕像从位于罗尔的制作坊运到广场费时三天。大量群众目睹了由圣德尼一名技艺高超的工匠运作的搬运工作流程。巴黎省长大人、巴黎市长和市政长官，与蓬巴杜侯爵夫人①、舒瓦瑟尔公爵大人、亲王索比斯元帅及其他人等，一起坐在帐篷里出席揭幕典礼。但是，在麇集的人群里，总是不乏麻烦制造者和不怀好意者。据说，在运送途中以及在广场上，有好几个人因针对雕像运送太慢说下流话而被捕。有人说："国王雕像正沿着搬运工们运送的路线前来；他们可能正在费尽力气使之通过蓬巴杜公馆；必须要用四台起重机②把他安放到基座上"，同时还有暗讽大臣的话和其他几种坏话。[27]

梅内特拉的笔下就不会作这样的描写。然而，即便没有强烈的反君主制情感，他的政治伦理仍然充满着对权威本能的不信任以及对自身独立的强烈渴求。在街区警长、警督、夜间巡逻兵、民兵、法兰西卫队，总之所有"佩剑之人"的虎视眈眈之下，梅内特拉清楚地知道他应该圆滑行事，运用逃避技巧，有机会的时候才起而抵抗。在行为方式的直接性当中，这证明了一种以关注自我和保护自己利益为主导的政治态度。这个伙计曾骄傲地表示："我从来不喜欢在任何方面受到约束，更别说失去自由了"，同时宣称拥有自由权利，既不接受等级社会神圣的等级 123
体系，也不接受加于个人享乐的种种阻碍。在梅内特拉的"原始卢梭主义"当中，国王依然受到尊崇，但对国王及其代理人敬而远之。[28]

---

① 路易十五的情妇和密友，在启蒙时代法国的上流社会拥有巨大的影响力。

② grue 同时还有"娼妓""荡妇"之意。

从政治礼仪到宫廷社会

如果扩大考察的历史时间刻度，我们可以尝试着深入到法国君主制的重大演变——以宫廷仪式取代国家礼仪——当中，追溯国王与平民百姓之间的离心离德。至少，这是拉尔夫·E. 吉西提出的假设。[29]实际上，国王权力的这两种表达形式之间存在着鲜明的反差。被组织成体系的重大政治礼仪，如国王葬礼、加冕礼、国王入城仪式和“御临法院”，具有双重的性质：一方面，仪式的公开性，赋予了当前的国王（无论是已死还是在世）与所有参加仪式的人一种直接的关系；另一方面，仪式的特殊性，让正常的时间进程在事件持续期间暂时停顿。在宫廷社会，这两种东西恰恰被颠倒过来：通过礼仪的“私人化”，国王身陷于一个封闭的空间里，屈从于无休无止的仪式活动，他与自己的臣民分离开来，封闭在民众完全被排斥在外的仪式中。国王被感知、被想象和被思考的方式因此受到根本性的改变。

那么，这种距离远隔，国王的“私人性”与臣民的关注之间的这条鸿沟，究竟始于何时？毫无疑问，路易十四统治时代是一道明显的分界线，因为正是他抛却了国家仪式，并决定将宫廷定在凡尔赛，他最近一次进入巴黎的入城式还要追溯到1660年大婚时，1673年之后再也没有举行过“御临法院”。然而，我们无疑还需要将时间进一步向前追溯至1610年，当时，尚是孩童的路易十三，甚至在已故国王亨利四世尚未
124 下葬前就在巴黎高等法院举行了“御临法院”。该行动表明，其权力的完整性与先王葬礼毫无干系，这位新国王破坏了皇家葬礼中蕴含的象征意义。皇家葬礼带有诸多古怪的特征：其一是在位国王不公开参加其前任葬礼的任何活动。其二是已故国王的肖像在仪式中扮演着中心角色，肖像是木头、柳条或皮革制成的人体模型，上置与已故国王面部轮廓相像的蜡制面模，装饰着象征着君主主权的徽章。肖像陈列在一张游行床上，由国王家族成员捧着，与国王遗体保持一定距离，在送葬

队伍中穿越巴黎。其三是在圣德尼葬礼仪式的尾声，在“国王死了！国王万岁！”的哭喊声中，人们从雕像上取下皇冠、节杖和正义之手，并分配给已故国王的侍从们。

这些葬礼包含着双重意义。首先，它们表示皇家尊严仍然属于已故国王，直到他被安葬为止，同时表示自前任君主死亡时起，他的继任者就拥有了立法的主权权力。因此，现任国王的权力是不完全的，直至先王被安葬入土和他自己被祝圣加冕。为表达这种政治理念——现任国王尚不具备完全的君主权力因此要求隐身——而举行的冗长复杂的仪式中，使用肖像（它可以方便地展示、制作和运送）显然比快速腐烂的尸身（即便涂上防腐剂）要好得多。其次，作为特殊事件的葬礼，以可见的形式呈现了君主主权原则。实际上，肖像设计和展示了隐含的意义：国王的政治身体永远不死。而他平凡可见的自然身体，被封闭在棺材当中，远离在视线之外。在送葬队伍中，僧侣一路陪伴着国王死去的遗体并作祈祷，而高等法院法官们则环绕在蜡制肖像周围，因为“正义之神永不停息”。[30]

1610年，路易十三弄乱了葬礼仪式的秩序，因此改变了其意义，对把仪式的公开性与君主制神秘性的公开展示联系在一起的整个结构予以致命一击。实际上，整个体系都支离破碎了：现任国王出现在已故国王肖像的展示现场（1610年后由于其他原因肖像展示消失了）；加冕礼不过是对业已完全拥有的主权权力的简单确认，不再是一种礼仪上的 125
就职典礼；“沉睡中的国王”（roi dormant）这种新仪式的发明，将国王的政治身体与自然身体统合为一，而以前它们分别被表达为国王的遗体和肖像。在宫廷社会内部树立起君主崇拜之前，国王的政治身体就已被纳入了其自然身体当中，使得每个君主个人与皇家尊严之间的区分消失不见了。随着路易十四当政，君主的象征性身体明确地合二为一（“朕即国家”，也可以反过来说“国家即朕”），让思考与表达权力的传统方式消失了，相对于坚持皇家尊严的持久性，他更多地强调王权的绝对性。[31] 全盘消除民众参与君主权力仪式，根本性地改变了王权观念，1610 年葬礼仪式变革带来的从国家仪式向宫廷社会转变，是让人民远离国王最重要的行为。

宫廷的公开性：不在场的仪式

这种分析是有说服力的，但需要进一步细化。首先，宫廷仪式不应该被视为私人领地。实际上，凡尔赛宫一直向“人数众多、坚持不懈和乐此不疲的各色群众”开放。[32] 人们到这里来的原因很多：参观游览，17 世纪以来有大量的旅游指南对凡尔赛宫的建筑进行推介；行政事务所需，自 1684 年以来，王国行政机构迁驻到凡尔赛宫；观赏宫廷生活重要时刻的场景，如王室大婚、接见特使、国王触摸，或礼拜天的“大会餐”。在 1702 年由铭文和纹章学院出版的文集《路易大帝统治时期重大事件纹章集编》中，有一枚冲制于 1685 年的纹章，颂扬国王寓所对其
126 臣民的开放。该纹章上有题铭：国王宫殿为公众的愉悦而开放。[33] 至于这第一种公开性，由民众实际在场得到保证，描绘宫廷华美和仪式的图像增添了第二种公开性，其影响范围更大。单幅木刻画和墙上挂历（上有日历和图片的大幅招贴），让宫廷庆祝的大婚、生子和葬礼表象广为传播。[34] 因此，宫廷仪式并非私人崇拜：它向各色人等开放，并通过图片广为传播，仍然属于公共领域。

在行动的公开性方面，大型的宫廷仪式与宏大的国家仪式之间的差别，可能并不像想象的那么大。像各种宫廷仪式庆祝活动一样，国家仪式举办城市（巴黎、圣德尼、兰斯）中人数有限的观礼者，在现场直接观看仪式活动，即便观礼者们只能看到冗长复杂仪式的一小部分，但国王与人民之间在此场景中存在着直接的关系。像宫廷仪式的情形一样，国家仪式的功效也是依赖于图片、文字和口头讲述的大量传播，从而得以将主权权力的表象与国王（无论是活着的还是去世的）实际在场分离

开来。

而且,正是在国家仪式体系分崩离析,宫廷社会得以确立以及国王入城式及御临法院消失之时,君主制度建立了新的公共仪式——“感恩赞”。[35]1587年由亨利三世创制的新仪式,其组成部分有二:向上帝高唱赞美诗,这原本是加冕典礼和国王入城式里的一部分,现在变成了一个独立仪式的核心部分;这个仪式将颂圣歌、读赞美诗和为国王祈祷结合在一起。国王敕令举行的感恩仪式,庆祝君主的各种胜利,如王储降生、军事胜利、对王国有利的和平条约的缔结等;该仪式以君主为中心,让宗教仪式为他的荣耀服务,尽管不一定需要国王亲自参加,但它无疑属于宏大的国家仪式类型。“感恩赞”在全国各地同时举行,将所有等级和团体联合到一起,该仪式无限增加了国王的在场,即便他本 127
人并不在现场。因此,“当这位独一无二的人,国家的化身,不想在其臣民面前露面选择缺席时”,该仪式能够“让他无处不在”。[36]这种形式的仪式举办频率不断增长:1620年之前胜利感恩赞仪式在巴黎十分鲜见,1621—1642年计有18次,路易十四未成年时期有22次,然后在1661—1715年有89次,1715—1748年有39次。[37]

最后,尽管1643年路易十四未成年期和1715年路易十五未成年期永久地将1610年创制的君主继承模式确定了下来,但我们不能因此断定说,兰斯的加冕礼丧失了所有的象征性。[38]一方面,即便新国王的“御临法院”仪式授予他全部的主权权力,但只有涂油礼和加冕才能赋予他“神圣性”;另一方面,鉴于国王加冕礼的稳定性——1484年至1775年间几乎没有变化,这个仪式业已变成保存王朝与国家记忆的特权场合,它把圣油瓶(Holy Ampulla)传说与克洛维传说这两种奠基性神话联系到了一起:圣油瓶里装着为法国君主施涂油礼的圣油,它由鸽子从天堂里衔来;克洛维是第一个举行加冕礼的国王,也是第一个施与治愈神迹的国王。尽管民众(即便兰斯当地的民众)不能出席加冕仪式——至多是国王入城时的旁观者,但这个仪式仍然是民众构建国王形象的重要力量。即便在宫廷鼎盛时期,即便它在某种程度上已丧失了宪制意义,加冕仪式在功用、表象和记忆方面,仍然支撑着国王具有不可化约的独特神秘性的信仰。

表象的变化

拉尔夫·E.吉西所谓的“先前分立的两个身体合二为一”,也就是,取代旧仪式(这种仪式把有血有肉的国王已死之身与主权者团体性的
128 神秘的不死之身区分开来)中所表达的理论构思,君主的自然身体吸收了王国的政治身体,这种发展演变的后果是什么?到路易十四时代,现任国王的“仁爱”成为君主政体“尊严”的化身。[39] 这种变化绝不仅仅是路易十四霸气的自我的体现,它实际上反映了严格意义上的表象观念的转变。潜藏在国王葬礼仪式之下的表象观念,是建基于这样的原则之上,即图像(譬如葬礼上的肖像,在古法语里也称作“表象”)可以象征性地表示不在场的事物或看不见的实体(这里指国王永久性的尊严)。潜藏在国王政治身体与历史身体合而为一之下的表象观念是全然不同的,因为它假定所指事物存在于符号本身当中,表象与被表现的事物集于一体。以这样的方式被构想为一种奢华的展示,君主制表象在圣体圣事的举办程式中找到了样板。人们惯常所说的“朕即国家”(这句话的真实性存疑),其功用像圣经里的言语“这是我的身体”一般,将国王的身体融入神圣的身体当中。

这就产生了双重结果。首先,国王肖像所起的作用恰如国王本人一样有效;反之,国王以肉体存在的实体个人本身便是他的表象。如果说代表就是“表现代表着某种事物的自己”[40],那么,国王肖像——无论是以绘画、文字、雕塑或雕刻形式,还是以君主直接在场形式呈现的,可以被视为绝对权力的化身。其次,圣体圣事模式的转置入政治领域,赋予了国王身体具有基督耶稣身体那样的三重可见性:“作为神圣的身

体，他以视觉和文字形式真正在场为人所见；作为历史身体，他以被代表为人所见，不在场重新变成‘图像’形式的在场；作为政治身体，他以体现在其名号、权利和法律中的象征性虚构为人所见。”[41]

思考和践行君主权力表象的新方式带来几种结果。第一种后果涉及表现国王形象的方式。传统上是广泛地利用象征符号，其灵感主要来自纹章（带有百合花盾形纹），古老的寓言故事（国王可能被表现为音乐神俄耳甫斯、安菲翁、卡德摩斯，或大力神赫尔库勒，或路易十三时代 129
的太阳神阿波罗），以及从传统上与基督相关的象征符号（鹈鹕、凤凰以及预示前程大好的太阳）。早在查理七世时代，象征符号太阳就已出现在皇家纹章上，并在凡尔赛时代早期成为最主要的象征符号。[42] 年轻而充满征服欲望的国王路易十四，给其纹章“身体”制造的“灵魂”是拉丁文箴言“高耀在万民之上”：

> 选择太阳象征本王身体：在这种艺术准则中，太阳是所有事物中最为高贵的；因其独一无二，因其光耀寰宇，因其射向其他星球的光芒，因其平等公正地向世界万物分配同等的光亮，因其给世界各地带来的福祉，永不停息地产生出生命、快乐与活力，因其经久不衰的运动，但看上去总是平静无声，因其恒常而不变的轨迹，从未迷失从未改道，太阳确定无疑是伟大君主的最具活力和最美丽的形象。[43]

这种选择支配着凡尔赛宫及其花园里所有的象征体系，国王等同于太阳和阿波罗，这是因为，正如费利比昂评论道：“太阳是国王的纹章图案，诗人是太阳和阿波罗的集合，在这座富丽堂皇的宫殿里，没有任何东西不与这位神祇存在关联。”[44] 从《阿波罗战车》（*Char d'Apollon*）——图比为正对着宫殿的花园尽头的池塘所作的雕塑，到泰蒂斯（Thétis）的洞窟——变成太阳符号制造工场的洞窟神堂，里面装饰有吉拉尔东的群雕《美女侍奉下的阿波罗》（*Apollon servi par les nymphes*），以及盖兰及其兄弟玛尔西（Marsy）的两组群雕《侍从们洗刷太阳神战马》（*Les Chevaux du Soleil pansés par les tritons*），这种行动计划的意图是一以贯之的，即通过这种希神阿波罗与天体太阳相结合的图像，象征性地颂扬国王的伟大庄严。[45]

然而，自 1670 年代起，通过文字叙述和雕刻图像业已广为传播的象征表象阿波罗，在凡尔赛宫却逐渐式微了。摒除太阳神与阿波罗神话的进程是非常清晰的：1674 年，放弃了为“碧水清池”（Le Parterre
130 d'Eau）制作的雕塑——神话传说的宇宙“大指挥官”；1678 年，勒布伦为装饰格拉斯长廊而递呈的两份方案——《大力神赫尔库勒的传说》（*Histoire d'Hercule*）和《阿波罗的传说》，遭到了否决；1684 年，平毁了泰蒂斯的洞窟神堂。“现实的寓意故事”——也即按照其喜好的表达方式且在其统治事迹范围内表现国王，取代了旧的象征符号。这在 1674 年“国王陛阶”（又称大使阶梯）的装饰上可窥一斑，装饰展示了自他登基以来的文治武功。1678 年发生的情形同样如此，为格拉斯长廊穹顶选择的装饰方案，是展现这位国王所取得的历次胜利。通过将历史事件画面嵌入到寓意故事的宝库当中，通过展现国王真实样子及其音容笑貌，“国王的故事摒弃了神话传说，它本身变成了自己的神话传说”。[46]

我们该如何去理解这种根本性的变化？首先应该指出的是，象征符号太阳并没有从所有的皇家住所里完全消失。它在凡尔赛宫逐渐式微的同时，却在马尔利宫安营扎寨，并在某种程度上存在于马布尔的特里亚农宫。我们是不是可以得出结论说，仍然适合于装点皇家消闲娱乐宫殿的宇宙神话主题，不适于装点一个作为政府驻地的宫殿？一方面，消闲娱乐宫里所展示的精巧表象，是一个隐匿所指对象的可感知的符号；另一方面，政府驻地需要意义明确的简明清晰的符号形象。[47]这种将建筑物功能与其装饰主题联系在一起的假说有其合理性，但它没有揭示出，这种象征符号名目的扬弃，不仅仅发生在皇家居所的装饰主题中，也发生在所有的印刷图像中（从国王政府的刻版画到画商们出售的图画），这反映了一种更广阔背景的变化，这种变化根本性地改变了原先赋予国王本人表象的意义。

这种转变在政治说服体系中非常重要。在政治说服体系里，“制造权力认知的权力”直接依赖于“通过展示宣传讲解权力的工具的效能”。[48] 节制使用强力去确保国王的统治地位，其前提假设实际上是，能 131
够通过其他方式获取臣民的信服和忠诚。在这样的运作中，截然不同的表象模式是必不可少的关键要素，因为正是“表象装置操作着强力转变为权力的过程”。[49] 放弃原有的象征符号形式，倾向于可更直接更广泛地辨识的图像，看上去似乎达到了目的。宫廷社会与其自身历史中的国王形象，实际上如同一台机器那样运转，能够在全盘的残酷压制之外制造服从。社会领域的稳定（至少是相对稳定），政府较少需要使用国家暴力，扎根于对既有的想象的服从。帕斯卡曾揭示了形象成就国王这种机制的本质：

> 人们习惯性地看到，卫兵、锣鼓、官员以及所有迫使人们倾向于尊崇和恐惧的各种东西总是伴随国王左右，这塑造着他们的面貌形象。当他偶尔孤身一人，没有这些伴随之物时，也会给其臣民留下尊崇与畏惧的印象，因为人们在思想中难以把他的人与他那些看上去须臾不离的伴随之物分离开来。不知道这种效果源自此种思维惯习的人们，认为他来自一种自然的力量；因此就出现了这样的说法：神性印在他的脸上，等等。[50]

国王的肖像

国王独自出现，失去一切象征性装饰的国王面容，限制了想象力。

国王表象的变化——从复杂的寓言故事转向意义明确的、所有人皆能辨识的简明形象，似乎是从帕斯卡的评论中得到的教益："谁分配声望？谁给人们、作品、法律、大人物带来尊敬和崇拜，而不是这种想象力？没有它的同意，世界上无论多少财富都是不够的。"[51]

自路易十四以降，国王肖像——适用于直接激活其臣民的想象力，
132 充斥在各种文本和图像类型的作品里，看上去与君主制庆典毫不相干的东西亦概莫能外。试举一例，在 17 世纪的里昂，婚礼仪式要求新郎在送给妻子戒指的同时，还要送上一张经过教士祈福的结婚证。在这张证书椭圆形边饰的正中位置，有新郎在婚礼仪式上宣读的誓词和赠予；证书上点缀着雕版画（木刻画后来是铜版画），时常是彩色的，这些雕版画呈现的全部是宗教肖像，描绘福音传道者、圣彼得和圣保罗、三位一体，或两个对比鲜明的场景——《夏娃的诱惑》（*Tentation d'Éve*）和《圣女的婚姻》（*Mariage de la Vierge*）。在这些结婚证书里，没有丝毫世俗的东西，也少有政治内容，由于婚礼仪式要求必备，里昂图片商大量地印刷发行这种证书，因此它为人们普遍拥有，并放在家里保存终生。然而，像挂历或广告传单一样，它们也能够促进国王形象的广泛传播。一套印刷版的证书，描绘了国王与王后在成婚典礼上的情景。雕版者在图像周围的边缘部分明确指出："本证书制于 1660 年国王路易十四大婚之年。"该主题似乎取得了成功，因为路易十四与玛丽—泰莱丝又出现在另一套证书上，并一直使用到 1680 年代，这套证书采用同样的方式，将三位一体、福音传道者和国王夫妇结合在一起。因此，版画中的国王深入到了里昂许多夫妇的私生活中，画中同样描绘的是结婚，这赋予了该印刷物存在的理由。通过这幅令人肃然起敬的画像，里昂结婚夫妇的日常生活与王朝事件联系到了一起，卑微的他们与国王享有了共同的历史。[52]

因此，国王的表象出现在大量深入芸芸大众日常生活的印刷物中。人们可能认为，这些平凡而熟悉的图像，在强化民众对国王合法的和不

可侵犯的权威的信仰上，其作用要比仅限于少数人观赏的宏大装饰工程大。毫无疑问，旧制度时代大众政治文化的第一要义在于，通过赋予 133
君主熠熠生辉的身体这种形象化的表象，来征服臣民的精神表象。那么，我们如何解释，这种信仰体系在某个特定时候产生了裂缝（至少在巴黎是这样的，但在一个像法国这样高度中央集权的王国，首都的情形是决定性的）？

正如本章所显示的犹疑难决，这个问题的答案是不那么容易给出的。民众不再把君主视为共同命运的化身和保护人，国王与民众之间的这种疏离应该追溯到什么时候，1750 年代，1670 年代，甚或 1610 年代？一些臣民疏远国王，或用言词和行动起而反对他，将这样的运动看作与非基督教化进程并行的“去神圣化”是否合理？我们应该更倾重于暴力渎圣的“坏话”，还是悄然无声的疏离？这些问题中的每一个，都没有确定的答案，非常需要进一步的研究和思考。

我冒险提出的假说陈述如下：尽管 1789 年陈情书字面意义是模糊的，其间既有对旧表象的颂扬性肯定，也有看待国王的新方式，国王毫无疑问仍被看作是父亲，但不再是传统意义上的神圣，这是因为，路易十四统治下精心打造的君主制象征体系，近数十年来已陷入危机状态。之所以出现这种情形，有几种原因。首先，圣体圣事模式——借之让国王权力变得更容易想象并给君主形象披上神圣色彩，随着民众对宗教的疏离日益增长而失去功效。其次，国王不经常出现在臣民中间，以及国家仪式数量的减少（实际上主要是因为国王的长寿），削弱了人们对共同历史的参与感。最后，在介入争论以前被禁止的领域的“公众舆论”的理智化模式中和街头民众自发性的直接反应中，批判思维模式的不断发展，挖空了长期以来与不可穿透的和不可恫吓的国家神话紧密相
连的绝对权威的根基。正如帕斯卡所言：“人本性上是轻信的和不轻信的，胆怯的和无畏的。”[53] 在对国王本人的表象关系中，18 世纪某个时 134
间点，法国人的不轻信压倒了轻信，无畏压倒了胆怯。 135

第7章

一种新的政治文化

民众无论是轻信还是不轻信，畏惧还是无畏，他们对国王的这种关系皆不是大众政治的全部。彼得·伯克基于一种宽泛的假设，将16世纪早期到法国大革命之间的历史描述为“大众文化的政治化”时期。在伯克看来，“从宗教改革到法国大革命期间，至少在西欧，工匠和农民对于政府行为表现出越来越多的兴趣，感到比以往更多的政治参与感”。根据伯克的观点，因为民众的政治参与同中央集权化国家的紧迫需求之间存在密切的关联——各种仇视权威的歌曲、图像、小册子的大范围流通激励了中央集权化国家的出现，而一个中央集权化国家需要有人力来组织军队，需要有财力来承担开销——因此，民众对国家事务的参与，随着现代早期历史的发展而增加了。尽管我们不应该将该进程视为线性的累进的过程，但它确实促成了“政治意识的深化”，并将这个在法国摧毁了既有秩序的事件置于长时段的历史转变视角中。[1]

存在过大众文化“政治化”吗？

这个命题值得仔细考察和讨论。首先，在国家事务中发表观点的印刷品数量的增加，并不一定意味着这些印刷品的购买者和读者就是

"民众"。投石党运动时期的格勒诺布尔是一个很有说服力的案例。多 136
亏了书商尼古拉记录的销售账目，我们能够将这个最热衷于谤文和小册子的城市孤立出来考察。尼科拉的客户中有 13% 是商人，但攻击马扎然的政治讽刺小册子（mazarinades）[①] 的购买者中只有 5% 是商人。相反，法院系统和国家财政部门的公职人员占诽谤性小册子顾客的 58%，而他们在尼科拉所有客户中只占 30%。因此，政治读物的主要购买者并不是"大众"，而是那些社会地位直接为政治事件所左右的人，例如抵抗国王权力运动的潜在参与者，或者政治变动的潜在受害者。考察《法兰西公报》的流通也可以得出同样结论。这份杂志是泰奥弗拉斯特·勒诺多于 1631 年创立的。在格勒诺布尔，购买这份期刊的人主要是精英，其读者主要是那些由于自己的地位或职位同王权紧密相连而对国家事务密切关注的人。[3] 在 18 世纪，阅览室（cabinets de lecture）和咖啡馆无疑增加了期刊的读者群。然而，期刊相对较高的订购价格和有限的印刷量让我们有理由认为，它们在普通乡镇居民中的读者较少，在农民中读者更少。

从另一个角度来考察小册子读者群的问题，值得注意的是，政治读物在旨在拥有广泛读者群的印刷丛书中是缺席的。例如，"蓝皮丛书"原先的印刷成本很低，提供的是便宜的版本，如今也已经开始印刷更精致的版本来吸引更富有的客户。这些便宜的版本常常会破损，或者装订错误，插图选用的是使用寿命更长的木刻画，用熟悉的蓝色纸缝合、装帧（也有使用黑色、红色或大理石花纹纸），由城镇和乡村的小贩来售卖。它们是 16 世纪晚期外省书商和印刷商的发明，比如 1555 年到 1597 年在里昂工作的波努瓦·里戈以及克洛德·加尼埃，1589 年他位于特鲁瓦的货仓中存放有蓝色或黑色封皮的年历、预言书、启蒙书、礼
仪书、圣徒生活、歌谣集等。从 17 世纪初开始，最初在特鲁瓦，然后在 137

① Mazarinades 是投石党运动（1648—1653）时期攻击红衣主教马扎然的各种小册子的统称。这种小册子现存数千种，这是法国为政治宣传目的第一次大规模使用印刷物。

鲁昂，接着在其他一些外省城市和阿维尼翁，都出现了从事此类贸易的书商和印刷商。他们提供的读物发行量较小且读者群更有选择性。[4]

在所有旨在拥有广泛读者群的印刷品中只有三个，或者说三种，是或多或少可以直接定位为政治性的。第一种的典型例子是一本攻击马扎然的小册子，题为《来自圣乌昂和蒙莫朗西的两位乡巴佬关于时事的愉快交谈（缩减在 7 篇对话中，为排遣精神忧郁而作）》（*Conférence agréable de deux paysans de Saint Ouen et de Montmorency sur les affaire du temps. Réduit en sept discours, dressés exprès pour divertir les esprit mélancoliques*）。它在 17 世纪由特鲁瓦的印刷商发行了几周，然后由雅克・乌铎（Jacques Oudot）（活跃于 1680—1711 年）重印。雅克・乌铎去世后，其遗孀和儿子在 1724 年获得出版许可进行重印。这份期刊印刷和发行的地点和时间，同赋予这份期刊意涵的那次政治事件——投石党运动之间都相距甚远，因此其文本无疑也在相当大程度上失去了政治相关性，被简单地认为是两个农民演员之间用方言演出的滑稽剧。[5]

第二章传统被认为政治性的印刷物包括熟练工和学徒工的“悲惨”记述。《在巴黎市及郊区面包店学徒们的悲惨生活》（*La misère des garçons boulangers de la ville et fauxbourgs de Paris*）就是其中之一。特鲁瓦的印刷作坊在 1715 年获得出版许可之后，在整个 18 世纪将其重印了六次。另一个例子是《外科医生助手的辛劳与凄苦：反映在一名外科医生学徒和一位教士之间一席愉快而风趣的交谈中》（*La peine et misère des garçons chirurgiens, autrement appelés Fratres. Représentés dans un entretien joyeux et spirituel d'un garçon chirurgien et d'un clerc*），在 1715 年获得出版许可之后被重印了五次。这类印刷品文字诙谐，是学徒的滑稽记述，不可能具有社会和政治批判的意涵。毫无疑问，它们被读者视为生动、滑稽的故事，而绝非具有颠覆性的政治读物。

第三类，即描述两个“社会大盗”——卡多什（Cartouche）和芒德兰
138 （Mandrin）的各种印刷品，情况也是如此吗？答案并不那么确定。一方

面，乞丐文学及其描绘的假乞丐真小偷的反面王国，如《闻名的路易—多米尼克·卡多什的生平及诉讼故事》（*L'histoire de la vie et du procès du fameux Louis-Dominique Cartouche. Et plusieurs de ses complices*）和《从出生到死亡：路易·芒德兰的故事》（*L'histoire de Louis Mandrin. Depuis sa naissance jusqu'à sa mort. Avec un détail de ses cruautés*），尽管这些文本遵循了强烈隐喻体裁的创作主题和风格，但它们的宗旨在于反驳大众读者的一种身份认同：将自己等同为反抗权威的强盗。另一方面，虽然审查者很警惕，而且作者也强调强盗残忍、罪恶和最终悔悟的一面，但是他们表现出了一种校正正义尺度的高尚形象，这一点让那些以富人和收税官为对象的英雄变得更受欢迎。从这个意义上说，“蓝皮丛书”中的这些作品用自己的方式在“政治化兴起”的过程中发挥了一定作用，而“政治化的兴起”也干扰了 18 世纪犯罪的描写和罪犯形象的叙述。[6]

然而，在书籍目录中占主导地位的是宗教训诫和祈祷类书籍、虚构小说（骑士罗曼故事、短篇故事、荒诞故事）、学徒生活自述以及各种技术指导类书籍，记述卡多什和曼特兰生平的作品只占极小的一部分。如果说，它们在供公众阅读的书籍库中的出现，表明书籍库对于大众来说并不是遥不可及的，那么，我们不能忘记的是，蓝皮书的读者们大量消费的仍是传统的、墨守成规的作品，在这些作品中，任何关于政治观点的暗示都被掩盖了。

对于格雷古瓦修士关于“乡村民众方言和风俗”的调查问卷所做的声明（1790 年到 1792 年）证明了上述结论。在回答第 37 个问题“在你的家乡最常见到哪一种书籍？”时，接受调查者列出了一份 1789 年以前法国农民最常购买的书籍清单。他们提到了祈祷经书、宗教虔敬作品、历书、巫术类书籍和“蓝皮丛书”，但从未提及任何种类的政治书 139
籍。在一些不属于农民群体但熟悉农村生活的法官、教区教士和旅行者等观察者看来，政治读物在农村地区的突然出现是革命的直接结果。

1794年6月(共和二年牧月),格雷古瓦本人在给国民公会的报告中说起"'蓝皮丛书'中的幼稚故事、老妇人的故事、安息日的故事"时,流露出讽刺的口吻。只是随着革命的到来,政治风暴才抵达农村地区,横扫一成不变的、陈旧的传统图书馆,为变化无常的、争论性的作品腾出了空间,从而也把导致这个国家分裂的一系列冲突引入了农村和核心地区。[7]

而且,即便我们承认集体性的政治自觉至少在城市有所发展,这也不意味着对国家权力的挑战也随之增长。情况恰恰相反。在经过"天主教神圣同盟"和投石党运动之后,17世纪中期以前法国的国家事务就持续处于一种公开的、多重的、暴力的冲突当中。但是,由于对两种权力——征税权和合法暴力的权力实施了垄断,国王拥有了军事力量,成为社会空间的掌控者和保证者[8],近代国家的稳定得以实现。类似于以前那样蔓延整个国家并动摇国王权威的两次危机,在之后将近一个半世纪的时间里再也没有重现。

除了大众文化的政治化以外,以公共广场文化的实践与动机为一方——它没有资格、狭隘封闭、不负政治责任,以权力政治为另一方——其利害得失、参与者和行动均局限在撕裂宫廷的敌对或分裂政治权力掌控者的对抗的狭隘范围里,两者之间形成了一道深深的鸿沟。从路易十四到路易十六统治期间,法国人发现,大规模使用宗教战争和"天主教神圣同盟战争"时期的那种狂欢文化,是嘲讽和攻击政治和宗教敌人的最有效资源。这种"政治的去民间传说化"同"民间传说的去政治化"是相互呼应的。然而,这是否意味着要把彼得·伯克的观点反
140 过来,革命带来的断裂发生在一个不像16世纪中期到17世纪中期那样关注自己命运的社会里?也许不是。但是,可以肯定的是,这种关注获得表达的方式经历了深刻的变化,正如反抗权力的形式发生变化一样。

从抗税暴动到反领主诉讼

反抗权威长久以来采用的是武装斗争的方式，要么是若干持续时间长、席卷多个地区或省区的暴动，要么是一些不那么重要、在范围和目标上更为局限的骚乱。[9] 这些暴动有着清晰的时间顺序表：起始点是 1548 年发生在阿基坦的皮多叛乱，终点是稍晚的两起运动，即 1675 年发生在布列塔尼的“红帽子抗议运动”①，以及 1707 年发生在凯尔西的“塔尔—阿维塞暴动”②。无可争议的是，反抗活动的巅峰发生在 17 世纪下半叶，当时在农村（1624 年在凯尔西、1636—1637 年在法国西南部诸省、1639 年发生在诺曼底的“赤脚汉暴动”，以及 1643—1645 年间在很多省份）和城市都发生了多起暴动和反叛活动。[12]

这些反叛活动的主要目标几乎都是各种形式的国家财政勒索：强制义务安置士兵、更严格地控制征税从而导致租税加重、为商品流通或酒类和盐的贩卖开征新税等等。从反叛者给自己的对手——法庭官员、士兵、军队中的中士和专员等——所起的野蛮的名字中，可以清楚地看出反叛活动的反财政性质。他们被反叛者不加区分地称为“税隶”或“征税员”。抗税情绪同样可以解释反叛活动的地理分布。大体说来，反叛活动没有波及“国王的地盘”（巴黎和卡佩家族领地），因为在这些区域，国王的法律得到忠实的执行，人民也很顺从。反叛活动很少发生在三级会议省地区，因为这些地区得益于以前省区议会同国王的妥协而享有财政保护。反叛活动频发且最为剧烈的地区包括巴黎盆地的周边区域（诺曼底、普瓦图尤其是中央高原地区，常发生反叛活动，凯尔西、鲁埃格、佩里戈尔、布列塔尼、吉耶讷和加斯科涅）。在这些既有乡村市镇 141

① 1675 年 4—9 月间发生在法国西部地区的抗税风潮，参加者主要头戴红帽，故有此称。2013 年 11 月，当地民众因不满政府推出新税，仿效 300 多年前的运动，发起红帽子抗税风潮。

② 1707 年 3 月凯尔西地区农民因抗议印花税加重，三万民众，被称作“Tard-Avisés”，攻入卡奥尔城（Cahors），包围总督，焚毁官署，5 月初被赶来的龙骑兵镇压。

也有封建领主、既有自由也有豁免（真正得到确认的或者根据传统而宣告拥有的）的地区，黎塞留施政其间显著扩大的财政需求被视为对“公共自由”的不可容忍的侵犯。[13] 虽然这些冲突并未危及中央权力（不像“天主教神圣同盟”或投石党运动），但17世纪早期的每一次反叛活动都体现出一种直接的政治冲突——一些乡村和省份坚定地反对在地方层面负责执行国王财政勒索政策的代理人。

由此，这些反叛活动顺理成章地具备一些其他的特征。17世纪的反叛可以被称作“大众的”，因为它们动员了整个地区，而且具有一个地区团结的、非排他性的基础。绅士、教士和地方官员参与其中，在农民和城镇居民身边发挥了自己的作用。所有人团结在一起，反抗对其祖传的、不可剥夺的权利的威胁。反叛者宣称自己是在维护业已获得的、由来已久的特权免受不公正的侵犯，这种诉诸习俗的做法增加了他们的正当性。反叛活动打出的旗号是以国王的名义反对欺骗自己、不效忠于自己的官员。由此，反叛者通过诉诸一种传统的、默认的、受到国王保护的权利，而再次证明了自己的正当性，这种权利就是：人民有权起来反抗任何不为国王所知，且过分威胁到了自身权利的行为。

反叛者还借用了习俗文化中的一些仪式：他们使用了面具、乔装打扮、角色反串的方法；他们用一种类似于狂欢审判、喧闹仪式或者嘲弄受害者的公众惩罚等节日活动的语言，来表述自己无意识的，且常常很残忍的正义感。从这一点来说，他们完全属于大众文化的范畴，因为大
142 众文化并不是指反对上层人文化的那种普通人（农村人和城市人）的文化，而是指可以随时为各种不同社会阶层的人所用、便于表达人们期盼的一系列主题和行为。

当1660—1675年最后一波暴乱（发生在布洛涅、贝亚恩、鲁西永、维瓦雷，接着发生在布列塔尼）平息之后，抗税斗争消失了。此时，农村的抗议活动并没有偃旗息鼓，但其形式却发生了本质的变化。反抗活

动在 17 世纪表现为抗议国家侵权的各种叛乱，而到了 18 世纪，“其灵魂、手段和策略都发生了变化”。[14] 首先，目标不一样了。农民的仇恨对象从王室收税官变成了地方显贵、教区教士和什一税，以及有胆识的税款承包人。手段也发生了变化，诉诸行政程序或王室法庭取代了公开的暴力和残忍的复仇。最后，反抗活动的地理分布发生了颠倒。反领主斗争在之前很少发生叛乱的法国东部地区最激烈，在 1624 年到 1648 年民众叛乱曾经最集中的中部和南部省区反而发生得最少。

勃艮第是一个绝佳的案例，来展现一场持久而顽固、最终只能通过司法体系来终结的斗争。[15]1750 年之后，农村地区出现越来越多到王室法庭起诉领主的案件，要求王室法庭废除他们认为非正义的领主权利。这些地区旷日持久的诉讼的主要目标是领主收取的“警戒费”（用以修复城堡所用）、领主的“挑选权”（能够保证领主使用全村三分之一的林地）和“烤箱权”（强迫农民用领主的烤箱烤面包并付给领主费用）。即使诉讼受挫，这些村庄也不放弃。他们拥有大量的资源——卖柴火的收入、村庄林地的收入、牧场的租金等——来支持自己的诉讼。他们从王室监督官那里得到了鼓励——后者为了规范傲慢的国王，给予农民进一步提起诉讼的授权。尽管这些诉讼的目标有限，但是，农民的事业很快就在律师的巧言善辩之下改变了性质。律师们支持农民，而且孜孜以求地寻求每一个机会来攻击领主的所有诉求。他们同意，根据契 143
约，领主获得权利的同时，应当为农民提供相应的保护，而领主显然没有做到；他们一致认为，权利如果在整个省区不统一的话，就是无效的；他们宣称，国王的立法优先于土地名册中的条例，如果后者同王室法律发生冲突的话。正如他们表述并且塑造的那样，农民反抗和维护村庄权利的那些人，撼动了习俗和传统的权威。

然而，这引发出一个问题。似乎 17 世纪的反叛活动——其对于黄金时代的怀旧、对于废除捐税的迷思、对于千禧年憧憬和其内部的全体一致性——的确是处于政治范畴之外，因为，政治会假定存在一种现实的利益得失和一种有限表达冲突利益的方法，并且会假定通过各方均承认的机制的仲裁行为能够和平地解决分歧。另一方面，此后的冲突，我们不得不将其称为“村庄的政治化”，不再像早前那样将近代国家视为对手，而是将领主制视为对手。在整个 18 世纪，法国至少有一些地区的乡村，一直处于这种政治上的学徒期。当把愤怒从国家税收上转移开时，他们最终把自己的目标定位为领主权——它陈旧的、专断的特权以及它的资本主义活力，都让农民感到难以容忍。反领主斗争的确聚焦于苛捐杂税上，但同时讨论的问题还有接管公共土地、给牧场加筑围栏、组织大型农场等。这种斗争的目标很有限，但是它的参与者是更有文化的、（因为商品交易和人口迁移而）更了解城市的农民，它的表述用的是一种改革了的司法话语，这种司法话语比之前昙花一现式的暴力更有利于削弱权力实施的基础。可能很荒谬的一件事是，正是在针对公共权力掌控者的残忍反叛平息，以及以政府为对象的冲突消失之时，一种谨慎的、一天天地、不引人注意的乡村层面的政治化，让法国人逐渐习惯用一种新方式来想象自己同权威人物之间的关系。国王并没有在 1789 年之前这场针对既定秩序的挑战中沦为受害者，相反，国王
144 甚至还鼓励这种挑战，支持农村地区的要求。在重要性上仅次于国王态度的另一点是：此后人民不那么愿意不加审视地接受传统的从属关系，更愿意审查和批评长期以来那些所谓的“不可动摇的秩序”。

1614—1789：农民期望的转变

测量从公开反叛到合法的、程序性的冲突期间，农村世界和当权者之间关系的深刻转变，一种可行的方法是，对比某特定地区于 1614 年和 1789 年最后召开的两次三级会议上提交的陈情书。例如，特鲁瓦巴伊司法区就提供了充分的出版文献证据：1789 年，该教区保存了 250 本陈情书，保存有 11 本 1614 年王室领地（châtellenie，

比一般的行政辖区小）陈情书和 54 本初级会议记录。[16]（早期，第三等级会议在教区、王室领地、行政辖区三个层级召开，而 1789 年第三等级会议只有两个地理区划层级：教区和行政辖区。）用同一个标准来分析不同的文献资料，可以看出香槟地区的农民在期待上发生的变化——他们拒绝的东西，以及他们对社会和政治的表述均发生了变化。[17]

1614 年，农民的期望表现为三种抱怨：一是抱怨施政不公和公职人员的地位；二是期待一场宗教改革；三是反对王室的财政政策。在教区，这三类分别占据了总抱怨数的 10%、17% 和 48.5%。王室领地的数据由于是由该地农村、市镇和小城市代表共同组成的会议来统计的，因此有一些变化（分别为 22%、22% 和 28.5%）。因此，反对税赋的抱怨的比例——在初级会议中占总抱怨数的 60%，因为在明确的抱怨税赋之外，还要加上对各种灾害和土地分配不公的怨言，这些被作为证明 145
税负不可承受的理由而提出——在更高阶的会议中减少了。……（印刷文本有遗漏）对于王室领地的居民来说，日常生活似乎不那么艰难，因此他们抱怨更多的是关注宗教问题和司法体制改革问题。与财税政策、宗教和司法体制三大问题所占的比例相比，其他抱怨显得微不足道，尤其是对于领主制的抱怨，在教区只占抱怨总数的 3%，在王室领地只占 3.9%。

在六十年之后的 1789 年，抗议的几个缘由之间的比例关系发生了显著的变化。当然，对于财税政策的抱怨仍然居于首位，在所有抱怨中占据 33%。首先，他们在行政辖区几乎无所不在；99% 的教区居民抱怨直接税，95% 抱怨间接税。其次，对于领主的抱怨达到了前所未有的程度，10 本记录中有 8 本都有所记载，在所有抱怨总数中占据了 11%（如果把针对什一税的抱怨算上的话，比例达到 12.5%）。再次是针对施政公平问题和公职人员问题的抱怨（占据 10%），针对神职人员的抱怨下降到了 6%。从先后两次三级会议的情况来看，在同国王最直接相关的问题——税收政策和施政上,第三等级的抱怨是大体均等的。但是,对领主或什一税征收者的谴责取代了宗教关切。

我们如何理解这些不同,首先是他们当中宗教抱怨率较低的问题? 1614 年,教区和王室领地的居民都认为自己在灵魂上被抛弃了。他们的不安根植于一种强烈的焦虑——例如,没有接受临终祈祷就离开人世——这种不安导致他们希望在自己所在教区内住有教士,希望本教区的牧师数量增加,希望弥撒的仪式能够更常规化,希望教义问答的宣扬和讲授能够更加深入。在宗教改革之后,居民们很明显地意识到了教职人员在道德上和智识上的平庸。在一个宗教分裂和不确定的年代,[18] 农村地区指望教职人员能够重建秩序和统一。为了达到这一目的,他们强调教职人员不同于俗人,强调要在服装上(教士穿黑色或红色长袍、戴方形的无边软帽)、道德上(尤其是在两性关系中的节欲)
146 和教育上清楚、直接地体现出两者的差别。

天主教改革塑造了这种新型的教士——他们在神学院接受了完备的神学和教导关怀的培训,他们的道德总体而言无可挑剔。诉说抱怨的小册子证实了这一事实: 1614 年,针对神职人员行为的抱怨在王室领地占总数的 9.5%,在教区占 7%;而 1789 年这一数字下降到了不足 1%。信徒不再有理由来抱怨自己的教士,反过来也是如此。17 世纪教区居民对自己教士颇多负面评价,到旧制度末期变成了教士有能力对自己所辖区教民进行裁决。这表明, 1614 年民众自己期盼的两个群体之间的分歧如今已牢固确立起来,教区教士,即使在革命前二十年越来越多地从农民中招募,也已经总体上同他们所谴责的农村世界隔绝开来。[19]

至于教职人员的物质状况, 1789 年对什一税的抱怨变得更加紧迫了。1614 年香槟地区的资料关注两个要点: 一是教堂必须依靠自己的资源生存(这一点导致教堂希望能够更好地管理自己的世俗物品);二是教堂必须以圣经规定的苛捐杂税为生(这一点能够解释为什么当时没有出现针对什一税的抱怨）。农村地区的敌意主要集中于教士要求农民支付圣礼和葬礼的费用，以及教职人员劝说将死之人把财产留给教会（根据香槟地区的习俗，教士有权接受遗赠）。而 1789 年，拒绝支付什一税的呼声比比皆是。虽然这类抱怨在总数中只占 1.7%，但是每两份资料中就有一本是针对什一税的。然而，批判什一税并不意味着希望简单地将其废除，只有 15 份资料提出了这种要求。其他的资料都是在抱怨什一税征收者的不当言行，或者抱怨自己的配额太多。他们提议说，征收到的什一税可以有多重用途（总的来说是用于教区教士的福利）；他们要求废除某些特定种类的什一税（例如对新开垦土地征 147
收的什一税等）。除了反教士情绪之外，特鲁瓦行政辖区的资料还揭示了一点：人民愿意参与决策与自己生存密切相关的问题。在教区的大多数人中，什一税原则并未受到挑战，人们想要的只是自己能决定（或至少协商）什一税的总额、征收的条件以及这笔钱的用途。尽管是一项沉重的负担，但是什一税在 1614 年仍然被接受了，原因在于，对于当时来说，一个更直接的现在和一个更典范的教会的需求是最为重要的。1789 年，教职人员不再是人民抱怨的主要目标，但什一税却被认为非改不可。

关于领主的权利，情况也是如此。在 17 世纪初，一个司法区内的每一个教区的资料都很少注意到领主制的问题，对于领主的苛捐杂税的原则和内容都没有提出谴责。农村地区反对的一是狩猎派对，因为会毁坏庄稼、滥用公共土地，二是随着领主征税而来的一些限制。农民甚至允许领主在自己同王室的协商程序中发挥作用（王室税收和领主的苛捐杂税是一种竞争关系，通过这种做法，领主能够将农民的抱怨引向王室税收上），这一点体现了一个等级社会的长处——当领主承担防卫和保护责任时，社会也相应地承认领主的特权和权利的合法性。

1789 年的情况大为不同。当时，82% 的教区都出现了针对领主制的抱怨。遭到最严厉谴责的是领主的施政不公（占此类抱怨总数的

16%),其次是敌视一般意义上的领主权利,包括谴责领主的权利没有依据或者实施不公(占 11%)、反对领地律师和修改土地名册(占 11%)、反对人头税、抱怨领主打猎和养鸽的特权(占 7%)、抱怨领主对于磨坊和
148 面包烘炉的垄断和征税(占 6%)、反对义务劳役(占 6%),以及反对领主在农民的土地交易中抽成(占 4%)。当我们把这些抱怨按照出现的频率重新排序,我们发现,领主施政不公的问题占据首位(有 50% 的教区谈到该问题),紧随其后的是人头税(有 41% 的教区)、义务劳役(有 25% 的教区)、打猎特权(有 24% 的教区)、土地名册(有 23% 的教区)和领主对于磨坊和面包烘炉的垄断和征税(有 22% 的教区)。

对于领主特权的态度,在农村地区有三种占据主导地位。第一种也是流传最广的一种态度是主张改革。在诉说抱怨的小册子中,有 45% 谈到了“回收”“转让”“改革”“废除”或“简化”领主的苛捐杂税。有 32% 仅仅表达了抱怨但未提出任何解决办法,有 21% 表示希望看到特权被彻底废除。这种彻底废除的愿望常常针对的是以下三类领主特权:义务劳役(超过半数的抗议书都要求将其彻底废除)、打猎特权、领主对于磨坊和面包烘炉的垄断和征税。这或许能够很好地证明,革命前夕香槟地区的农民对于真正的等级制的不满。然而,除了这些例子以外,1789 年的反领主呼声中出现的并不是要求彻底废除的声音,而是一种坚固的、执拗的改革意愿,意在审查、批评和重新规范土地所有者的特权。之前的农民用自己的牺牲和臣服来换取领主保护自己免受士兵或王室征税官的劫掠,而如今,农民希望利用国王和三级会议来协商一个更公正的权利和义务分配。

1614 年和 1789 年的主要敌人都是王室税收。无论是从抱怨的绝对数量还是从各种群体的一致性来说,税收问题都高居榜首。两个年代里,几乎所有教区都在抱怨税收负担过重。这一点从机会的性质和环境可以很容易地得到解释——三级会议的首要任务是同意王室税收,而王室税收则是唯一一种国王能够仅凭自己意愿而随意征收的

苛捐杂税。1789年受到最猛烈批评的是直接税，人民主要要求直接税能够更公平地分配。这种要求呈现出两种形式：一是拒绝税收特权（在抱怨总数中占74%），二是要求更公平地实施税收负担（占97%）。1614年，抗议针对的是税赋的增长、收税的程序（要求确认理由），以及授予城市、自封贵族和担任公职者越来越多的免税权。在1614年，农民对于贵族和平民之间不可容忍的不平等并不是那么敏感，他们的抱怨主要针对的是特权的过分扩张（或无权人士的篡权），一旦享有特 149
权的人为公众提供相应服务的话，那么这种特权就被承认为合法的。一百七十五年后，香槟的教区农民不再敌视非法免税权（同合法特权所获得的尊重不可同日而语），而是希望财政负担能够得到平等的分配。

然而，我们能够说，对比1614年和1789年特鲁瓦行政辖区的农民的抱怨，让我们洞悉了法国人（主要表现为乡村地区的农民）大众政治文化的转变吗？对此，我们必须谨慎地回答，香槟地区并不是整个法国，最早表达抱怨的人大多是文盲或半文盲，而我们看到的抱怨的话语是经过过滤之后而得来的。尽管如此，对比两个不同时代的资料清晰地表明，在社会与制度之间的关系问题上存在两种迥异的思想和经历方式。1614年，宗教战争的影响仍未消散，在经济重建的情势之下，农村地区反抗国家严厉的财政政策。随着绝望而来的，是农民们敏锐地感觉到在道德和灵魂上被抛弃——无论是真实的还是夸张的——这种感觉才是真正的痛苦所在。这一点解释了为什么农民们对于能够提供保护的制度（例如领主制）会保有尊敬，为什么农民们会希望社会基督教化、教权主义化。从1614年资料可以看出，农民的理想是，无论是世俗的还是宗教的权威机构，都应当承担起社会责任，而为了回报权威机构提供的承诺和保护，这些机构能够享有被认为完全合法的特权和权利。

而到了1789年，农民的期待大为不同。农民们开始质疑之前被认
为理所应当的东西，开始要求权威机构对于人民的舆论和愿望做出回 150

应。在两个世纪的时间里，天主教改革的教会和一个司法的、行政的国家实现了农民们所期待的安全感，但农民们为此在财政上和文化上付出了高昂的代价。因此，只有一个受到保护、得到庇护的社会——一个有秩序的、和平的社会，才会去争论什么样的政策能够把这个社会的期待和统治世界的秩序协调起来。以社会功用为名而进行的领主制改革和教会苛捐杂税的改革，以公正为名在财政平等化方向的发展，是统治者表达自己控制决策，或者至少是参与决策的欲望的两种最主要方法。因此可以理解，农村的政治化，按照托克维尔的话来说就是，农民的注意力转向更"特殊"、更"眼前"的目标，可以被视为一个君主制国家建立其暴力垄断的反向过程。[20] 通过放松弱者和为其提供直接保护的权威之间的强制纽带，通过设立解决冲突的常规程序、降低社会领域的野蛮程度，近代国家的巩固创造了一种环境，正是这种环境，使得原先那种被认为不言自明的依附关系，最终变得不可容忍。或许，正是这种变化，让我们形成了一种广为流传的思维模式：1789 年在紧急形势下实现的对社会体和政治体的深刻重塑是可取且必要的。

城市图景：工作冲突与政治践习

在城市中，正是熟练工人与雇主之间日益增加的冲突催生出政治化，同样地，由于对"近似的"和"特定的"目标的关注，这种政治化改变了对权威的关系。像农村地区反领主的抗议之后接踵而来的是大规模的抗税暴动一样，在城市中，城市暴动的消失—— 1623—1647 年间非常密集[21]，为工场与行业当中的冲突腾出了空间。尽管就 18 世纪的工人密谋和罢工，还不可能给出总体的统计数据，但南特和里昂
151 的例子提供了两个结论：其一，公共档案和警察档案证明，几乎所有行业中都存在着冲突（南特 27 个中的 20 个，里昂 16 个中的 16 个）；其二，这些档案记录了工人骚乱在 1760 年后不容争辩的增长。在南

特，1761—1789 年间爆发了 36 次工人罢工，而 18 世纪前 60 年仅有 18 次（其中大规模冲突次数分别是 19 次和 10 次）。在里昂，革命之前的三十年发生了 18 次冲突，而 1701—1760 年间仅有 7 次，值得一提的是，整个 17 世纪只有 9 次。[22] 工人反抗行动的增长——雷蒂夫和梅西耶青睐的主题，不仅是一种文学主题，用以表达对失去的和谐的怀想，而且也是一种活生生的现实，表现了熟练工人与城市劳工对社会产生的新表象。

实际上，旨在迫使雇主让步与工人社交能力的强化之间存在着紧密的联系。在所有城市中，在各个行业里，工人的抗议都基于相似的理由：拒绝接受行会对雇佣的控制，相反，他们要求职业安排自由，他们还要求更高的工资，更常规的支付薪酬以及更好的生活和工作条件，反对对自由离开工场的束缚（尤其是利用"离职证"的强迫登记制度），因而表现了强烈的独立愿望。协调一致的停工，"诅咒"（也就是抵制）对熟练工人的要求充耳不闻的雇主，对拒绝加入已经决定的行动或暴力示威的熟练工人施加压力，这些所标志的冲突的增加，表明各种形式的工人联合（从更加自发的到更加制度化的）的发展进步。在各种手工业行会、团体协会和小酒馆聚会当中，城市工人找到了参与政治的形式，尽管它并不攻击公共权力，但无论如何让他们习于组织集体行动，这时常导致一个公共的中心得以构建起来，并总是激起他们争辩对共同利益的捍卫。[23]

捍卫共同利益并不一定或仅能诉诸罢工。完全像农村社区一样，152
城市手工业工人利用协议和司法程序去争取对他们权利的承认。在整个 18 世纪期间，他们向高等法院提出大量的申诉，以争取取消由行会制定的并得到警察总监、城市团体和高等法院自身支持的对他们不利的新规章。"在 18 世纪的各行业中，抗争的主要形式既不是食品骚乱，也不是罢工，而是诉讼"，如果果真如此，那么手工业工人们（他们并没有被从公共生活中分离出去）的集体行动，是在司法程序的形式和语言里找到了加入重大的政治性争论的手段。[24] 由律师和检察官发展出来的、手工业工人涉身其中的观点,确定不属于熟练工人自己的语言,但这些观点让他们习于按照民法和自然法的概念范畴,思考他们与领主的争端,这让每个特定的讼案变得公开化和政治化。

杜尔哥失败的改革带来的幻灭和失望,无疑促进了手工业工人们的这种政治践习。[25]1776 年 2 月取消行会的法令在工人中间实际上催生了巨大的希望,他们把该法令理解为赋予他们不受雇主阻挠自由离职和按自己意愿受雇的权利。而且,他们中的许多人把该措施看作是自己独立置业的机会,进而摆脱作为雇佣劳动者的依附状态。当局对该法令施行所加的种种限制,而后从 1776 年 8 月起又很快重新恢复行
153 会,旋即浇灭了这种热情。在旧制度最后二十五年里,各行业和手工作坊内部冲突数量的增长(1781—1789 年间在巴黎至少发生了 35 起)[26],源头毫无疑问在于痛苦幻灭的工人与急切地想要恢复自己特权的雇主之间的矛盾。伴随着 1776 年危机,浸透整个劳工阶层的分散而活跃的多重冲突与作为政府层级的政治之间,确立起直接的联系。在手工业工人看来,因难以胜数的原因使他们与雇主之间针锋相对的争端,在国王本人权威亦被卷入进来的冲突中才具有意义。从社会劳动和日常生活领域衍生出来的政治化,因此与"国家事务"联系起来。

对行会师傅们来说也同样如此,只不过目的是为了捍卫相反的利益所在。他们提起针对熟练工人的诉讼来确保新规章的应用,打击那些在行会控制范围之外——在自家房子或特权地区(如圣安东尼郊区)——建立作坊的"假冒工人"[27],在反对 1776 年 2 月法令的抗议书里,像律师的司法诉状一样,雇主们以自己的方式,将保护自己对熟练工人的主导权与公共领域的参与联系到了一起。共和二年"无套裤汉的隐喻"不应该让我们产生错误的印象。该隐喻打造出"一位独立的制造业者,与一小群熟练工人在同一个屋顶下生活和劳作,与他们保持着亲密的关系,从事相同的职业和分享同样的利益"的理想图景。[28] 这幅图

景既不符合当时的手工业生产结构(至少在巴黎,大型手工工场所反映出来的已经精细化的劳动分工,熟练工人高度的流动性,他们与雇主鲜有持久的联系),也与整个 18 世纪期间(尤其是 1760 年之后)雇主与工人之间频繁而多样的争吵话语格格不入。手工业界的政治化,毫无疑问应更多地归因于工作场所和司法斗争中的实体对抗而表现出来的敌对,而非任何相同的社会身份观念。

公共文学领域:沙龙

在社会精英与知识精英界,一种自主的文化领域的出现,标志着对国家权力依赖的减弱。这种文化领域有两个显著的特征:其一是公众的构成,他们的批评性评判和文学实践,既不被宫廷在审美领域的律令单独支配,也不被学院权威独自支配。其二是一个带有自己逻辑的文化产品市场的形成,该市场在由旧庇护制度加予的等级制价值观下运 154
行,同时也经常与这种等级体系相悖逆。一些人提出,这种变化的最初迹象出现在摄政时期,当时宫廷失去了其规定审美标准的绝对特权,同时诞生的"公共文学领域"建立在产生新合法性的机制之上,如咖啡馆、沙龙和期刊。这种合法性立基于一系列新的原则:自由地行使批判能力,教会、学院和政府机构失去了它们宣称拥有的批判能力的垄断权;所有的人都平等地参与思想和观念的比较,不管在现实社会中将他们分离开来的等级和身份;有意地表现和形塑新形成的公众的评判,时髦的文学精英把自己视为新公众的代言人和教导者。因此,在落后英国三四十年的情况下,法国也为建立在私人公开地运用理性基础上的思想实践打开了空间,这些私人的批判能力与他们在官僚机构里的职位或宫廷世界无关,而与他们作为由交际性交谈乐趣聚合到一起的读者和观众的资质有关。[29] 这个说法正是我们现在必须加以研究的。

沙龙是主要的交际形式,它以一种组织化的方式将上流社会和文学界的人们聚合到一起,他们通过诸如游戏、辩论、阅读和饮宴消磨时光。沙龙由一个女性掌控,但并非总是如此,霍尔巴赫男爵的沙龙即是例外,不同的沙龙社团之间存在着微妙的关联和竞争。在18世纪头三十年里,朗贝尔侯爵夫人在内维尔府邸开办的沙龙,与索镇的"天井沙龙"相对立,后者以曼恩公爵夫人为中心,长久地保持着传统的礼仪。接着,自1750年代开始,更加剧烈的竞争出现在若弗兰夫人的团体与经常光顾德芳夫人府邸的团体之间,若弗兰夫人以前曾是唐森夫人沙龙,而德芳夫人则一度与朗贝尔夫人关系亲密。晚些时候,1764年左右,设在圣多米尼克街的莱斯皮纳斯小姐的沙龙,与其姑母兼过去的保护人德芳夫人的沙龙(由文人和外国访客组成)展开竞争。因此,在巴黎
155 的各沙龙团体之间,浸透着激烈的名望之争,归根到底,利害攸关之处就是争夺对从君主和宫廷监护下解放出来的思想生活的控制权。

沙龙保证了作者能够进入权贵们的世界。以18世纪50年代德芳夫人的沙龙为例:启蒙哲人(杜尔哥、马蒙泰尔、拉阿普、孔多塞、格里姆)在这里可以接触到女主人诸多显赫的密友(巴黎最高法院院长夏尔·埃诺尔,鲁昂一个富商兼银行家家族的继承人弗尔蒙,或者唐森夫人的外甥兼业余作家蓬—德—韦勒伯爵)以及巴黎大贵族的夫人(卢森堡公爵夫人和波夫勒伯爵夫人,还有跟她们相匹配的志同道合者,米莱普瓦公爵夫人和埃吉永公爵夫人、富卡尔基埃侯爵夫人和罗什富尔伯爵夫人)。[30]

构成圣奥诺内大街上霍尔巴赫小团体的一小群常客,汇集了古老家族的贵族夏斯特吕骑士(chevalier de Chastellux)以及圣—朗贝尔男爵(marquis de Saint-Lambert)、新晋贵族的后裔(霍尔巴赫本人、医生和化学家达尔塞、在凡尔赛担任狩猎总管的勒鲁瓦或总包税人爱尔维修)、定居巴黎的外国人(加利亚尼修士和梅奇奥·格里姆)、来自巴黎和外省的一些优秀资产者家庭的儿子(狄德罗、雷纳尔神父、莫尔莱、苏阿尔),还有出身比较低下的知识分子(奈热昂、马蒙泰尔和鲁博士)。

美食上的喜好和哲学上的默契(并不完全是无神论,无神论并非是全部),将这些核心常客联系在一起,他们在霍尔巴赫男爵家中与偶尔参访的客人(其中包括旅行者、外交官、文学名人和贵族)相遇,形成一个更大的圈子。并且还会接触到一个由偶尔到访的旅行者、外交官、文学家和贵族所构成的更大的圈子。[31] 通过这种不同身份的人(在欢愉和辩论的时候身份的不同被搁置在一边)的混合,沙龙生活给 18 世纪中期之后哲学著作青睐的主题之一提供了现实支撑:职业作家(正如伏尔泰在《百科全书》的"文人"词条里所写的,他们"在社会上和在研究中都一样非常轻松自在")与大人物们的混合,这些大人物不再仅仅是庇护人或资助人,也是真正的文人。

因此,对于想成就一番事业的人来说,加入沙龙社交是必要条件。正是在沙龙里,他们能够获得庇护、年金、职业和馈赠;正是在沙龙里, 156
他们才能入选法兰西学院。"在法兰西学院 40 名成员中的某一个几乎还没咽下最后一口气时,就有至少 10 个竞逐者出现了……他们急匆匆地赶往凡尔赛宫;他们让各位夫人替之说话;他们从事各种各样的阴谋;他们动用一切能够动用的精力。"[32] 文学圈子内外形成的小集团,是从沙龙开始组织起来的,受招待他们的夫人们的喜好主导。因此,正是由于德芳夫人的奔走活动,达朗贝在三次失败后,终于在 1754 年入选法兰西学院,她的活动比肖尔纳夫人对自己候选人的支持更加有力。[33] 在 17 世纪,入选法兰西学院主要反映的是该机构庇护人的意愿(先是黎塞留,而后是塞吉耶,再后是国王);在继后的世纪里,法兰西学院的入选者在巴黎决定,像是各个在意识形态上相互冲突的小团体之间斗争的结果。譬如,达朗贝的当选,标志着启蒙哲学派征服法兰西学院的开始,该派别在 1760 年代占领了这个思想合法性的堡垒。正是在这个时期,被德芳夫人驱赶出来的莱斯皮纳斯小姐的沙龙——她从德芳夫人那里偷走了这位新院士①,成为志得意满的启蒙运动者们的聚集地,因为在这里可以看到孔多塞、马尔泽尔布、杜尔哥、苏阿尔、莫尔莱神父、马蒙泰尔和夏斯特吕侯爵。作为贵族与作家相遇的地方,作为一定程度社会混合的发生之所,作为独立于受规约的机制和既有的文化团体之外思想事务的裁决机构,沙龙是诞生于18世纪初并从宫廷和学院监督下解放出来的新"文学公共领域"的首要支柱。

评判能力:文学与艺术批评

极大地拓展了美学批评空间的期刊,构成了文学公共领域的第二根支柱。对经常在王国境外印刷的法语期刊来说,1720—1750年代
157 是至关重要的年代:创刊量显著地增长,1720—1729年间有48份,1730—1739年间有70份,1740—1749年间有90份。继17世纪末宏阔的学者评论之后兴起的,是由文学作者主导的各种期刊,它们致力于对新书进行批判性的检视。[35]

这三十年间所创期刊的刊名清楚地表明了这种情况,它们中包括的词汇诸如"丛刊"(*Bibliothèque*,13份新创期刊)、"观众"[*Spectateur*,包括马里沃的《法兰西观众》(*Spectateur francais*)]和"女观众"[*Spectatrice*,11份新创期刊,模仿斯蒂尔的《塔特勒》(*Tatler*)和艾迪逊的《观众》(*Spectator*)]、"文学新闻"(*Nouvelles litteraires*,有6份新创期刊,其中包括雷纳尔神父在1747年所创办的杂志),另外还要加上普雷沃斯特神父1733年所创办的期刊《正方与反方》(*Le Pour et le Contre*)。刊载近期出版著作一览表,对它们予以"公正无私的批评"、

① 莱斯皮纳斯小姐是德芳夫人的侄女,成年后来巴黎与德芳夫人生活在一起。她尽管并不美丽,但机智优雅,非常善于引导谈话,使得德芳夫人的客人们纷纷来到她的房间交谈,德芳夫人嫉妒不已,感觉遭到背叛,1763年将莱斯皮纳斯小姐驱逐出去。后者翌年在新住所成立了自己的沙龙,将德芳夫人常客圈子吸引了过来。

进行"批判性的检验"、加以"考察""思考"或"评判"（根据杂志刊名的词汇），刊出新出之书的内容摘要，传播文学共和国的新闻：上述这些都是 18 世纪第二个二十五年中新创期刊所宣称和所共有的雄心。[36] 它们这样做，表现了同时也促进了由咖啡馆和各种俱乐部组成的自由的文学社交，这种社交形式仿效英国传播到法国各地。

报纸杂志很快让其出版程式及内容适应公众对信息和新书评价的渴求。这导致了几种结果，且多数延续了下来。首先是期刊的出版周期变短了：如在 1734 年，近半数文学期刊是月刊（仅四分之一出版得较为频繁）。30 年后，在 1761 年，所有文学期刊中超过半数是周刊或半月刊。其次，长文和冗长的摘要被日益简短的概述所取代，这让读者们能够关注到更多的著作，从而更好地满足了他们的求知欲。[37]

最后，也是最重要的，期刊相比传统的著作更丰富地介绍新题材。在 18 世纪前 30 年里，情况还不是这样的。1734 年，从 20 种期刊中统计到的 1309 种著作的主题分布，与申请了出版许可（包括特许和简单许可）显示的主题并没有显著不同。尽管两者总体比例相似，但期 158
刊多少显示出不太关注神学著作（相对于三分之一的特许登记，四分之一的标题中提及了神学著作），而更多地关注纯文学和历史（要比之前提及的期刊多两倍）。[38] 如果我们追踪两种不太喜爱新事物的期刊的变化——学术性的《学者报》（*Journal des Savants*）和隶属耶稣会的《特雷武报》（*Memoires de Trevoux*），我们发现，早在 1750 年代，得到授权的著作的生产总量与报刊决定加以评论的著作之间，已存在着重大的不同，文类上的变化是显著的，期刊中所评论的宗教性书籍的数量急剧地下降了（它们占据了评论的不到 10%，而此时它们仍然占据了得到出版许可的书籍的四分之一），而艺术和科学的著作增加了，占到所有得到评论的书籍的一半：在《特雷武报》中是 40%，在《学者报》中是 45%。[39]

因此，期刊数量的大量增加，出版周期的愈加频密，以及对最新思想兴趣的日益开放，创造了一个评判的市场，这个市场从官方独有的期刊的绝对监护中解放出来，建立在各种意见可以交锋冲突的基础之上，尽管各种杂志使用类似的分析策略——以同样的操作手法为基础（节略、引用、摘要、简介、评注）[40]，尽管每一份杂志皆旨在根据自己的选择和判断，向读者传达对著作的准确阐释，但流通杂志的多样性还是催生出了批评性的争论和激烈的讨论。通过声称是以读者的名义在讲话，通过将读者树立为鉴赏的裁决者，从固定的标准和僵化的权威中解放出来，这些文学期刊让一个批判的、自主的和至高无上的新法庭得以生成，这个新法庭就是公众。

1737 年后，由皇家绘画雕刻学院（l’Académie royale de peinture et de sculpture）提议的双年画展，从这个时期开始在卢浮宫方形展厅定期地组织举办，该画展带来了相同的后果。[41] 画展极大地扩展了观看画作的人的数量。在持续四到五周的展览时间里，除极少数行家（像音乐领域一样，由赞助人和理论家所组成）之外 [42]，真正的民众潮水般地涌
159 入了卢浮宫。假设在每次画展现场，每两个参观者中就有一个购买由绘画雕刻学院出版的说明小册子（提供每幅参展作品的作者名字、创作主题及其“意思说明”），那么我们可以估计出，到 1750 年代末，至少有 15000 人前来观赏过画展，比 1780 年前来观展的人数还要多出两倍。[43] 双年画展这个具有强烈传播效应的事件，激发了出版的洪流：杂志刊发的评论、时常匿名的且署虚假出版地址的谤文和小册子、夹在手抄新闻里的评论文章［譬如 1759 年至 1771 年间狄德罗为格里姆的《文学通信》（*Correspondence littéraire*）撰写的那些文章，该杂志后由梅斯特（Meister）主编，派发给 15 个出身高贵的欧洲订户］。一个空间就此形成了，一方面，人们能够在这个空间里对不同的鉴赏观念加以比较，另一方面，公众的评判（或为他们作出的评判）被视为可以主导画作评估的首要权威。该画展由“皇家营造总监”资助和由皇家绘画雕刻学院一名官员组织，非常遵守学院地位和绘画题材的等级体系，就这样开

启了有关绘画目的和手法的争论性讨论，这与它原本的意图颇有几分相悖。

正是在这种公开的争论中，传统的权威失去了其在鉴赏方面说话的垄断地位，既有的声望垮掉了，等级体系动摇了。因此，皇家绘画雕 160
刻学院意欲更严密地监控画展：1748 年，它成立了一个评委会，其成员由官员和出身高贵的教授组成，负责遴选院士的作品以及那些一致认为值得展出的作品。实际上，控制是非常严厉的，因为直至旧制度末期，被接纳进入画展的艺术家人数还不到 50 人，得到展出的作品鲜有超过 200 幅。从订购中得到最好的回报，与希望影响他们订购者的喜好、从而剥夺他们市场的机构之间的对立，转化为艺术家们的焦虑。然而，绘画雕刻学院秘书夏尔·尼古拉·高善在 1767 年试图通过强迫作者在文章中署上名字来压制批评是徒劳无用的。尽管迟疑保守，双年画展仍给艺术事业加上了一项新的原则，将相互对立的批评和自由的鉴赏，从学院封闭的大门里转移到开放的空间中。

公共文学领域的政治化

以各种思想社交机制以及艺术作品的评判为基础，在精英界中一个文学公共领域的形成，给文化实践带来了深远的转变，这种转变最终让公共领域变得非常政治化。正如在第 1 章所述，理解这种政治化有两条路径。第一，体现在奥古斯丁·高善的著作中，他认为 18 世纪的自愿性协会（俱乐部、文学社团、共济会）是一种“民主的”社交——尽管尚未得到明确的表达——得以创生和试验的实验室，它是雅各宾主义社交形式的预兆。就这样，在旧制度的团体社会之外形成了一个政治公共领域，该领域同旧制度的团体社会之间没有交流且与之竞争，它赖以立基的原则同君主制国家的组织原则截然不同：

现实社会在君主制度之外,以另外的方式和在另外的地方,重构了一个政治社交世界。这个新世界是以个人为基础,不再以他们所属的制度性团体为基础;这个新世界建立在被称作"舆论"的混乱的东西之上,是在咖啡馆、沙龙、共济会和各种"会社"中产生出来的。我们可以称之为民主的社交,尽管其网络并未扩及全体人民。我们不妨表述为这样的看法,即在一个人与人之间完全平等的分崩离析的社会里,各种交流线路是在其"底部"横向地形成的。[44]

161 即便他们普遍坚称尊崇君主,遵循传统的价值观,但新的思想社交在其自身的行为实践中,否定了传统秩序的基础。

但也可从另外一个方面来理解政治化的进程,超出文学领域之外的批判性评判的运用,不受任何范围的限制,不必屈服于制度化的权威。

即作为对超出文学领域的批评性评论的采纳。这种批评性的评论不受国家统治者的限制,也没有义务屈服于设立的权威。通过支持和规范理性的公开运用,印刷作品流通量的增加以及更多的利用美学评论的机会使得个人能够为自己而思考——能够自由地评估作品和理念,并且从因为竞争而互相冲突的观点中形成一种普遍意见。这一方面意味着强制性的信仰和忠诚之间不再有清晰的区别,另一方面,观点能够合法地受到挑战。当批评性的手段成为习惯时,没有统治性的思想或者行动能够免于受到检验,甚至宗教的神秘性或者国家的神秘性都不能够豁免。"我们的时代是一个特别的批评时代,任何事物都需要经受批评,宗教上的神圣性、立法上的权威可能会企图免于受到批评,然而这样的话它们只会引起怀疑,而且不能够宣称是真正获得尊敬的。这种尊敬只能是符合理性的、能够经受自由而公开检验的。"[45]康德在《纯粹理性批判》第一版的序言中所发表的这一评论有力地描述了政治权威逐渐地服从于评判的管辖和理性的裁决。在法国,和在欧洲各地一样,这种变化消除了那种激进的两分法(由专制所设立的),即个人内在的评判，这是由个人自己的良心所决定的；以及国家理性，其由一些和公共道德没有关联的原则所掌控。这种变化在很大程度上是受到了两个重要的社会团体发展进程的影响：文学共和国和共济会。

秘密的自由和自由的秘密：共济会

共济会之所以值得给予特别关注，是因为它是提供思想社交的新兴团体中最大的一个。1789 年，法国的共济会成员人数至少有 5 万，这 162
意味着，在城市人口的各个阶层中，可能每 20 个人中就有 1 人有资格加入了共济会。[46] 自 1725 年巴黎由英国流亡者建立第一个共济会支部开始，共济会在法国得到了相当大的发展，出现了两次高峰：第一次是 1760 年代，也即正是法兰西总会（Grande Loge de France）遭到动摇的制度性危机时期[这导致了 1773 年"法兰西大东方会（Grande Orient de France）"的建立]；然后是 1780 年代，当时每年都有 20 到 40 个新支部成立。共济会强劲的发展势头——仅法兰西大东方会在大革命前夕就有 635 个支部，既没有被内部纷争也没有被 1780 年代迅疾兴起的政治社团的竞争所打断。[47]

共济会的建立，是不能与启蒙时代诸如沙龙、俱乐部或学院等其他社团的建立相提并论的。它的连续性、大规模性和广泛的分布决定了它的独特性。自 18 世纪中期以降，共济会支部在整个王国境内不断增加，尤其是沿着道路、河流、海岸之处大量存在，在法国南部地区共济会支部星罗棋布，而在阿尔萨斯地区和西部省份则比较稀疏，它们对接纳一个在 1738 年和 1751 年两次受到教宗通谕谴责的团体显得犹疑不决。此外，尽管共济会是一种彻头彻尾的城市文化现象，但它扩张到了所有类型的城镇，哪怕是人口较少的城镇：1789 年，81 座居民不到 2000 人的城镇拥有支部。共济会的扩张并不按照常规的模式：从大城市向小城镇渐次下移，而是从 1750 年代开始，各个层级的城市中就都已建立了共济会支部。这种增长亦非大东方会招募政策的成果，因为在1773年以前，共济会支部在1万人以下的城镇里就已呈欣欣向荣的景象。显而易见的是，共济会的扩张回应了一种广泛共享的期望，这种期望贯穿整个18世纪。我们如何理解这一现象？

或许，奥古斯丁·高善的思想启发出来的一种方法，将之解释为一种平等主义冲突的表达，这种平等主义冲动，在身份和等级的社会内部开辟了一个新空间，个人在此空间里不是因其法律上的身份地位而受人尊敬，唯有美德才是获得地位和尊严的基础。因此，共济会在一个不
163 民主的社会内部嵌入了一个“民主社交”的领地，证明社会关系的建立不一定要以分立的和等级制的团体中强制性的身份隶属为基础，而是能够以个体之间基本的平等为基础。

这种理想尽管清晰，与不平等的社会现实相冲突，但这种不平等的社会现实却时常反映在共济会本身当中。一方面，直至法兰西大东方会成立——它要求对高级职位进行选举，共济会里的高级职位有变成传统的官职的倾向，它们被看作是那些持有者的私产。另一方面，共济会赖以立基的普遍而抽象的平等，不得不与主导各支部实际招募会员时的排斥与专业化相妥协。

当然，共济会比18世纪其他思想社交机构都要开放。第三等级的成员占据了大多数：他们占巴黎会员的74%，占拥有一所学院的32座外省城市的支部会员数量的80%。而在上述这些城市中，招录的普通院士只有38%来自第三等级的成员。此外，共济会支部也接纳普遍不会出现在文学社团和思想协会中的社会成员类型：商人、店主、手工业者。在巴黎各支部中，批发贸易和制造业领域的人占第三等级会员的17.5%，来自手工业者和店主行业的占12%。在设有学院的外省城市中，上面所统计的这两类人分别占据了共济会招募人数的36%和13%。而在学院中来自第三等级的商人只占据了4.5%（只在一些地方才出现比较可观的人数），名单上没有手工业者和店主。[48]

然而,共济会也有自己拒斥的人,即所有从事“卑贱的和机械的”职业的人,他们被剥夺了从事皇家艺术所必需的自由和投身慈善工作(是会员们的义务之一)不可或缺的资财。有大量的说辞为这种排斥辩护,尤其是由资财微薄之人创建、需要得到大东方会认可的支部。譬如图 164
卢兹的克莱蒙支部在 1779 年写道:“尽管共济会平等对待所有等级,但毋庸讳言,较之对平民百姓的期待,人们必定更多地期待在公民社会中拥有高贵身份的人。”1786 年,南锡一个支部的“长老”在信中告知其通信对象,法兰西大东方会的省支部拒绝“大量增加易于行善的资财微薄阶层的共济会员,因为他们一旦这样做,会对他们的家庭造成损害。其次,这些共济会会员因其等级地位不可能受到良好教育,整个共济会团体要像兄弟般地对待他们是不妥当的”。1788 年,同一个省支部的一位重要人物在信中指出:“我们的目标——努力让共济会恢复其古老光辉,是接纳那些能够掌控自己的时间且其财富允许他们毫无阻碍地参与人道救助的人,加入到我们的体制中来。”[49]

这显示了将那些既缺乏教育又无财富的共济会团体排除出去的意愿;这也显示了共济会非常严格的社会专业化,它们所聚集起来的人,通过隶属于共同的城市精英、有同样的职业(法律、自由职业或者商业)或同样的社会地位,在共济会社交关系之外已经联系在一起了。正如亚眠支部的长老在 1785 年写道:“如果在公民社会中不经常互相接触的话,就不可能作一名共济会会员。”[50]

尽管其成员聚合在共济会会所里的时候,将各社会团体和社会等级区分开来的法律上的等级制消失了,但这并不意味着共济会引发了任何深刻的社会变革。它所宣扬的平等,更多是贵族化而非民主化的平等,因为它将人与人之间平等的可能性,建立在他们拥有相同的社会财产的基础上。[51] 共济会并没有坚持某种抽象的和绝对的平等理念,共济会的社会交流试图分别地考虑成员个体之间不同的社会境遇,并且在这种潜在的张力和冲突下产生了平等原则和排外之间的融合、对社会分化的尊重（来源于不同的社会等级）和构建一个分离的社团的融合，它的成功能够被看作是双重性的、互相矛盾的两种动力的结果：一
165 方面是在实际上在财富、教育与闲暇时间平等的社会精英中间的扩散；另一方面，对一种不太具有知识性需求的协会模式的挪用，在通常的情况下是被大多数的文学形式的社会交流所排除的，这种协会世俗化了传统的价值观和传统上的基督教活动。

共济会在18世纪的巨大吸引力，源于两种互相对立的社会期望的结合，这种结合是由普遍的批判功能联合起来的。共济会团体的原则是由道德所支配、由良心的自由所约束的，正是通过这一事实，它将自己安置在国家理性的审判者的地位上。尽管他们宣誓在政治上保持坚定的忠诚，但是由于所有兄弟都需要严守秘密，共济会支部从社会中隔离了出来，仍然暗中破坏了王国的秩序。因为它提出了一种以道德伦理为基础的新价值观，这种价值观对集权原则的评判必然是消极的。因此，个人信仰与国家权威之间的古老差别转而反对了其建立的意图：“表面上没有触动国家，资产阶级在共济会会所当中——这个国家内部隐秘的内部空间——创造出一片空间，在秘密的保护下，公民自由在这片空间里得以实现。秘密的自由变成了自由的秘密。”[52] 因此，统治者的行为、其政府的原则以及国家理性，都需经一种道德尺度的检测，尽管这种道德是在社会之外的隐秘场所里形成的，但却成为社会的“政治意识”。这不仅是一种现代平等观念（大革命方式的民主的平等）的创生，而且毫无疑问，道德与政治之间关系的这种新形式给予了共济会力量，这种力量既是秘密的，又是批判性的。

这种潜藏在共济会空间内部的政治化，催生出主导着共济会的伦理要求与支配着权力行为、无关任何道德目的的特定原则相分离的意识。它与以18世纪初开始从国家监管中解放出来的文化实践体系为基础的另外一种政治化交织在一起。由于公众的形成——他们的评判

不再必须就是学院权威或王公显贵赞助者的评判，由于文化产品市场的兴起——它给文化生产者带来自主性或至少部分的自主性，由于传 166
播技术使得作品得到大规模的流通成为可能，民众获得了自由评判和辩驳性批判的习惯。1750年之后诞生的新政治文化，正是这些转变的直接后果，因为它以个人意见的公开表达和不受阻碍地检视所有既存体制的自由意志，取代了不受任何限制秘密地做决策的全能权威。公众就这样形成了，它比主权者更具主权，迫使主权者面对公众舆论中形成的那些对立的意见。[53]

然而，这个新公共空间的形成，并不一定会泯灭不同的社会等级处理日常关注与国家事务之间关系的不同方式。政治的定义，在旧制度时代不像在20世纪那样单一，事实上是几种定义并存：政治被视为加入批判性评判和政治争论的理性秩序当中；拥有受司法程序规范的结构形式；在传统的语言中表述的政治，对预兆性迹象和秘密通信非常敏感。这些不同的“舆论生产模式”（它不利于太过匆忙地用严格的社会语汇加以概括，毫无差别地将文学政治与民众政治对立起来）[54]，反过来又关系到建构在政治上可想象的物事的不同方式。这个兴起于18世纪中的新的话语场域，为所有同它对立的话语场域划定了一个可以进行表述与行动的公共领域，它并没有抹平其他并不一定被认为是政治的“政治”文化。

然而，正如农民的抗争和城市手工业者的责难所表明的那样，这种位于政治之外的“政治”并非没有活力：它的表达形式及其基本期望在18世纪的进程中不断变化。大革命的公共领域可以被充分地概括为“在很大程度上仍然是传统的文化心态环境中创生的一个现代政治空间”[55]。但在这么讲的时候我们不要忘记，在大革命之前，存在于政治中的各种方式并不是彼此隔绝着的。即便公众不是民众，但民众通 167
过其选择的代言人，学会动用司法和启蒙的话语，让他们的要求为外界所闻。相反，以资产阶级为基础的公共政治领域，则被匿名的民众形象——躁动而多疑,是被排斥的但也是被诉求的对象——所困扰。18世纪新的政治文化源自这些不同的政治化模式,其中每一种模式皆以
168 自己的方式深刻地动摇了传统秩序。

第8章

革命有文化起源吗？

“一场真正的革命必须要有思想来充实它，没有思想，那只是一场叛乱或一场政变，反对政府的思想和意识形态基础因此具有头等重要性。”[1] 劳伦斯·斯通的这个论点构成了本书最后一章的出发点，该章打算利用比较研究方法。

我所提出的问题实际上是：如果遵循劳伦斯·斯通的分析路径，将所有革命（17世纪的英国革命和18世纪的法国革命）都视为既非偶然的环境因素促成的纯粹偶然，也非发生时机和形态合乎逻辑地嵌入在其起因当中的绝对必然，那么，在让大革命的激进决裂变得可以想象和为人期盼的前提条件中，我们究竟应该赋予文化因素什么样的地位？通过对欧洲旧制度时代这两场相距一个半世纪的革命加以比照，我们试图在一定程度上辨析出两者之间的相似性，以便让我们可以构建一般性的解释模式，从先前的英国革命出发，提出新问题或重温老问题，进而应用到法国革命的情境中。

让我们首先回顾劳伦斯·斯通在题为“新思想、新价值观”一章中，分析英国革命思想和文化前提条件时所提出的五个决定性因素。在他看来，这些侵蚀旧政治宗教秩序忠诚度的因素是宗教信仰取向（清教主 169
义）、司法观念（习惯法）、文化理想（与宫廷相对立的“乡土”观念）、思想态度(怀疑精神的发展)和知识分子的挫折感,这种挫折感与他们"日益认识到,具有高等教育的有闲阶层人数的增长,快于合适的工作机会的增长"有关[2]。我在这里的意图,不是想去确定这样的诊断与英国革命的起源是否相关,而是想去研究相同的或类似的特征是否也存在于革命前几十年的法国。

宗教与政治

乍看之下,英法两国存在着显著的不同。在 17 世纪的英国,基督教观念赋予与体制化权威保持距离以正当性。通过宣扬信仰与个体判断具有至高无上的权利,让反对背叛神圣戒条的既有权力具有合法性,引入新秩序必将来临的千禧年信仰,清教的布道和说教,不仅为英国革命准备了组织架构和领导者,而且催生出一种广大民众共有的思想方式,即在圣经文本的阅读中所内生的对现时的绝望与希望。劳伦斯·斯通由此作出结论说:"我们可以毫无风险地断定,没有清教提供的思想观念、组织架构和领导阶层,英国革命绝不会简单的发生。"[3]

在 18 世纪的法国,恰恰相反,一场疏离基督教说教、训诫及教会机构的深刻运动为革命准备了条件。本书第 5 章试图阐明非基督教化进程的时间表、形态及其背后的缘由,在被迫尊奉的外衣下,事实上整个王国的人口都在疏远宗教。然而,这种情形足以证明法国与英国的境况完全可能相似吗?

或许并不能证明如此,理由有二。首先与政治争论中詹森主义的
170 重要性紧密相关,发轫于 1713 年的唯一诏书教皇通谕,而后在 18 世纪中期的拒绝临终圣事危机进一步加剧的政治争论,给王国留下了深深的印记。本文无意于拟定一份詹森主义与清教之间可能的关联清单(即便它们确实存在,譬如沉迷于圣经信仰和注重个体救赎),而是强调这场运动在政治上的重要性,该运动将三种因素联系到了一起,即恩宠论

神学学说；高卢派和里歇主义的教会说，按照该学说，教会的永不谬误性并不取决于于其等级制的决策，而是取决于整个信徒共同体的一致同意；高等法院的宪政学说，该学说将法院视为王国古老的基本法的受托人和捍卫者，并认为国王仅是行使主权权威的受托者。诚然，在 1770 年之后，尤其是掌玺大臣莫普的"政变"之后，詹森主义运动失去了统一性和凝聚力："长期以来作为一种意识形态混合物之后，如今它逐渐消解为一个个构成要素，这些构成要素接着自由地与其他意识形态组合。"[4] 这解释了高等法院（接近教会的等级制度）的宪政诉求与詹森派事业之间在革命发生前二十年里的分道扬镳，这还解释了为什么有大量的詹森主义者加入被启蒙观念大规模渗透的"爱国"党。因此，认为詹森主义足堪与清教相比拟，夸大詹森主义的影响，这么做是错误的。然而，像清教一样，詹森主义也是以宗教信仰为基础，对教会和大臣专制进行激烈的批评，这种批评至少在某些地方——从巴黎开始，让怀疑制度性权威的精神成为习惯。

此外，深入挖掘英国与法国之间宗教相似性的第二个理由是：非基督教化并不意味着去神圣化。与清教紧密相连的几种特征——如坚信其所捍卫事业的正当性、认为对权威政令进行独立的道德判断具有至高无上的地位、期待社会秩序的更生，在詹森主义运动中也有相应的表现，早在 1789 年之前，该运动就将传统上与基督教信仰密切相连的精神与情感投入移植到关乎家庭、爱国和公民等新的价值观上。援引古典时 171
代希腊罗马取代了对圣经的援引，从而给这种神圣性转移提供了语汇来源和审美标准。譬如，新的绘画范式表现了一种受狄德罗启发（"如果画家在创作画作时，假定站在旁观者的立场，那么就失去了一切韵味。"）的表象观念，用于颂扬公民美德，这在大卫在卢浮宫画展上展出的多幅杰作——如 1781 年的《贝利塞尔》（*Bélisaire*）、1784 年的《贺拉斯兄弟之誓》（*Le Serment des Horaces*）、1787 年的《苏格拉底之死》（*La Mort de Socrate*）和 1789 年的《布鲁图斯》（*Brutus*）中得到证实。[5] 在旧制度最后十年，通过选择古典的、爱国主义的和政治性的创作主题，甚至通过全然推翻学院规则和惯例的创作手法，大卫的画作旨在给观众制造一种情感、激情和丧失自我感，将宗教体验的某些东西移植到美学体验上。参观画展的公众的热情接受，与那些注重指出参展画作瑕疵错谬的学院派批评家们持保留意见形成鲜明对比，这种情形表明，对许多人来说，如今可以在教会的繁文缛节之外体验到神圣感。[6]因此，确定无疑的是，一种事先存在的、在诉求倾向而非具体内容方面堪与清教相比拟的趋势，导致了革命断裂。

法律话语

孕育17世纪英国革命的第二个母体，是习惯法的司法意识形态。习惯法不仅给反对派的诉求提供了基本依据（以英国古老宪政的名义限制皇家特权，或捍卫个人权利不受国家的侵犯），而且还提供了用以阐述政治问题的话语和知识库。“这种极端的崇尚律法主义如同清教主义一样，广泛而深刻地渗透到17世纪初英国人的心态中。”[7]用劳伦斯·斯通的评论来观照18世纪法国的境况，法国的律法及司法程序语汇，为私人领域个体性的、地方性的冲突被构建为普遍的、公共的事业
172 提供了资源。农村社区对其领主提起的诉讼案，或城市手工业行会所进行的诉讼案，再或司法诉状在公众舆论面前所运用的策略——它同时激起并构建公众舆论，我们从这些事例中可以看到，情形确实如此。

为全国三级会议和商议陈情书起草方式做准备的各地初级议事会召开程序，最清晰地表明了旧制度末期司法话语的这种影响。[8]一个社会群体在此过程中扮演着支配性的角色：该群体由国王或领主委任的官员以及律师、公证人和检察官组成。正是这些人经常主持乡村社区的议事会——这么做是按照1789年1月24日选举法第25条，它规定，所有初级议事会必须由该区的法官主持，法官缺席时则由一名公职

人员主持。一些地方的乡村社区置该条法令于不顾，指派自己的代表或行政官主持议事会，但总体说来，该法规得到了尊重，主持之职被托付给主要来自城市的领主官员或法律人士，因为大量诸如领地法官、税收代理人、司法执行官或城堡管理人等职位，均由城里的律师或公证人所占有。主持官员的位置，让这些人在初级陈情书起草中发挥着巨大影响，同一个官员在其控制的领地辖区里多次主持议事会也时有发生。这意味着，一些"乡村知识分子"（按照乔治·勒费弗尔的说法）在陈情书起草中扮演着非常重要的角色，像乡村议事会主持者——法律界人士和国王麾下的官员，在陈情书范本流传中所扮演的角色那样。

法律学者在司法区层级的议事会中压倒性的存在，凸显他们在咨议会上的巨大影响。乡村社区时常选择这些人作为他们参加三级会议的代表：在特鲁瓦巴伊司法区，占出席初级议事会的全部居民7%的官员、法律界人士和自由职业者，在区三级会议中占据了乡村地区代表的28%；在德拉吉涅昂（Draguignan）塞内夏尔司法区[①]，这个比例分别是4%和45%。在整个巴伊司法区级的议事会中，乡村代表与城市代表汇集到一起，城市代表很大程度上来自与乡村地区同样的社会阶层：鲁昂40%的城市代表是官员、法律界人士和自由职业者，特鲁瓦是42%，南锡是67%。 173

因此，并不令人惊讶的是，穿袍界主导着负责草拟首要巴伊司法区陈情书的委员会：他们在奥尔良20名起草者中占12人，特鲁瓦24名中的15人，德拉吉涅昂14名中的13人。在负责起草大巴伊司法区（首要司法区和次要司法区的代表聚合一起的会议[②]），陈情书的委员中同

① 司法辖区是法国一种源于中世纪的行政区划，之所以分别称为巴伊司法区和塞内夏尔司法区，盖因其主管官员的名称分别是balli和sénéchal。大体说来，前者主要位于法国北部，后者则主要位于法国南部，但例外情形亦不鲜见。

② 这里的首要巴伊司法区和次要巴伊司法区，并非是实际的行政区划级别之分，而是指根据1789年1月24日法令的规定，那些直接被邀请参加1614年三级会议的司法区就是首要司法区，而那些未被召集参加的，只能通过首要司法区间接代表的司法区就是次要司法区。

样可以看到穿袍界的这种优势地位。在奥尔良，16 名委员中有 11 人是官员或律师；在特鲁瓦，10 名委员中有 3 人是领地官员，2 人是律师，4 人是市镇长或市政官员。而且，巴伊司法区级的陈情书经常采用的是该辖区内首府城市的陈情书，后者是由官员和法律界人士占大多数的委员会草拟的，譬如奥尔良、图卢兹、贝桑松，或官员、法律界人士与商人平分秋色，譬如鲁昂和特鲁瓦。

因此，显而易见的是，各个级别的咨议会都牢牢地掌控在穿袍界手里。选举进程终端选出的议事会反映了这种控制，在 648 名参加三级会议的第三等级代表中，151 人是律师（占第三等级代表总数的 23%），218 人是司法官员（34%），另外还要加上 14 名公证人和 33 名拥有市政职位的代表。[11] 总之，正因为如此，未来的制宪会议议员，有近 2/3 来自在代表选举程序和陈情书起草上拥有最大影响的穿袍界。

陈情书镌刻着清晰的司法和行政文化的印记。首先在其形式方面，大多数基层陈情书陈述怨言都采用条目结构，极少采用专栏标题的结构。首要巴伊司法区蒙布里松即是例证，该区 60% 的陈情书非常清
174 晰地对所陈怨言加以分类，一般都采用最简单的形式，如第一、第二、第三，等等，偶尔也有对类别等级的强调，如第一条怨言，第二条怨言，第三条怨言，等等；少数陈情书使用更清晰的条目序列，如“项”或“条”，且经常使用缩略形式，如 art.1er，art.2 或 2e，等等。这也是首要巴伊司法区鲁昂 154 份陈情书中的 150 份，以及瑟缪尔—昂—奥克斯瓦地区 133 份陈情书中的 116 份的表达模式。不遵循这种模式的陈情书则属于另外两种迥然不同的类型：有些表达农民怨言的陈情书接近口语的自然流露，不分段落或不加排序；另外一些陈情书，由当地知识分子草拟，打破利用条目表达的模式，使用充满改革激情和启蒙思想影响的修辞。

在陈情书写作中，条目结构占主导地位可以回溯到两种传统。第一种是公证人传统，习于列举，习于有序的描述物品，以及习于有序地

列出立遗嘱者新近的意愿;第二种是行政传统,从政令和法令风格中汲取灵感启发,并在 18 世纪大量增加的调查统计实践中得到强化。对 1614 年陈情书与 1789 年陈情书的形式特征进行比较,清楚地表明在一个半世纪时间里,一种分析的、分类的和按次序排列的文体风格的普及开来。1614 年陈情书即便明显地以条目结构出现,但对它们的组织显得比较糟糕,对怨言的陈述也不那么明晰,在任何情况下都没有引入让大多数 1789 年陈情书清晰易辨的序数排列法。两者之间的差别清楚地显示,司法的和行政的思维方式与写作方式在三级会议召开时的那些执笔者当中的发展进步。

陈情书的语汇是律法文化影响的另一种表征。启蒙哲学的词汇在陈情书中出现得很少。在来自瑟缪尔 — 昂 — 奥克斯瓦巴伊司法区的 8 份陈情书样本里,词语“知识”仅出现 8 次,“理性”也一样;“奢侈”与“偏见”出现 3 次,“教育”2 次,“光明”“幸福”和“进步”仅 1 次。[12] 在兰斯“行业联合会”的 3 份陈情书里,尽管“光明”一词在制镜商—织毯商陈情书中出现了 7 次,但“幸福”仅出现 5 次,“知识”4 次,“人道”2 次,“进步”压根儿没有出现过。[13] 而且,有些表面上的新词仍普遍采用 175
其旧意:譬如“宪政”和“自由”。因此得出的结论毫不含糊:“已充分酝酿了三十年的启蒙哲学语汇,尚未大规模地触及在农村和城市当中掌握着陈情书起草的笔杆子或文体形式的小法官、司法官员、自由职业的中等阶层、中学教师或教授,乃至小城市中产阶级的世界。”[14]

他们在撰写陈情书时自动蹦入头脑里的词汇,是一种“至少两个世纪以来在法国君主体制框架下逐渐形成的、司法结构和形貌的”语汇。[15] 总体看来,它按传统的方式表达行政区划、社会等级、议事形式和制度机构。在瑟缪尔—昂—奥克斯瓦司法区各城镇的陈情书中,十个最常出现的名词依次是:“条”(226 次)、“等级”(139 次)、“权利”(62 次)、“捐税”(59 次)、“秩序”(51 次)、“代表”(44 次)、“陛下”(42 次)、“议事会”(38 次)、“法官”(33 次)、“外省”(29 次)。即便控诉性和改革性的词汇如词语“滥用”（abus）在1614年就已经常出现，以及那些指涉社会与政治团体的词汇，也是传统的语言。在勃艮第，使用“居民”（habitant）的频率超过“公民”（citoyen），“王国”（royaume）超过“国家”（nation）。在兰斯，词语“国民”（nation）在各同业公会的陈情书中广泛流行［那些最贫穷的行会的陈情书除外，它们更倾向于使用旧的“国民”（peuple）一词］，但其意思仍然是消极的：它的含义并非指对权力的诉求，而是恰恰相反，指臣服于王权权威的传统关系。“公民”一词获得公认的意思也并非一帆风顺，它时常与明显对立的词“臣民”（sujet）出现在同一文本里；还时常被身份和等级社会的词汇吸收，组构成相互矛盾的词组“公民等级”。

在陈情书中，司法表述模式和法律词汇被用于表达具体的怨言，因此没有给启蒙哲学著作所激发的要求留下空间。总体而言，对专制的谴责，对个人权利的诉求，对保障民族主权、公民间民事平等、个人自由
176 和财产权利的吁求，在每个团体的陈情书中——包括农村的或城市的，基层的或司法区级的——都尚未达到总数的5%。在特鲁瓦巴伊司法区，这样的要求仅占农村社区陈情书的0.8%，城市行业团体和社区陈情书的2.4%，辖区首府城市陈情书的1.2%，以及整个巴伊司法区陈情书的0.4%。在鲁昂巴伊司法区，此种百分比分别是2.4%、3.5%、3.5%和2.9%；在奥尔良巴伊司法区，则是0.8%、2.4%、1.2%和2%。因此，对陈情书的统计完全证实了丹尼埃尔·莫尔内对它们所作的粗略解读：“说实在的，‘思想’在里面本就没有什么位置，更遑论启蒙哲学思想了。”[16]

陈情书绝非18世纪末的法国唯一的政治表达形式。它们的大量存在不应让我们陷入迷途，快速作出结论曰法律语言是当时人们表达批评和期望唯一可资利用的话语模式。除古老的法律传统，亦即习惯法传统之外，捍卫个人自由和吁求君主政体与社会之间的新平衡，还可以在另外两种资源中找到支持：其一是人权的哲学定义，

如启蒙哲学所阐述的那些定义;其二是形形色色竞争性的政治代表理论——绝对主义的、高等法院的和行政的。18世纪中期君主政体与其反对派之间的公开争论,构建了一个同法律语言相分离的自主的话语场域。

然而,正如陈情书争相证明的那样,法律语言在旧制度末期仍然是敌对双方表达呈给主权者的改革希望的重要资源。因此,启蒙哲学的思想霸权未能破坏由大量官职人员和法律人士所催生的法律文化,他们的语言既表达同时也扭曲了1789年那些参加基层议事会的人的愿望。大革命构建起来的新的公共领域,也非更具破坏性的力量,因为在1789年和1790年,律师界所持的政治观点,自然地将法律话语引入到一种惯常的文体形式——教义问答当中,用以宣告新秩序的来临。[17] 177

宫廷与城市

劳伦斯·斯通提出的1642年英国革命的第三种文化起源是所谓的"乡土观念":"由诗人和牧师传播,被报道宫廷之事的时事通讯强化,它非常清晰地将自己界定为这种消极的参照团体的对立面。"[18] "宫廷—乡土的对立",以清教道德理想和传统的父权制生活方式的名义,让宫廷与城市伦敦名誉扫地,18世纪的法国存在着类似的情形吗?

如果我们考虑到在路易十四去世后宫廷的衰微,答案可能是否定的。三种发展变化促成了宫廷重要性的丧失。首先,在路易十五和路易十六时代,凡尔赛宫仅是皇家众多驻地中的一个。君主在首都巴黎与凡尔赛宫以及一个皇宫与另一个皇宫之间不断移动,让宫廷失去了自1682年以来固有的稳定性,因而严重损害了仪式(规约宫廷礼仪的仪式)与权力驻跸于一地(即凡尔赛宫)之间的同一性。[19]

其次,国王生活的"私人化"也同样损害了宫廷礼仪。当然,不应过分夸大与前任国王的比照:除大会客室之外,路易十四在凡尔赛宫还增设了大量的内部小房间,用于隐秘的私人娱乐;相反,尽管路易十五对凡尔赛宫及其花园进行了改造,用于满足自己的“私人”爱好(绘画、植物学和农学,或制作装饰性物品),但正是他的行动,让其前任进行的“宫殿营建工程”得以最终完成(小教堂和歌剧院完工,主楼里的大力神厅启用,海神池的雕塑装饰完工,还有将政府各部安置到凡尔赛宫外与它们功能相适合的官邸里)。[20] 尽管如此,路易十五理解其国王之职的方式,以及后来玛丽—安托瓦内特理解其王后职责的方式,让人感觉
178 打断了公共的礼仪化的君主制表象。君主退隐到家庭和朋友的私生活中,从严格的礼仪规程中解脱出来,远离宫廷和民众的视线,被看作是对君主制化身的礼仪规程的毁灭性决裂。

最后,随着 18 世纪向前发展,宫廷失去了其审美引领者的角色。从摄政时代起,批评和评判的最高权威已转向城市,置言之就是转向各种各样的社交形式,如沙龙、咖啡馆、俱乐部和报纸杂志,它们在巴黎构成了一个文学公共领域。正是在巴黎,作品得到评估,名声得以显扬或遭到损毁,文学艺术界接受它的统治。在 18 世纪末,路易—塞巴斯蒂安·梅西耶看上去并无不悦地记录了这样的事实:

> “宫廷”一词不再像路易十四时代那样让我们感到敬畏。人们不再接受来自宫廷的统治性舆论;它不再支配任何类型的声誉名望;人们不再以荒谬可笑的夸张表情说:“宫廷是这样讲的。”人们漠视宫廷的评判;有人公开宣称宫廷什么都不懂,它在这些方面毫无想法,它只知其然而不知其所以然……因此,在艺术、文学,乃至如今属于它管辖范围里的一切事物上,宫廷都已丧失了支配地位。在上个世纪,人们援引宫廷里的人或王公的立场判断,没有人敢反驳。那时,人们的眼界不像现在这样敏锐,也不像现在这样成形,必须依赖宫廷的评判。启蒙哲学(这是它又一桩罪行)扩大了人们的眼界;仅构成这幅图景中一个小点的凡尔赛宫,也被包括在内。

从对宫廷与巴黎城的比较转向对首都与外省的比较,梅西耶作出结论说:“王国其他地方所持的赞同或反对态度,均是从巴黎城发散开去的。”[21]

宫廷(作为煊赫的权力场域,作为公共仪式的舞台,作为审美法则制定者)角色的削弱,宣告与英国的情形进行任何比较都是无效的,该国的“国家”观念与强力的政治文化模式针锋相对。然而,法国宫廷即便在现实中被剥夺了部分旧有的属性,但仍然是确立和拒斥集体想象的一种强大力量。手抄新闻和印刷小册子传播了宫廷挥霍浪费和贪污 179 腐化的双重消极形象。1783—1785 年间布鲁扎尔·德·莫夫兰在特鲁瓦出售的畅销禁书当中,人们会看到四本以宫廷为批评嘲弄对象的书:布佛尼多的《路易十五奢华录》,它是莫夫兰向纳沙泰尔印刷社订购最频繁(11 次)且订购册数最多(共计 84 册)的著作;博杜瓦·德·盖马得克的《遭劫的密探》(*L'Espion dévalisé*, 1782),订购了 10 次共 37 册;泰弗诺·德·莫朗德的《私生活实录,或夏特莱公爵大人的辩护书》(*La Vie privée, ou apologie de M. le duc de Chartres*, 1784),订购 4 次共 7 册;还有莫夫尔·当热维尔的《路易十五的私生活》(*La Vie privée de Louis XV*, 1781)订购了 3 次但共计 8 册。[22] 这些诽谤性文字,出自专业的小册子作家之手,在整个王国受到热切的追捧,它们在揭露先王及其宠姬(1774 年去世的路易十五和杜巴里夫人)的外表下,也谴责了当时的宫廷犯下了挥霍浪费和堕落腐化之罪,并抓住一切时机添加王国大人物们的逸闻趣事来证明之。所有这些文本,出于同样的动机,公开地或含蓄地把君主和廷臣的腐败、君主体制堕落为东方专制主义、公帑的挥霍浪费与民众的苦难联系在一起。譬如从文本《路易十五奢华录》摘录的这段话:“路易十五永远死性不改,也就是说,他总是陷在荒淫和享乐中不能自拔。尽管民众悲苦和公共灾害,但他的情妇的挥霍和侵吞却日甚一日,如果不是这位苏丹死去终止了她的挥霍浪费,那么不用几年她就会耗尽王国财富。”[23]

1780 年代期间的财税和政治丑闻,给所有法国人抨击已故先王提供了情境。1781 年 2 月,财政总监内克《呈吾王账目表》(*Compte rendu au Roi*)的出版,暴露了王室年金和馈赠受益人的名单,这激起了读者们的怒火,引起了针对宫廷的论战。该文本是真正的畅销书:它由皇家印刷所出版,共计有 17 个版本(其中包括纳沙泰尔印刷社所出的版本),在当时的报刊上得到了 29 次评论或分析。布永印刷社出版
180 的《报纸报》估计《呈吾王账目表》出版册数是 40000——这个数字无疑是不全的,它不足以满足巨大的需求。[24]1785 年和 1786 年,由银行家克拉维耶尔(Clavière)雇用和召集的一群小册子作家,嘲讽宫廷的投机行为,以便打击财政总监卡洛纳,这群小册子作家包括布里索、杜邦·德·内摩尔和戈尔萨,他们经常躲在盛名远扬的署名“米拉波伯爵”(comte de Mirabeau)后面。为特定利益(指做空股票市场的日内瓦银行家的利益)辩护与对政府和宫廷的激烈批评,就这样关联到了一起。这些小册子作家以卢梭风格的说教修辞,指控王国政府做高股票价格,从而让股票超出公众的承受范围,卡洛纳首当其冲。通过小册子战争,股票交易所各个敌对派系因此具有了直接的政治影响力,他们用之攻击卡洛纳:在他被提名为国家财政改革者的时候,指控他作为一名投机者把全部心思都放在自己的致富上(碰巧的是,这种指控并非不符合实际情况)。[25] 最后,也正是在这两年里,项链事件无可挽回地损害了王后和宫廷的声誉。[26] 在小册子作家的煽动下,如同 17 世纪的英国一样,18 世纪的法国整个国家都起而反对宫廷,宫廷的一切都让人感到憎恶。

首都与外省

然而,法国的这种对立形态还有其他表现形式。第一种表现形式

将我们重新带回到托克维尔及其中心论题那里:“中央集权是一种旧制度的体制,而不是像人们所说的,是大革命和帝国的杰作。”[27] 托克维尔认为,首都与外省之间差距的形成,是中央集权化这种根本性转变——它导致所有中间权力的毁灭,地方自由的消失和社会身份的平等化——的结果之一。城市与宫廷之间的旧对立,因此被一种新的敌对所取代:“在所有欧洲国家中,法国如何成为这样的国家,其首都已取 181
得压倒外省的重要地位,并吸取全国的精华。”[28] 因为它是中央政府所在地,占据了一切公共权威领域,首都拥有绝对的权力,吸纳了所有的思想活动(“思想动力只来自中央。巴黎已经吞噬了外省”)和经济活动(“巴黎不再只是交换、贸易、消费和娱乐的城市,巴黎已成为工场和制造业的城市”)。[29]

在这里,托克维尔诊断的有效性,比不上首都与外省之间的对立重要,这种对立将首都视为无情的吸纳和致命的毁灭之地。自 18 世纪中期开始,论文、小说和戏剧作品大量涌现,它们对首都与外省之间的二元文化进行文学描写,致力于揭示两者间的道德差异,用以抨击这座大城市的习俗风尚。[30] 两个相隔 25 年的文本就是如此。第一个文本出版于 1759 年,在《高卢人的首都,或新巴比伦》(*La Capitale des Gaules, ou la Nouvelle Babylone*)中,一个典型的“文学底层”人物弗热来·德·蒙布龙,针对奢侈享乐的辩护者们——首推伏尔泰,为了证明“奢侈享乐是所有政治躯体上的坏疽”,他力陈,外省人前来巴黎是为了经常出入放荡不羁的文学圈子,首都邪恶的角色受到赌博、戏剧和荒淫的进一步毒害:

> 我们必须承认,巴黎的壮美和富裕,事实上应归功于让自己居民忍饥挨饿的外省的匮乏与衰竭。我们每天能看到多少人,受享乐和纵欲诱惑的驱使前来巴黎,纵情地挥霍两三晚,这足以让他们在自己的家乡体面地过上整整好几年!有多少失去人性的父亲在

> 这里挥霍了他们孩子的祖产！有多少迷失在荒淫中的孩子在这里
> 182 耗尽了他们父亲的遗产！有多少注定要填补外省显赫职位、寄托家族最美好希望的年轻人来到这座危险的巴比伦城，耗完全部的财富以及自己的清白和声誉？[31]

尽管这种文学手法和惯用修辞并不意味着真诚的看法——即便当时的报刊非常严肃地对待《高卢人的首都》并一一回答了它的问题，但它们有悖于政治统计者们经常关注的老生常谈话题，他们敌视人口太多的首都，从某些方面来说，该话题听上去像是一种“国家”观念。

1782 年出版的《巴黎图景》发出相同的论调：“以前，首都与外省之间的道路或不通畅或人迹寥寥。每座城市都保有自己的孩童一代，他们生活在见证了其出生的城墙之内，赡养其父母的晚年。如今，年轻人都卖掉了自己继承的遗产份额，以便远离家人的目光尽情花费；他榨取之挥霍之，为了在这个荒淫之所瞬间地引人注目。”想象中的首都对外省女青年的诱惑一样强烈：“她渴求这座城市的消息。她总是第一个惊呼：‘他来自巴黎！他到过宫廷！’她在自己周围再也看不到优雅、才智或富足。耳闻这些描述的年轻人，想象着被夸大的首都形貌，实际经历有朝一日会残酷地揭穿这种想象；他们毫不迟疑地遵从这种普遍性的思想病变，它让所有外省女青年奋不顾身地投向腐化的深渊。”[32]

在整个《巴黎图景》中，梅西耶运用巴黎—外省的对立，通过老生常谈的虚构，构织巴黎人在外省的创作主题，用来嘲弄巴黎人可笑的优越感：“一个巴黎人离开巴黎后，在外省他总是不停地谈论首都；他把看到的一切都与巴黎的风俗习惯进行比较，他装作自己发现了与巴黎截然不同的可笑事物；他要求所有人改变观念，以取悦他，让他开心……他认为夸耀巴黎和宫廷让他高人一等。”[33] 梅西耶还调转创作主题，表现
183 来到巴黎的外省文人，借此凸显巴黎与王国其他城市之间的文化差异：

> 巴黎给文学提供了几乎与王国其他部分一样多的伟大人物……如果我们考虑到,任何一个出生在外省的名人,都是来到巴黎成长起来的,都是自愿选择生活在这里的,以及都是在这里辞世的,他们难以离开这座伟大的城市,尽管他们深爱着故乡:这个启蒙了的人的种族,全部集中在相同的地方,而王国其他城市则是贫乏得令人难以置信的不毛之地,变成深思让所有文人麇集首都并如同中魔般留在这里的现实和潜在原因的对象。[34]

在传播最广泛的禁书中占有一席之地的《巴黎图景》,通过描绘一个既具吸引力同时也贪得无厌的首都形象,滋养了外省的想象力,增强了为外省辩护的声音。从外省学院资助的地方史到地理学家撰写的"自然史",从地区财富和资源的行政统计清单到医疗地形图体格和疾病分类描述,这种辩护通过多种多样的方式表现了出来。[35]

理解18世纪末期法国语境中乡土与宫廷的对立的第二种路径,按照诺贝尔·埃利亚的做法,在于将造成革命断裂的过程描绘为"张力平衡"(balance des tensions)的衰竭,所谓"张力平衡",就是通过将宫廷确立为对司法和财政职位拥有者权力的必要的抗衡力量,使得绝对主义的国王统治成为可能。[36] 从这方面来看,君主权力直接依赖于这种平衡,它让宫廷贵族与穿袍资产者两大统治集团既足够的相互依赖和利害一致,不会去尝试危害确保他们社会权力的现存秩序,同时又足够的相互敌对,不可能联合起来反对君主。宫廷就是这种安排不可或缺的机制:一方面,它将国王最古老也最直接的敌手置于其直接的控制之下;另一方面,通过君主赏赐的游戏,它得以强化被一种经济伦理痛苦束缚着的贵族财富,这种经济伦埋就是,让贵族的开支不是与其收入相匹配, 184
而是与其社会地位的要求相匹配。正因为如此,宫廷在不断制造张力关系的君主统治策略中扮演着中心角色:"力量几乎毫不对等的各种社会群体之间的平衡,这些群体中的每一个面对中央统治者的矛盾态度,以及导致这种平衡的态度，所有这些都确定不是某个特定的国王创造出来的。但当相互依赖和社会张力游戏带来此种类型的局面，那么维系这种内里并不稳定的局面，对中央统治者来说是生死攸关的。”[37]

然而，到 18 世纪，这种张力结构——凝固在从路易十四统治时代继承下来的那种状态，不再能够整合新的社会团体，只能重复上演老的团体——汇集了国王、贵族和高等法院——之间既存的冲突。以前可轻易地被排除在统治机构之外的各个团体社会力量的增强，在永久固化的权力分配（由相互敌对又相互联系的“垄断精英”掌管）与有利于“非特权阶层”的新力量平衡的现实之间造成一道决定性的鸿沟。因此，宫廷社会既不可能存续下去，也不可能加以改革。按照埃利亚斯的说法，宫廷作为一种社会构造，关系与统治在这种社会构造中以宫廷的存在基础而组织起来：

> 在旧制度最后几十年间围绕着权力展开的斗争中，真实的情形是，各主要团体的代表们时常尝试限制特权和其他团体的权能。总体上，权能在各团体间非常均衡地分配，面对来自非特权阶层日益增长的压力，维系传统特权的共同利益是显而易见的，不能容许这些团体中的某一个压倒另一个。垄断精英间力量中心的平衡分配——路易十四曾有意支持这种平衡以加强自己的地位，已进入一种“自动调节”的阶段。任何改革特权体系和进行权力变动的尝试，都对精英间的平衡构成了威胁，预先注定会
> 185 失败。享有特权的垄断精英已冻结在路易十四确立的张力平衡当中。[38]

在这里，我的意图也不是为了论证这种解释模式的贴切性，该模式的显著优点是，它没有将以大革命为终点的社会进程化约为贵族与资产阶级的简单对立，因为构成这两个阶级的群体里都至少有一部分人，

组成了“享有特权的垄断精英”,事实上,他们既相互关联又相互敌对,顺便补充一句,他们之间的相互关联甚至超过相互敌对。当然,我们需要在避免将被排除在垄断精英之外的资产阶级匆忙描绘为资本主义性质的资产阶级的前提下,更准确地鉴别出非特权阶层,正是他们的新权力让旧的张力平衡濒临破裂。无论如何,这样的视角让我们能够更好地理解大量手抄新闻和印刷小册子攻击宫廷的深层意义。通过污蔑宫廷,谴责国王个人和亵渎君主的象征符号,它们旨在毁坏支撑绝对主义君主制的三个根本支柱(其他两个支柱是财税垄断和合法地使用武力的垄断)之一以及赋予其权威并让其长存的社会结构。

权威的削弱

劳伦斯·斯通在他思考英国革命的意识形态起源中提出的第四个因素是:“权威的削弱”。在家庭、国家和教会当中,“怀疑主义的发展,逐渐侵蚀了对传统价值观和等级体系的信仰”,引发了“一场真正的信任危机”。[39] 本书中致力于梳理“哲学书籍”的传播、基督徒行为方式的转变和对国王本人感知的变化等几章,都是试图衡量 18 世纪法国对传统信仰最显见的疏离的重要性和意义。即便我们必须带着审慎,指出 186
可能存在的差异和变化,有时还要检视那些非常突兀的联系(如书籍、阅读与信仰之间的联系),但总的图景是十分清晰的:1750 年之后(甚至于此之前),在大部分法国人中已经形成一种批判的态度。尽管并不一定以清晰的思想或明确的话语表达出来,但这种新态度让人们抛却传统的行为方式,拒绝说教式的服从,以一种疏离的、嘲弄的和怀疑的方式,看待以前被视为敬畏对象的权力。从这个意义上来说,我们可以辨识到大革命前几十年里“权威的削弱”。其形态、转化、语言都与 17 世纪英国的不同,远远地不同,但其影响是相同的:它为一种业已失去说服力的秩序突然而剧烈的崩溃提供了思想准备。

知识分子的挫败感与政治激进主义

在这一系列因素中,劳伦斯·斯通添加了最后一种因素:“教育的过度扩张”。这种现象的心理和政治影响是相当大的:

> 牛津大学和剑桥大学录取不同寻常的扩张,意味着制造了一小支失业或未充分就业的士绅,他们所受的教育赋予了他们责任地位,但机会的通道十分拥堵。中央政府官僚机构、军队、在爱尔兰的殖民扩张乃至法律部门,都不能尽纳他们。结果是在大量的贵族、地主和士绅中滋生的挫败感和愤懑感。其次,大学培养的有文凭僧侣,数量远超教会的吸纳能力。他们蜂拥到报酬低廉的副牧师,晋升前景渺茫……其他许多毕业生填补了城镇里牧师的功
> 187 能,还有一些人到贵族家中充当小教堂牧师。所有人都怨恨这个给他们提供了过度教育却不能给他们提供职位的社会,许多人自然而然地滑向宗教和政治激进主义。[40]

因此,人数众多的“离心离德的知识分子”(借用库迪斯的语汇[41])的形成与转而对准国家和教会的批判的意识形态的兴起之间,存在着密切的关联。

在一个半世纪之后的法国能发现同样的情形吗?或换种方式说,在18世纪最后数十年间,法国大学授予文凭的学生人数与他们可以获得的职位数量之间经历了类似的失衡吗?该问题的答案显然取决于主观期望与客观机会之间的距离,所谓主观期望,指所有希望自己已经获得的学位能够确保他们职位的。严格说来,对该问题的回答建立在这样的假设之上,即能够对两个关联在一起的现象——攻读学位的大学学生数量与他们希望获得的工作岗位和薪俸——加以比较。不幸的是,其中任何一个都不容易确定。首先,困难主要在于法国大学网络的特

殊性，法国的大学网络是密集的（18 世纪末计有 24 所大学），低度的等级化和高度的异质化，各个学院对比鲜明，有的仅提供教育，而有的颁发文凭，大学招生有的保持着很大程度的开放性，有的只局限在当地不远的范围。各个大学这种功能上和声望上的差别，难以搜集起全部大学的数据资料，而且法国各大学档案馆仅允许构建晚近的且不连续的资料系列。[42]

通过对授予学位量的数字进行比较，我们仍然可以清楚地得出结论：在旧制度的最后三十年里，从天主教会法学院毕业的学生数量大规模地增加，整个 18 世纪都是如此。根据可以得到的 11 所大学的数据资料，如果我们将 1680—1689 年每十年的法学业士（bachelier）数量作为基数 100 的话，那么该指数在 1750 年代仅为 126，但在接下来的几个十年期里连续上升，1760 年代是 141，1770 年代是 164，1780 年代是 176。这种令人瞩目的增长，在 18 世纪所有大学里都构成了高点，也超过了 1679 年法律学习改革后在 17 世纪末（我们可以得到这个时期的数据）所达到的最高水平线。因此，无论我们观察的时间尺度是什么——一个世纪或多个世纪，显而易见的是，旧制度最后三十年生产的法学毕业生数量都是前所未有的：法学业士年均数量，1680—1689 年 188
是 680 名，1710—1750 年间是 800—900 名，1780 年代则高达 1200 名。

法学领域的这种情形既不同于神学领域，也不同于医学领域。实际上，神学领域呈现出相反的发展趋势，其毕业生人数在 18 世纪期间逐渐走低。神学业士人数下降的拐点，在巴黎是 1750 年代，在阿维尼翁是 1720 年代，在图卢兹是 1690 年代，该地在 1740 年代的短暂上升之后开始第二次下降。神学学士（licencié）学位方面的情况呈同样的趋势，在巴黎每十年平均人数从 1750 年代开始下降。大学录取系列数据预示和反映了人们对教会机构的疏离。教会机构已弱化了僧侣录取，向新来者即商人和农民的儿子开放了教职。医学博士学位方面的情况在各大学间呈现出很大的不同：有些大学授予的博士学位上升，如1730年以来的蒙彼利埃,或1760年以降的斯特拉斯堡;另外一些大学则有所减少,如在埃克斯或阿维尼翁,这些地方每十年的新科博士人数降到比17世纪还低的水平。但总体上来说,上升是显而易见的,1780年代医学领域年均有160个博士,而1700—1709年每年仅有75个。然而,18世纪末法国医学博士与法学业士之比是1:8,而联合省(Provinces-Unies)① 在同一时期的比例仅为1:4,这种比例凸显在旧制度时代法国大学体系里法学家强有力的优势地位。

那么,我们从这种优势地位中可以得出法学毕业生产出过剩的结
189 论吗?当然,对法学毕业生们所觊觎的职位市场进行详尽的研究也是不可能的,但几个地区性案例证明了法学业士人数增长所造成的失衡。在旧制度末期的图卢兹,律师名单极大膨胀(高等法院有215名律师,相对于1740年的87名),新人拥集而来(1764—1780年间年均7.5人,而18世纪上半期年均3.8人),团体变得更加年轻(1789年图卢兹高等法院律师过半律师不到40岁)。因此,从未辩护过任何案子的律师大量增加:1760—1790年间300名注册律师中的160人,1788年图卢兹高等法院调查的215名律师中的173人。[44] 在贝桑松以及在整个弗朗施—孔泰更为普遍,病征是同样的:人数较多甚至说太多,律师们既接不到案子,不再能进入高等法院,这里的职位已经被那些已经在位的家族所垄断,也得不到国王秘书这种封贵职位,对他们的财力而言,受封贵族的官位价格太高了。社会晋升希望渺茫,没有主顾,被君主法庭的官员们疏远,旧制度末期的律师们可谓生不逢时。因此,毫不令人惊奇的是,他们标举才干权,反对世袭的特权,在弗朗施—孔泰和其他地方,他们坚定地加入了爱国党。[45]

旧制度末年,医学博士与法学毕业生之间在就业机会方面存在着

① 指低地国家北部七个新教占主导地位的省份,1579年反抗天主教西班牙的统治成立的联盟,称为联省共和国,更经常称荷兰共和国。直至1795年被拿破仑征服后,成立了傀儡的巴达维亚共和国。

巨大的反差。当然,对于前者来说,大城市的职位要么受博士理事会(如果该城市有大学的话)要么受医学院的控制,他们想在这里立足,会发现情况不会总是如其所愿。然而,王国低密度的医疗配置(平均每12000 居民才有 1 名医生,在联合省每 3000 居民就有 1 名医生)给他们提供了机会。对法学业士来说情形就不一样了,尽管他们可以自由地采用律师的头衔(律师不是一种职务),但这对他们的就业并没有多少助益。

岗位与期求之间的张力在文学界当中呈现出特有的且异常尖锐的形态。[46] 实际上,在 1760 年之后,大量的作者发现自己已被排除在他 190
们所期望的职位和收入之外,也即根本无法获得学院里的职位、君主的馈赠和年金,或与官方机构相关的闲差。这些东西已被出生于 18 世纪20、30 年代的那一代作家所垄断,他们顽强地拒斥新来者。文学权贵(通常是启蒙哲人派)与无资质作家之间形成的这道鸿沟,带来了十分重要的后果。首先,它让既无地位又无工作的作者人数大量增加,在他们自己的机构(这些机构不是咖啡馆、文学社团、"学府" 和 "学园" 等上流社会的机构)中聚集起来,并被迫投身于启蒙出版事业给他们提供的用以谋生糊口的工作。其次,它激起了双方的相互敌视,以地位已定的作家为一方,对 "文学渣滓" 极尽鄙薄[看看伏尔泰和梅西耶的著作,或里瓦罗尔(Rivarol)1788 年出版的《我国大人物袖珍历书》(*Petit Almanach de nos grands hommes*)],以 "贫贱的卢梭" 为另一方,对那些占据着职位的人愤愤不平,他们认为自己有权拥有这些职位。虽然被雇用和招募用于服务某个派别或团伙,但小册子作品也是抨击启蒙运动 "权势集团"、文化机构控制者和国家权力拥有者的利器,正是这些人粉碎了光辉灿烂且有利可图的职业梦想。通过旧制度时期一种常见的机制,将一切社会苦难均归咎于政治,受挫的作家们认为国王及其宫廷和大臣应该对他们失败的生活负首要责任。这明白无误地说明,对旧秩序的强烈憎恨何以经常出现在小册子作者撰写的作品中,他们认为自己是不可忍受的不公的牺牲品。

因此，18 世纪的法国也有自己“离心离德的知识分子”。没有讼案的律师和没有工作的作家，以大学学位或杰出才干的过时价值表象组织起他们的社会存在。已经饱和或被人垄断，他们希望得到的职位变
191 得遥不可及，迫使他们被迫接受缺少声望和报酬低廉的工作，有时甚至是不名誉的差使。两个群体在革命进程中扮演了决定性的角色：大量生产小册子和谤文的作家，为爱国党运动和预备三级会议的咨询活动提供了领导力量的律师。这么说并不意味着退回到旧的解释，将受挫的知识分子的复仇愿望看作是革命的原因。这么说仅是为了强调，在最激烈地参与批判权威的群体的大部分人当中，一种不幸命运的受伤意识，导致他们与在他们看来应为这种不幸负责的社会彻底分道扬镳。一种如此有悖于公正地补偿德能和才干的秩序，其垮台很容易被人们所接受，甚至被人们热切的期盼。

因此，17 世纪英国革命初的英国与 18 世纪末的法国之间，革命的思想和文化前提条件是相近的。当然，参数不同的是，两者地点不同，时间不同，不是以相同的语汇表达对新秩序的期望。然而，这两种历史情境表现了类似的结构，大部分知识分子阶层的失望，全能权威的销蚀，将社会弊病归咎于掌握主权权力的个人，与对新时代的期盼紧密地结合在一起。这些复杂的思想与情感、客观现实与主观认识，或许构成了思想范畴里所有革命的必要条件。无论如何，明白无误的事实是，法
192 兰西王国以其特有的方式制造了 1789 年革命。

结　　语

旧制度时期的文化转变改变了法国人的行为和思维模式，如果从这种长时段的文化转变的视角考察，大革命所采取的形式看上去毫无必要。第一个悖论是，在经过一个多世纪“文明化进程”（借用埃利亚斯的术语）的进步，暴力已极大地减少并受到严格约束的情况下，大革命再次导致暴力的大规模爆发。革命行为与社会领域的和平局面之间形成了鲜明的断裂：前者广泛地利用双重暴力，其一是自发性的群众骚乱，其二是制度化的大恐怖；后者因国家逐步确立起对暴力手段的垄断而成为可能。

当然，粗暴行为离完全消失还差得很远，邻里关系、工作关系或城乡的家庭关系当中表现出来侵略性即是明证。然而，从 17 世纪中期开始，通过强制个人更好地控制自己的冲动，更严格地督查自己的情感和约束自己的本能行为，司法和警察国家已极大地降低了社会组织所能容忍的暴力的门槛。有许多迹象表明了这种重要的演变进程：譬如在“违法的”（也就是由法院庭审和加以惩戒）犯罪行为中，针对人身的流血和暴力犯罪减少，针对财产的犯罪日益占据上风；因无情怒火激起的旧式骚乱消失了，取而代之的冲突，利用的是司法诉讼程序或政治陈情 193
等和平手段；诉诸私人暴力解决个人或家族纠纷渐趋消失。在暴力继续存在的地方，当局给予密集的关注，以免暴力威胁到既存的秩序和显贵阶层。

尽管法国大革命无论如何不能被贬损为它所使用的或授权的暴力，但该事件让过去已明显被消除或被遗忘的行为模式重新浮上水面。本文不拟对各种革命暴力——暴动中的暴力、恐怖暴力或军事暴力——加以衡量或阐释，仅想对两种相互矛盾的现象——旧制度社会的和平安宁（至少是相对的）与革命时代大规模使用暴力——之间可能的关联进行反思。欲调和这两种事实必须假设，其基本的现实之一，大革命没有起源，它并不扎根在 18 世纪当中，相反，它与这个世纪是截然断开的。

这个观点值得讨论。一方面，大革命暴力的自发形式，清楚地表明了消除暴力行为的有限性。直到 18 世纪末，文明化进程并没有改变王国所有居民，渗透在个体中的稳定而严格的自我约束机制的人格结构还不普遍。粗鲁的农民和城镇居民清楚地证明了另一种行为方式仍然继续存在，表现为更自由的情感表达。革命的爆发，使得先前将群众暴力限制在私人生活领域的机制崩塌了，让非常古老的惩戒性行为习惯有机会重新出现在权威关系领域。

另一方面，革命暴力以体制的形式，让国家垄断合法地使用暴力的发展趋势得以圆满完成。从这个意义上来说，革命时代的强制性征兵
194 和大恐怖体制，与君主为保有控制军队这个独一无二的公共权力的持久努力并无冲突之处。其独创性主要有二：通过暴力迫使所有公民利用暴力对抗国家的敌人；构建行政体制暴力，其目的是保护公民共同体，但这种行政体制暴力日益用于解决私人领域冲突的政治手段。原本与共和国命运牵连甚少的不断积累的悲苦、难以平息的仇恨和敌视，激发了大量的私人纠纷，正如宗教法庭给世俗利益所引发的指控提供了形式、话语和合法性一样，革命法庭使得动用国家暴力解决这些纠纷成为可能。

一旦大恐怖插曲过去了——这里我们姑且不说它是革命的必然还是脱轨，长时段的演进过程重新继续，国家被赋予基本的任务，动用其强制和说服权力来限制个人行为举止。被古老行为模式的复归和大规模使用国家暴力短暂地打断之后，文明化进程重新回到 17 世纪中期以来它所走的道路上，使一种心理结构形式得以普及开来，它在 1789 年之前还不是全体法国人共有的心理结构。革命暴力与此前和平的社会关系之间的断裂，可能并不像看上去那么大。这是因为，君主制国家对暴力实施垄断正在进行当中，尚未完全实现，这让古老的行为模式的复归与大规模和规范地构建政治暴力同时并存。

第二个悖论是，正是在创生了私人领域的长时段历史进程的终点，公共领域的全能统治得以建立。进入革命时代后，法国似乎完全投身于政治当中，因此未给个人的愉悦和激情留下任何空间。1789 年之前属于个人选择范畴、君主制国家不能染指的一整套实践，此时遭到了国家政令的入侵和吞噬：譬如衣着方式，日常生活的环境和物品，家庭生 195
活习俗，甚或语言本身。大革命决心建立绝对的透明和一致的激情，因此意欲让一切现实存在都公开化。它希望借此祛除私人领域的种种危险，在它看来，私人领域是一个充斥着彼此对立的利益、自私自利的享乐和秘密行动的领域。行为的公开性是确立新秩序的前提和保证。

而且，先前支撑私人领域崛起的两种发展趋势遽然断裂。一方面，行为举止的“私人化”进程，在行为间建立起严格的界限，将被容许或有必要公开呈现的行为与必须避开共同体目光的行为区分开来，这种区分或者因为文明礼仪要求如此，或者因为个人乐意如此。另一方面，公共权威的去私人化进程，通过将国家权力与个人利益分离开来，创造出这些个人利益能够托庇的另一个领域。因此，大革命及其对公开性无与伦比的激情，看上去与沉迷于新的更私密的日常生活方式不相协调。自由欢宴的乐趣、家庭生活的舒适、独处的愉悦，看上去远没有做好准备，迎接在 1788 年占据了整个王国并持续了十年的急切的政治要求。

然而，在表面的对立之下，新的公共文化与私人领域之间仍然存在着强有力的连续性。实际上，正是私人领域组构为体验形式和价值观体系，让独立于国家权威并对之加以批判的领域的兴起成为可能。将自己视为被国家理性拒斥的道德裁决者，践行评判能力的自由运用，取消对等级和团体社会的强制性遵从，建立在私人权利基础上的社交机制和社交形式，在绝对主义君主制的组织内部，建立起一个与绝对主义原则相分离的话语领域。

这个新生的公共领域，建立在私人范畴的思想实践之上，很大程度上助长了私人领域特有的冲突。这主要表现在两方面：给简单的家庭或夫妇冲突附上政治意义——司法诉状的策略；通过揭露其腐败的道
196 德谴责君主及其近臣——煽动性谤文常用的手段。在那些直接参与新型政治社交的一小部分人之外，人们逐渐习惯于看到所有的个别事务被转变为普遍性事件，这种手法不是小册子文学特有的，在农村社区针对其领主和工人针对其雇主的讼案中也时常可见。因此，统摄革命时代的政治的无所不在，与大革命之前行为和思想的私人化并不相悖。恰恰相反，正是摆脱国家权威控制、让个人聚合到一起的行为自由空间的形成，使新型的公共领域得以诞生，革命政治的创造能量既承袭了也改变了这个领域。

因此，大革命植根于它所终结的那个世纪里，尽管在表面上看它非常显著地悖逆于之前的古老演变进程。这难道是说，大革命有文化起源，并且有可能整体明确地指出这些起源？全面廓清大革命的文化起源，正是莫尔内那本经典之著的想法。无论愿意与否，本书都是以这种想法作为资证假设展开研究的。但该想法不应该遮蔽另外两种视角。第一种视角认为，革命事件有其发生机理和自身的动力，这些并没有被包含在导致它可能发生的任何前提条件中。在这个意义上，大革命没有确切的起源，它坚信自己代表着一个全新的开始具有表演价值：它通

过宣称与过去决裂构建起自身。

但人类行动的思想和意愿部分，并不必然呈现历史进程的意义。托克维尔和高善皆有力地强调，现实中的革命参与者们口头所说的与他们想做的东西是恰恰背反的。革命者宣称与旧制度彻底决裂，但他们实际上强化和完成了中央集权化的工作。启蒙精英宣称他们在忠于国王的和平的思想会社里致力于公益，但他们实际上创制了大恐怖和雅各宾民主机制。这里不拟讨论这两种分析的确切性，而是仅欲表明，这两种分析向那些迫不及待地按照大革命提供给其自身的范畴——其中首要的是新政治时代与旧社会之间的决裂——来思考大革命的历史学家提出的警示。大革命的可理解性及其起源，不能被约简为其当事人的意识。譬如革命者们对政治的绝对功效深信不疑，在他们看来，政治能够重塑社会组织和让个人得到新生，但这并不意味着我们同样持着他们这种新时代降临的幻想。 197

我所偏向的第二种视角是，将革命时代与启蒙时代整体置于一个长时段的进程当中，这个进程既包含同时也超越这两个时代，它们以不同的方式，分享相同的目的和相似的期望。阿尔方斯·杜普龙非常敏锐地表达了这样的看法：

> 启蒙世界与法国大革命，作为更为整体的历史进程中的两大事件（或附生现象）蔚然挺立在那里。这个更为整体的历史进程指的是，一个既无神秘亦无宗教（按照该词的传统意义）的独立的人的社会的形成进程；一个“现代”社会的形成过程，这是一个现时社会，既无过去亦无传统，全面朝向未来。启蒙与革命彼此之间真正的因果联系，是它们共同依赖于超越了它们自身范围的更广阔更整体的历史现象。[47]

这种观点为重新阐述要求另辟蹊径思考让革命事件变得可能的种

种条件的起源问题，提供了另外的路径，确定不疑的是，革命事件是从旧秩序（由其超验性加以界定和保证）中得到解放，转而反对国家及其信仰自由和道德要求理性，这个国家至少在两个世纪之前就已经将它
198 们丢给了私人领域。

注　释

第 1 章

1　Daniel Mornet, *Les Origines intellectuelles de la Révolution française: 1715—1787* (Paris: Armand Colin, 1933, 1967). 这部著作大约写于莫尔内学术生涯中期，他是巴黎一大文学教授古斯塔夫・朗松 (Gustave Lanson) 的忠实信徒，第一次世界大战前，莫尔内刊发了 *Le Sentiment de la nature en France. De Jean-Jacques Rousseau à Bernardin de Saint-Pierre* (Paris: Hachette,1907); "Les enseignements des bibliothèques privées (1750—1780)", *Revue d'Histoire Littéraire de la France* (July—September 1910): 449—496；以及 *Les Sciences de la nature en France au XVIIIe siècle* (Paris: Armand Colin, 1911)。在《法国革命的思想起源》中强烈表达出的三方面要素，构成了莫尔内研究路径的基础，并让他远离了美学倾向的和非历史的文学批评：要求从总体上理解一个时代的文学生产情况，而不是仅关注声名显赫的作家、传统文本和文学经典；不仅需要研究文本，而且也需要研究文学机构、著作流通情况及其读者（这让莫尔内在 1910 年的文章中率先关注藏书目录）；注重利用计算和百分比去衡量著作的流通（"数量与数量比同样至关重要"，《法国革命的思想起源》，第 457 页）。譬如在其后来的著作 *Histoire de la littérature française classique,1600—1700, ses caractères véritables et ses aspects inconnus* (Paris:Armand Colin,1940) 中，莫尔内从朗松的视角中转移开来，吕西安・费夫尔 (Lucien Febvre) 在 "De Lanson à Daniel Mornet. Un renoncement?", *Annales d'Histoire Sociale 3*(1941) 一文中，对他进行了激烈的批评，该文后来收集到费夫尔的文集 *Combats pour l'histoire* (Paris: Armand Colin, 1953, pp. 263—268) 当中。

2　Mornet, *Origines intellectuelles*, p.2.

3　Ibid., p.3.

4　Ibid., p.477.

5 Michel Foucault, "Nietzsche, la Généalogie, I'Histoire",载于 *Hommage à Jean Hyppolite* (Paris: Press Universitaires de France, 1971), pp.145—172。

6 Ibid., p.161.

7 Foucault, "Réponse au Cercle d'Epistémologie", *Cahiers pour l'Analyse 9*, Généalogie des Sciences (Eté 1968): 9—40. 引文出自 p. 11。

8 Jean Marie Goulemot, "Pouvoirs et savoirs provinciaux au XVIIIe siècle", *Critique* 397—398 (1980): 603—613.

9 Thomas Schleich, *Aufklärung and Revolution.Die Wirkungsgeschichte Gabriel Bonnot de Mablys in Frankreich (1740—1914)* (Stuttgart: Klett-Cotta,1981), p.210; Hans Ulrich Gumbrecht and Rolf Reichardt, "Philosophe. Philosophie", *in Handbuch politisch—sozialer Grundbegriffe in Frankreich 1680—1820, 10* vols.,ed. Rolf Reichardt and Eberhard Schmitt (Munich: R. Oldenbourg Verlag, 1985—), 3: 7—88. 亦可参见 Jeremy Popkin, "Recent Western German Work on the French Revolution", *Journal of modern History 59* (December 1987): 737—750。

10 Edgar Quinet, *La Révolution* (Paris: A. Lacroix,Verboeckhoven et cie,1865; reprint, Paris: Belin, Littérature politique, 1987), "Timidité d'esprit des hommes de la Révolution", pp.185—190, 以及 "Du Tempérament des hommes de la Révolution et de celui des hommes des révolutions religieuses", pp. 513—515.

11 Norbert Elias, *Über den Prozess der Zivilisation. Soziogenetische und psychogenetische Untersuchungen* (1939: Frankfurt-am-Main: Suhrkamp. 1969);法译本为 *La Civilisation des moeurs* (Paris: Calmann-Lévy,1973), and *La Dynamique de l'Occident* (Paris: Calmann-Lévy,1975). 英译本为 *The Civilizing Process: Sociogenetic and Psychogenetic Investigation*, trans. Edmund Jephcott (Oxford: Basil Blackwell, 1978, 1982; New York: Pantheon Books, 1982)。

12 François Furet, Penser *la Révolution française* (Paris: Gallimard, 1978), p. 31, quoted from *interpreting the French Revolution,* trans. Elborg Forster (Cam-bridge: Cambridge University Press, Paris: Editions de la Maison des Sciences de I'homme, 1981), p.19.

13 Gustave Lanson. "programme d'études sur l'histoire provinciale de la vie littéraire en France", *Revue d'Histoire Moderne et Contemporaine* (1903): 445—453; "L'Hisroire littéraire et la sociologie", *Revue de Métaphysique et de Morale* (1904): 621—642.

14 Mornet, *Origines intellectuelles*, p. 471.

15 Furet, *Penser la Revolution*, pp. 38—39.

16 Hippolyre Taine, *Les Origines de la France contemporaine* (1876; Paris: Robert Laffont, 1986), vol. I, *L'Ancien Régime*, 弗朗索瓦・莱热 (François Léger) 在导读《泰纳与当代法国的起源》("Taine et les *Origines de la France contemporaine*", p. xxxi) 中,引用了 1874 年 7 月 31 日致波特米 (Boutmy) 的信。

17 Ibid., p. 187.

18 Erich Auerbach, *Mimesis. Dargestelte Wirklicht in der abendlärdischen literatur* (Bern: Francke AG Verlag, 1946), chap.15, 法语译本为 *Mimésis. La représentation de la littérature occidentale* (Paris: Gallimard, 1968), pp.365—394, quote p. 388, quoted from *Mimesis, the Representatioon of Reality in Western Literature*, trans. Willard R. Trask (Princeton: Princeton University Press, 1953). p. 387.

19 Alexis de Tocqueville, *L'Ancien Régime et la Révolution* (Paris: Gallimard, 1967), p. 81.

20 本段和下一段中对托克维尔的所有引述，均来自 *L'Ancien Régime et la Révolution.*, book 3, chap. I, pp. 229—241。

21 Ibid.: *L'Ancien Régime,* p. 158.

22 Ibid.: *L'Ancien Régime*, p. 43.

23 Keith Michael Baker, "On the Problem of the Ideological Origins of the French Revolution", in *Modern European Intellectual History: Reappraisals and New Perspectives,* ed. Dominick LaCapra and Steven L. Kaplan (Ichaca: Cornell University Press,1982), pp. 197—219, 引自 p. 212; Baker, *Inventing the French Revolution: Essays on French Political Culture in the Eighteenth Century* (Cambridge: Cambridge University Press. 1990), pp. 12—27.

24 Baker,"On the Problem of the Ideological Origins", pp. 213—216.

25 Augustin Cochin, *Les Sociétés de Pensée et la démocratie moderne* (Paris: Plon-Nourrit et cie, 1921; Paris: Copernic, 1978); *Augustin Cochin, Les Sociétés de Pensée et la Révolution en Bretagne (1787—1788)* (Paris: H. Champion,1925); François Furet, "Augustin Cochin: la théorie du jacobinisme", 载于 *Penser la Révolution française,* pp. 212—259; Ran Halévi, "L'Idée et l'événement. Sur les origines intellectuelles de la Revolution française", *Le Débat*, 38 (1986): 141—163.

26 Jürgen Habermas, *Strukturwandel der Öffentlichkeit, Untersuchungen zu einer Kategorie der bürgerlichen Gesellschaft* (Neuwied: Hermann Luchterhand Verlag,1962), 法语译本为 *L'Espace public. Archéologie de la publicité comme dimension constitutive de la société bourgeoise,* trans. Marc B. de Launay (Paris: Payot, 1978).

27 Michel de Certeau, "La Formalité des pratiques. Du système religieux à l'éthique des Lumières (XVIIe—XVIIIe)", *in his L'Ecriture de l'histoire* (Paris: Gallimard,1975).

28 Michel Foucault, *Surveiller et punir: Naissance de la prison* (Paris: Gallimard,1975).

第 2 章

1 Jürgen Habermas, *Strukturwandel der Öffentlichkeit, Untersuchunzgen zu einer Kategorie der bürgerlichen Gesellschaft* (Neuwied: Hermann Luchterhand Verlag,1962), 法译本为 *L'Espace public. Archéologie de la publicité comme dimension constitutive de la*

société bourgeoise, trans. Marc B. de Launay (Paris: Payot, 1978), 英译本为 *The Structural Transformation of the Public Sphere: An Inquiry into a Category of Bourgeois Society,* trans. Thomas Burger and Frederick Lawrence (Cambridge, Mass.: 'MIT' Press ,1989)。亦可参见 Peter Hohendahl, "Jürgen Habermas: 'The Public Sphere' (1964)", *New German Critique* I, 3(1974): 45—48, and Jürgen Habermas, "The Public Sphere: An Encyclopedia Article (1964)", *New German Critique* I, 3(1974): 49—55。

2 Habermas, *L'Espace public.* p. 38.

3 *René Descartes,Discours de la Méthode,* (*Oeuvres complètes,* Paris: Gallimard, Bibliothèque de la Pléiade, 1953), pt.3, p. 141.

4 Ibid.: *Discours de la Méthode,* p. 144.

5 Jürgen Habermas, *L'Espace public*, op.cit., p. 48.

6 Ibid., p. 63. 关于妇女在绝对主义公共领域或资产阶级公共领域里的地位，可参见 Joan B. Landes, *Women and the Public Sphere in the Age of the French Revolution* (Ithaca: Cornell University Press, 1988)。

7 Keith Michael Baker, "Representation", *in The French Revolution and the Creation of Modern Political Culture,* vol.I, *The Political Culture of the Old Regime,* ed. Keith Michael Baker (Oxford and New York: Pergamon Press, 1987), pp.469—492; reprinted as "Representation Redefined", in Baker, *Inventing the French Revolution: Essays on French Political Culture in the Eighteenth Century* (Cambridge: Cambridge University Press, 1990), pp. 224—251.

8 Emmanuel Kant, "Beantwortung der Frage: *Was Ist Aufklärung?*", *Berlinische Monatsschrift (1784),* 英译本为 *Foundations of the Metaphysics of Morals and What Is Enlightenment,* trans. Lewis White Beck (Indianapolis: Bobbs-Merrill, 1975), pp.85—92. 关于该文本，可参见 Ernst Cassirer 的评注本：*Kants Leben und Lehre* (Berlin: Cassirer, 1918), 英译本为 *Kant's Life and Thought,* trans. Jame Haden (New Haven: Yale University Press, 1981), pp.227—228, 368; Jürgen Habermas, *Structural Transformation,* pp.104—107; Michel Foucault, "Afterword: The Subject and the Power", in *Michel Foucault: Beyond Structuralism and Hermeneutics,* ed. Hubert L.Dreyfus and Paul Rabinow (Chicago: University of Chicago Press, 1982), pp.208—226, especially pp. 215—216; and Michel Foucault, "Un cours inédit", *Le Magazine littéraire*, 207 (1984) : 35—39 .

9 17 世纪知识分子生活的行为方式，奠基于思想自由的学者时代，他们通过书信、手抄本传播、借阅或赠送之书的邮递，而后到 17 世纪中期之后，通过学者的期刊进行交流。参见 Robert Mandrou, *Des humanistes aux hommes de science* (XVIe et XVIe siècles), Paris, Éd. du Seuil, 1973, pp.151—153, 207—215, 以及 Daniel Roche, "Correspondance et voyage au XVIIIe siècle: le réseau de sociablilité d'un académicien provincial, Séguier de Nîmes", *Les Républicains des lettres, Gens de culture et Lumières au XVIIIe siècle*, Paris,

Fayard, 1988, pp.263—280,他们认为在康德的文章里,隐含着对德国情况的认知。与以知识分子麇集于首都为特征的法国相比,德国更依赖文字作品的流通。1827 年,歌德有力地记述了德国这样的特殊性:"我国的杰出之士和思想头脑散布于德国全境。一个在维也纳,另一个在柏林,还有一个在柯尼斯堡,再有一个在波恩或在杜塞尔多夫,彼此之间相隔五十乃至上百英里,因此个人联系和思想交流是极其鲜见的事物。"[转引自 Norbert Elias, *Über den Prozess der Zivilisation. Soziogenetische und Psychogenetische Untersuchungen* (1939; Frankfurtam-Main: Suhrkamp, 1969), 1: 33—34, 法译本为 *La Civilisation des moeurs*, op. cit., pp.42—43。] 亦参见 Paul Dibon, "Communication in Respublica litteraria of the 17th Century", *Res Publica litterarum Litterarum* I (1978): 42—55.

10 Mona Ozouf, "L'Opinion publique", in Baker, *the French Revolution,* vol.I, *The Political Culture of the Old Regime,* pp. 419—434. Quotations are given as per n. 24, pp. 432—433.

11 Elizabeth Fleury, *Le peuple en dictionnaires (fin XVII—XVIIIe siècle)*, Diplôme d'Etudes Approfondies, Paris, Ecole des Hautes Etudes en Sciences Sociales, 1986(打印稿)。

12 Pierre Corneille, *Nicomède, Oeuvres complètes* (Paris: Editions du Seuil, L'Intégrale, 1963, 1970), verses 1696—1697, 1621—1622, 以及 1779—1780, pp. 139—141.

13 *Encyclopédie, ou Dictionnaire raisonné des sciences, des arts et des métiers,* 36 vols.(Lausanne and Berne: chez les Sociétés typographiques, 1778—1781), 25: 343—345.

14 Ibid., 23: 754—757.

15 Ibid., 27: 752—753.

16 Keith Michael Baker, "Politics and Public Opinion under the Old Regime: Some Reflections", *in Press and Politics in Pre-Revolutionary France,* ed. Jack R. Censer and Jeremy D. Popkin (Berkeley: University of California Press, 1987), pp.204—246; reprinted as "Public Opinion as Political Invention" in Baker*, Inventing the French Revolution,* pp. 167—199.

17 转引自 Mona Ozouf, "L'Opinion publique", p. 424.

18 Jean Le Rond d'Alembert, *Discours préliminaire de la l'Encyclopédie* (Paris: Editions Gonthier, Médiations, 1965), "Explication détaillée du système des connaissances humaines", pp. 155—168, quotations, pp. 159—160.

19 Ibid., "Dédicace à Monseigneur le comte d'Argenson", pp. 14—15. 亦可参见 Robert Darnton, "Philosophers Trim the Tree of Knowledge: The Epistemological Strategy of the *Encyclopédie*", in his *The Great Cat Massacre and Other Episodes in French Cultural History* (New York: Basic Books, 1984), pp. 190—213。

20 Malesherbes, "Remontrances relatives aux impôts, 6 mai 1775", in *Les " Remontrances" de Malesherbes 1771—1775,* ed. Elisabeth Badinter (Paris: Union Générale

d'Editions, 10/18, 1978), pp. 167—284, quotacion pp. 272—273.

21 Condorcet, *Esquisse d'un tableau historique des progrès de l'esprit humain* (Paris: Flammarion, GF, 1988), p. 188. 对印刷物的流通与公共领域之间联系的另一种背景的讨论，参见 MichaelWarner, *The Letters of the Republic: Publication and the Public Sphere in Eighteenth-Century America* (Cambridge, Mass.: Harvard University Press, 1990)。

22 Condorcet, *Esquisse d'un tableau*, p. 189.

23 Condorcet, *Esquisse d'un tableau*, p. 229.

24 Malesherbes, "Remonstrances", pp. 269—270.

25 Sarah Maza, "Le tribunal de la nation: les mémoires judiciaires et l'opinion publique à la fin de l'Ancien Régime", *Annales E.S.C.* (1987): 73—90. 我对司法诉状的观念，主要借鉴该文。亦参见 Sarah Maza,"Domestic Melodrama as Political Ideology: The Cse of the Comte de Sanois", *American Historical Review*, Vol.94, No.5(1989), pp.1249—1265。此前的研究还有 Hans-Jürgen Lüsebrink, "L'affaire Cléreaux (Rouen, 1786—1790). Affrontements idéologiques et tensions institutionnelles autour de la scéne judiciaire de la fin du XVllle siècle", *Studies on Voltaire and the Eighteenth Century* 191 (1980): 892—900.

26 Arlette Farge, "Familles: l'honneur et le secret", 指导老师为 Philippe Ariès & Georges Duby, *Histoire de la vie privée,* (Paris: Editions du Seuil, 1986), T.3, *De la Renaissance aux Lumières, ed. Roger Chartier,* pp. 580—617, 以及 Arlette Farge & Michel Foucault, *Le Désordre des familles. Lettres de cachet des Archives de la Bastille* (Paris: Gallimard/Julliard,Collection Archives, 1982)。

27 Thomas E. Crow, *Painters and Public Life in Eighteenth-Century Paris* (New Haven: Yale University Press. 1985), p. 5.

第 3 章

1 Chrétien Guillaume de Malesherbes, *Mémoires sur la liberté de la Press,* 由 Graham E. Rodmell 导读和注释。North Carolina Studies in the Romance Languages and Literatures (Chapel Hill: University of North Carolina Press, 1979). 对马尔泽尔布陈情书的所有引用及页码均来自这个版本，后文引用将标注在括弧里，用 M 加页码数表示。关于该文本，可参见 Raymond Birn, "Malesherbes and the Call for a Free Press", *Revolution in Print. The Press in France 1775—1800*, Robert Darnton & Daniel Roche(ed.), Berkeley & Los Angeles, University of California Press 与 the New York Public Library 合作出版 , 1989, pp.50—66。

2 Denis Diderot, *Sur la liberté de la presse,* partial text, Jacques Proust,ed. (Paris: Editions Sociales, Les Classiques du Peuple, 1964). 对该文本的所有引用和页码均指这个版本，后文将略作 L。该陈情书另外一个版本题为 *Lettre historique et politique sur le commerce de la librairie,* in Diderot,*Oeuvres complètes,* 15 vols. (Paris: Le Club français du Livre, 1963—1973), 5: 305—381。 有关该陈情书的研究，可参见 Jacques Proust, "Pour

servir à une édition critique de la *Lettre sur le commerce de la librairie*", *Diderot Studies* 3 (1961): 321 —345 .

3 Quoted by Jacques Proust in his preface to Diderot, *Sur la liberté de la presse,* p.7.

4 Dale K. Van Kley, *The Damiens Affair and the Unraveling of the Ancien Régime,1750—1770* (Princeton: Princeton University Press,1984).

5 Didier Ozanam, "La Disgrâce d'un premier commis: Tercier et l'affaire de l'Esprit (1758—1759)", *Bibliothèque de l'Ecole des Chartes* 113 (1955): 140—170; Pierre Grosclaude, *Malesherbes témoin et interprète de son temps* (Paris: Librairie Fischbacher, 1961), pp. 120—127.

6 Grosclaude, *Malesherbes,* p. 104. 关于普拉德神父事件，参见 John Stephenson Spink, "Un abbé philosophe: L'affaire de J.-M. de Prades", *Dix-Huitième Siècle* 3 (1971): 145—180; Jean-Claude Davis, "L'affaire de Prades en 1751—1752 d'après deux rapports de police", *Studies on Voltaire and the Eighteenth Century* 245 (1986): 359—371。

7 Grosclaude, *Malesherbes*, p. 105.

8 Ibid., pp. 127—138.

9 关于 Jacob-Nicolas Moreau, 可参见 Dieter Gembicki, *Histoire et politique à la fin de l'Ancien Régime: Jacob-Nicolas Moreau,1717—1803* (Paris: A G. Nizet, 1979); Keith Michael Baker, "Controlling French History: The Ideological Arsenal of Jacob-Nicolas Moreau", *in his Inventing the French Revolution: Essays on French Political Culture in the Eighteenth Century* (Cambridge: Cambridge University Press, 1990), pp. 59—85; Blandine Barret-Kriegel, *Les Historiens et la monarchie* (Paris: Presses Universitaires de France, 1988), vol. I, *Jean Mabillon,* pp. 211—267, and vol. 4, *La République incertaine,* pp. 5—93.

10 Malesherbes, "Remontrances relatives aux impôts, 6 Mai 1775", in *Les " Remontrances" de Malesherbes 1771—1775*, ed. Elisabeth Badinter (Paris: Union Générale d'Editions, 10/18, 1978), p. 273.

11 Steven L. Kaplan, *Bread, Politics and Political Economy in the Reign of Louis XV* (The Hague: Martinus Nijhoff, 1976); Steven L. Kaplan, *Provisioning Paris: Merchants and Millers in the Grain and Flour Trade during the Eighteenth Century* (Ithaca: Cornell University Press, 1984).

12 转引自 Kaplan, *Provisioning Paris,* p. 594。

13 转引自 Diderot, *Sur la liberté de la presse*, p. 24。

14 Roger Chartier, "L'Imprimerie en France à la fin de l'Ancien Régime: l'Etat général des imprimeurs de 1777", *Revue française de l'histoire du livre* 6 (1973): 232—279.

15 Robert Darnton, *The Business of Enlightenment: A Publishing History of the Encyclopédie 1775—1800* (Cambridge, Mass.: Belknap Press of Harvard University Press, 1979), pp. 177—182.

16 Robert Darnton, "A Police Inspector Sorts His Files: The Anatomy of the Republic of Letters", in his *The Great Cat Massacre and Other Episodes in French cultural History* (New York: Basic Books, 1984), pp.144—189.

17 关于默许，可参见 Robert Estivals, *La Statistique bibliographique de la France sous la monarchie au XVIIIe siècle* (Paris and The Hague: Mouton, 1965), pp. 107—120, 275—291。关于总体概览图书特许体系，可参见 Raymond Birn, "Profit of Ideas: *Privilèges en librairie* in Eighteenth-Century France", *Eighteenth-Century Sudies* 4, 2 (1970—1971): 131—168。

18 Grosclaude, *Malesherbes,* pp. 92—95.

19 Alexis de Tocqueville, *L'Ancien Régime et la Révolution* (Paris: Gallimard, 1967), p. 278, quoted from *The Old Regime and the French Revolution,* trans. Stuart Gilbert (Garden City, N.Y.: Doubleday, 1955), p. 177.

20 Jacques Proust, *Diderot et l'Encyclopédie* (Paris: Armand Colin, 1967), chap. 3, "*L'Encyclopédie* et la fortune de Diderot", pp. 81—116.

21 Robert Darnton, "A Police Inspector Sorts His Files", pp. 147—157 and fig. 3.

22 Robert Darnton,"The Facts of Literary Life in Eighteenth-Century France", in *The French Revolution and the Creation of Modern Political Culture,* ed. Keith Michael Baker (Oxford and New York: Pergamon Press, 1987), vol. I, *The Political Culture of the Old Regime*, pp. 261—291 , especially pp. 272—276 and fig.5.

23 Voltaire, *Oeuvres complète,* 52 vols.(Paris: Garnier Frères, 1878—79), vols. 17—20, *Dictionnaire philosophique*. The first two quotations come from the articles "Charlatan", 2: 138—141, and "Quisquis (du) de Ramus ou La Ramée Avec quelques observations utiles sur les persécuteurs, les calomniateurs et les faiseurs de libelles", 4: 318—334. The two latter quotations come from the article "Auteurs", 17: 496—501.

24 John Lough, *Writer and Public in France from the Middle Ages to the Present Day* (Oxford: Clarendon Press, 1978), pp. 199—225.

25 Eric Walter, "Les auteurs et le champ littéraire", in *Histoire de l'Edition française,* 4 vols., Henri-Jean Martin and Roger Chartier, gen. eds. (Paris: Promodis, 1984—1986), vol. 2, *Le Livre triomphant. 1660—1830,* pp. 382—399. For a comparatist perspective, see Mark Ross, "The Author as Proprietor: Donaldson v. Becket and the Genealogy of Modern Authorship", *Representations* 23 (1988): 51—85(for England); Martha Woodmansee, "The Genius and the Copyright: Economic and Legal Conditions of che Emergence of the 'Author'", *Eighteenth-Century Studies* 17, 4 (1984): 425—448.

26 Alain Viala, Naissance de l'écrivain. Sociologie de la littérature à l'âge classique (Paris: Editions de Minuit, 1985). On this work, see the criticism of Jean-Philippe Genet, "La Mesure et le champ culturel", Histoire et Mesure 2, I(1987): 137—169; Christian Jouhaud,

"Litterature et société: naissance de l'écrivain", Annales E.S.C.(July—August 1988): 849—866.

27 Lough, *Writer and Public,* pp.195—197.

28 John Lough, "Luneau de Boisjermain v. the Publishers of the *Encyclopédie",Studies on Voltaire and the Eighteenth Century* 23 (1963): 115—177. 在布瓦斯日耳曼(Luneau de Boisjermain)对巴黎印刷商和出版商同业公会之间的第一次诉讼案中(1768年和1770年,在他们围绕着《百科全书》大争论之前),有两点至关重要:业已接受了某部著作特许权的作者,在什么条件下可以出售这部著作?出版发行权(droit d'editer),也即申请特许,印刷和发行某部著作的权利,是属于任何个人的,即便他不是该书的作者,还是仅属于书商的?该诉讼事件表明书商面对作者可能的解放(他不仅能出版自己的著作而且可能出版他人的著作)的忧惧。

29 Pierre Augustin Caron de Beaumarchais, *La Folle Journée ou le Mariage de Figaro,* in his *Théâtre* (Paris: Flammarion, GF, 1965), pp. 103—242; act5, scene 3, pp.224—226. 本文对博马舍的所有引用均来自这一幕。

30 Rolf Reichardt, "Bastille", in *Handbuch politisch-sozialer Grundbegriffe in Frankreich 1680—1820,* 10 vols., ed. Rolf Reichardt and Eberhard Schmitt (Munich: R. Oldenbourg Verlag, 1988), 9: 7—74; Hans-Jürgen Lüsebrink and Rolf Reichardt, *Die Bastille. Zur Symbolgeschichte von Herrschaft und Freiheit* (Frank-furt-am-Main: Fischer Taschenbuch Verlag, 1990), available in French as "La 'Bastille' dans l'imaginaire social de la France à la fin du XVIIIe siècle (1774—1799)", *Revue d'Histoire Moderne et Contemporaine (1983)*: 196—234.

31 Daniel Roche, "La Police du Iivre", in Martin and Chartier, *Histoire del'Edition française,* 2: 84—91.

32 Condorcet, *Esquisse d'un tableau historique des Progrès de l'esprit bumain* (Paris: Flammarion, GF, 1988), p.190.

第4章

1 Alexis de Tocqueville, *L'Ancien Régime et la Révolution* (Paris: Gallimard, 1967), pp. 239—240, quoted from *The Old Regime and the French Revolution,* trans. Stuart Gilbert (Garden City, N.Y.: Doubleday, 1955), pp. 146—147.

2 Hippolyte Taine, *L'Ancien Régime* (Paris: Robert Laffont, 1966), vol.I, *Les Origines de la France Contemporaine,* p. 205, quoted from *The Ancient Regime*, new rev. ed., trans. John Durand (New York: H. Holt, 1896), pp. 274—275.

3 Daniel Mornet, *Les Origines intellectuelles de la Révolution française 1715—1787* (Paris: Armand Colin, 1933, 1967), p. 432.

4 Roger Chartier, "Du livre au lire. Les pratiques citadines de l'imprimé 1660—

1780", in his *Lectures et lectures dans la France d'Ancien Régime* (Paris: Editions du Seuil, 1987), pp.165—222, available in English as "Urban Reading Practices 1660—1780", in Chartier, *The Cultural Uses of Print in Early Modem France*. trans. Lydia G. Cochrane (Princeton: Princeton University Press, 1987), pp.183—239. For the strong rise in auction sales of private libraries after 1765, see the basic study: Friedhelm Beckmann, "Französische Privatbibliotheken. Untersuchungen zu Literatursystematik und Buchbesitz im 18 Jahrhundert", *Archiv für Geschichte des Buchwesens* 31 (1988): 1—160.

5 Jean-Louis Pailhès, "En marge des biblitchèques: l'apparition des cabinets de lecture", in *Histoire des bibliothèques françaises: Les bibliothèques sous l'Ancien Régime1530—1789,* ed. Claude Jolly (Paris: Promodis/Editions du Cercle de la Librairie, 1988), pp. 414—421.

6 Louis-Sébastien Mercier, *Tableau de Paris. Nouvelle édition corrigée et augmentée,* 8vols. (Amsterdam, 1782—1783), "Loueurs de livres", 5: 61—66, quotation pp.61—62. On Louis-Sébastien Mercier, see Léon Béclard, *Sébastien Mercier: Sa vie son oeuvre, son temps; d'après des documents inédits... Avant la Révolution 1740—1789* (Paris: H. Champion, 1903); Hermann Hafer, ed., *Louis-Sébastien Mercier précurseur et sa fortune. Avec des documents inédits. Recueil d'études sur l'influence de Mercier* (Munich: Wilhelm Fink Verlag, 1977), critical biography by Geneviève Cattin, pp. 341—361.

7 François Furet, "La 'librairie' du royaume de France au 18e siècle", in *Livre et société dans la France du: XVIIIe siècle,* 2 vols. (Paris and The Hague: Mouton,1965—1970), 1: 3—32; Henri-Jean Martin, "Une croissance séculaire", in *Histoire de l'Edition française,* 4 vols., Henri-Jean Martin and Roger Chartier, gen.eds. (Paris: Promodis, 1982—1986), vol. 2, *Le Livre triomphant, 1660—1830*, pp. 94—103.

8 Robert Darnton, "Philosophy under the Cloak", in *Revolution in Print: The Press in France 1775—1800,* ed. Robert Darnton and Daniel Roche (Berkeley: University of California Press, in collaboration with the New York Public Library,1989), pp. 217—249.

9 Mercier, *Tableau de Paris,* "Huissiers-priseurs", 5: 337—345, quotation p. 341.

10 Jacqueline Artier, "Etude sur la production imprimée de l'année 1764", *Ecole nationale der chartes. Positions des thèses soutenues. par les élèves de la promotion de 1981*(Paris: Ecole des chartes, 1981), pp. 9—18.

11 Mercier, *Tableau de Paris,* 12 vols. (Amsterdam, 1783—1788), "Censeurs royaux", 11: 51—132.

12 Robert Darnton, "Le livre prohibé aux frontières: Neuchâtel", in Martin and Chartier, *Histoire de l'Edition française,* 2: 342—359, quotation p. 343.

13 Jeanne Veyrin-Forrer, "Livres arrêtés, livres estampillés: traces parisiennes de la contrefaçon", in *Les Presses grises. La contrefaçon du livre (XVIe—XIXe siècles),* ed.

François Moureau (Paris: Aux Amateurs de Livres, 1988), pp. 101—112 ; Anne Boës and Robert L. Dawson, "The Legitimation of Contrefaçons and the Police Stamp of 1777", *Studies on Voltaire and the Eighteenth Century 230* (1985): 461—484.

14 Silvio Corsini, "La contrefaçon du livre sous l'Ancien Régime", in Moureau, *Les Presses grises,* pp. 22—38; Anne Sauvy, "Livres contrefaits et livres interdits", in Martin and Chartier, *Histoire de l'Edition française,* 2: 104—119.

15 Mercier, *Tableau,* "Saisies", 7: 183—188, quotation pp. 187—188.

16 Bibliothèque de l'Arsenal, MS 10 305, "Etat des Livres prohibés, saisis sur le Sr. Venant Roch Moureau, libraire à Paris, le 31 juillet 1777, et ordonnés etre mis au pilon, par le Jugement de Monsieur Lenoir du 26 aroust 1777".

17 Robert Darnton, "Un colporteur sous l'Ancien Régime", in *Censures. De la Bible aux Larmes d'Eros* (Paris: Editions du Centre Georges Pompidou. 1987), pp. 130—139.

18 Robert Darncon, A Clandestine Bookseller in the Provinces: in his *The Literary Underground of the Old Regime* (Cambridge, Mass.: Harvard University Press, 1982), pp. 122—147 ; this is an abridged version of "Trade in the Taboo: The Life of a Clandestine Book Dealer in Prerevolutionary France", in *The Widening Circle: Essays on the Circulation of Literature in Eighteenth-Century France,* ed. Paul J. Korshin (Philadelphia: University of Pennsylvania Press,1976), pp. 11—83.

19 Robert Darnton, "Livres philosophiques", in *Enlightenment Essays in Memory of Robert Shackleton,* ed. Giles Barber and C. P. Courtney (Oxford, The Voltaire Foundation, 1988), pp. 89—175.

20 Bibliothèque de l'Arsenal, MS 10 305, "Etat des Livres des pausés a St Louis de la cultur mit en ordre par ordre de m.m. les commissaires commancé le 14 juillet 1790 par Poinçot".

21 1790年10月19日致巴黎市长的报告,转引自 Frantz Funck-Brentano, *Archives de la Bastille, la formation du dépôt* (Dole: C.Blind, 1890), p. xiv。

22 Mercier, *Tableau*, "Libelles", 7: 22—28, quotation p. 22.

23 Ibid., "Trente Ecrivains en France, pas davantage", 8: 106—114, quotation pp.106—107.

24 Robert Darnton, "A Clandestine Bookseller in the Provinces", p. 147.

25 Mercier, *Tableau,* "Estampes licencieuses", 6: 92—94, quotation p. 94.

26 Ibid., "Libelles", 7: 22—28, quotation pp. 22—23.

27 Ibid., "Placards", 6: 85—89.

28 Richard Hoggart, *The Uses of Literacy: Changing Patterns in English Mass Culture* (Fairlawn N.J.: Essential Books, 1957), pp. 197, 224, 228, 230.

29 *Journal de ma vie. Jacques-Louis Ménétra, compagnon vitrier au 18e siècle,* ed.

Daniel Roche (Paris: Montalba, 1982), pp. 218—222, 300, quoted from Ménétra, *Journal of My Life,* trans. Arthur Goldhammer (New York: Columbia University Press, 1986), p. 182.

30 Daniel Roche, "Les Primitifs du rousseauisme. Une analyse sociologique et quantitative de la correspondance de J.-J. Rousseau", *Annales E. S.C.* 26 (1971): 15l—172.

31 Jean Biou, "Le Rousseauisme, idéologie de substitution", in *Roman et Lumières au XVIIIe siècle* (Paris: Editions Sociales, 1970), pp.115—128; Anna Ridehalgh, "Preromantic Attitudes and the Birth of a Legend: French Pilgrimages to Ermenonville1778—1789", *Studies on Voltaire and the Eighteenth Century 215(1982)*: 231—252.

32 Robert Darnton, "Readers Respond to Rousseau: The Fabrication of Romantic Sensitivity", in his *The Great Cat Massacre and Other Episodes in French Cultural History* (New York: Basic Books, 1984), pp.214—256, quotations pp. 236 and 237.

33 Robert Darnton, *The Business of Enlightenment. A Publishing History of the Encyclopédie 1775—1800* (Cambridge, Mass.: Belknap Press of Harvard University Press, 1979), PP. 287—294.

34 Agnès Marcetteau-Paul and Dominique Varry, "Les Bibliothèques de quelques acteurs de la Révolution de Louis XVI à Robespierre", *in Mélanges de la Bibliothèque de la Sorbonne,* vol. 9, *Livre et Révolution* (Paris: Aux Amateurs de Livres, 1989), 189—207.

35 Agnès Marcetteau-Paul and Dominique Varry, "Les Bibliothèques de quelques acteurs de la Révolution de Louis XVI à Robespierre", *in Mélanges de la Bibliothèque de la Sorbonne,* vol. 9, *Livre et Révolution* (Paris: Aux Amateurs de Livres, 1989), 189—207.

36 Mercier, *Tableau,* "A la Royale", 5: 148—149.

37 Ibid., "Vieilles enseignes", 5: 123—126. quotation p. 123.

38 Christian Jouhaud, *Mazarinades: La Fronde des mots* (Paris: Aubier, 1985), pp.37—39.

39 Jacques Revel, "Marie-Antoinette", *Dictionnaire critique de la Révolution française,* sous la direction de François Furet and Mona Ozouf , Paris: Flammarion, 1988, pp.286—298.

40 Mona Ozouf, "Le Panthéon. L'Ecole normale des morts", in *Les Lieux de mémoire,* 2 vols., ed. Pierre Nora (Paris: Gallimard, 1984), vol. I, *La République,* pp.139—166; Roger Barny, *Rousseau dans la Revolution: Le personnage de Jean-Jacques et les débuts du culte révolutionnaire* (1787—1791). Studies on Voltaire and the Eighteenth Century 246 (Oxford: Voltaire Foundation, 1986).

41 James Leith, "Les trois apothéoses de Voltaire", *Annales Historiques de la Révolution Française* 34 (1979): 161—209, quotation p. 200.

42 Robespierre, "Sur les rapports des idées religieuses et morales avec les principes républicains et sur les fêtes nationales", in his *Textes choisis,* 3 vols. (Paris: Editions Sociales, 1958; 1974), vol. 3 *(Novembre 1793—juillet 1794)*, pp. 115—180, quotation pp. 171—172.

43 Lise Andriès, "Les florilèges littéraires pendant la Révolution", *Littérature69*, "Intertextualité et Révolution"(1988): 5—18.

44 Hans-Jürgen Lüsebrink, "L''Histoire des Deux Indes' et ses 'extraits.' Un Mode de dispersion textuelle au XVIIIe siècle", *Littérature 69*, "Intertextualité et Révolution" (1988): 28—41.

45 Leith, "Les trois apothéoses de Voltaire", p. 207.

46 转引自 Hans Ulrich Gumbrecht and Rolf Reichardt, "Philosophie,Philosophie", in *Handbuch politisch-sozialer Grundbegriffe in Frankreich 1680—1820*, 10 vols., ed. Rolf Reichardt and Eberhard Schmitt (Munich: R. Oldenbourg Verlag, 1985—), 3: 7—88, quotation p. 64。

47 Rolf Engelsing, "Die Perioden der Lesergeschichte in der Neuzeit. Das statistische Ausmass und die soziokulturelle Bedeutung der Lektüre", *Archiv für Geschichte des Buchwesens* 10 (1970): 946—1002.

48 Roger Chartier, "Représentations et pratiques: lectures paysannes au XVIIIe siècle", in his *Lectures et lecteurs dans la France d'Ancien Régime,* pp. 223—246.

49 Mercier, *Tableau,* "Bouquiniste", 2: 128—132, quotation pp. 131—132.

50 Ibid., "Petits formats", 4: 80—84, quotation pp. 80—81.

51 Immanuel Kant, "Beantwortung der Frage: Was Ist Aufklärung?", *Berlinische Monatsschrift* (1784), 转引自 "What Is Enlightenment?" in *Foundations of the Metaphysics of Morals and What Is Enlightenment,* trans. Lewis W.Beck (Indianapolis: Bobbs-Merrill, 1959, 1975), p. 87。

第5章

1 Alexis de Tocqueville, *L'Ancien Régime et la Révolution* (Paris: Gallimard, 1967), quoted from *The Old Régime and the French Revolution,* trans. Stuart Gilbert (Garden City, N.Y.: Doubleday, 1955). The quotations are from *L'Ancien Régime*, book I, chap. 3, pp. 68—72 (*Tbe Old Régime,* "How though its objectives were political, the French Revolution followed the lines of a religious revolution and why this was so", pp. 10—13), and book 3, chap.2, pp.242—253 (*The Old Régime,* "How vehement and widespread anti-religious feeling had become in eighteenth-century France and its influence on the nature of the Revolution", pp. 148—157).

2 *L'Ancien Régime,* p. 251; *the Old Régime*, p. 156.

3 Jean Delumeau, Le Catholicisme entre Luther et Voltaire (Paris: Presses Universitaires de France, Nouvelle Clio 30 bis, 1971), P. 330, quoted from Catholicism between Luther and Voltaire: *A New View of the Counter-Reformation,* trans.Jeremy Moiser (London: Burns and Oats, Philadelphia: Westminster Press, 1977), p. 231.

4 Jacques Toussaert, *Le Sentiment religieux en Flandre à la fin du Moyen-Age* (Paris: Plon, 1963), especially pp. 122—204. For an overview of Sunday and Easter practices in the fourteenth and fifteenth centuries, see Jacques Chiffoleau, "Les 'banalités' paroissiales", in *Histoire de la France religieuse,* 2 vols. , ed. Jacques Le Goff and René Rémond (Paris: Editions du Seuil, 1988), vol. 2, *Du christianisme flamboyant à l'aube des Lumières,* ed. François Lebrun, pp. 62—79.

5 Dominique Julia, "La Réforme posttrindentine en France d'après les procèsverbaux des visites pastorales: ordre et résistances", in *La società religiosa nell'età moderna* (Naples: Guida Editori, 1973), PP. 311—433, especially pp. 351—353. See also Robert Sauzet, "L'Acculturation des masses populaires", in Le Goff and Rémond, *Histoire de la France religieuse*, 2: 434—443.

6 Marie-Hélène and Michel Froeschlé-Chopard, *Atlas de la Réforme pastorale en France de 1550 à 1790* (Paris: Editions du CNRS, 1986), pp. 64—69 and map 65, pp. 192—193.

7 Alphonse Dupront, *Du sacré. Croisades et pèlerinages, images et langage* (Paris: Gallimard, 1987), p. 422.

8 Louis Perouas, *Le diocèse de La Rochelle de 1648 à 1724. Sociologie et pastorale* (Paris: SEVPEN, 1964).

9 Michel Vovelle, *Piété baroque et déchristianisation en Provence au XVIIIe siècle. Les attitudes devant la mort d'après les clauses des testaments* (Paris: Plon, 1973); Pierre Chaunu, *La mort à Paris, XVIe, XVIIe et XVIIIe siècles* (Paris: Fayard, 1978).

10 Vovelle, *Prété baroque et déchristianisation en Provence,* pp. 128—129.

11 Jean-Paul Poisson and Joannès Chetail, "Foi et au-delà dans les clauses religieuses des testaments déposés au Sénat de Savoie au XVIIIe siècle", *The Gnomon: Revue Internationale d'Histoire du Notariat 54 (March 1987)*: 30—46.

12 Alain Bideau and Jean-Pierre Bardet, "Fluctuations chronologiques ou début de la révolution contraceptive?" in Jacques Dupâquier et al., *Histoire de la poplation française,* 2 vols. (Paris: Presses Universitaires de France, 1988), vol.2, *De la Renaissance à 1789,* pp. 373—398.

13 Pierre Chaunu, "Malthusianisme démographique et malthusianisme économique. Réflexions sur l'échec industriel de la Normandie à l'époque du démarrage", *Annales E.S.C.* 27(1972): 1—19; and Chaunu, "Postface", in Dupâquier et al., *Histoire de la population française,* 2: 553—563.

14 Jean-Louis Flandrin, *Familles, parenté, maison, sexualité dans l'ancienne société,* rev.ed. (Paris: Editions du Seuil, 1984), pp. 204—233, available in English as *Families in Former Times: Kinship, Household, and Sexuality* (New York: Cambridge University Press,

1979), pp. 212—242.

15 Jean-Louis Flandrin, *Les Amours paysannes. Amour et sexualité dans les campagnes de l'ancienne France XVIe—XIXe siècle* (Paris: Editions Gallimard/Julliard, Collection Archives, 1975), pp. 177—179, 233—235.

16 Peter Laslett, Karla Oosterveen, and Richard M. Smith, eds., *Bastardy and Its Comparative History: Studies in the History of Illegitimacy and Marital Nonconformism in Britain, France, Germany, Sweden, North America, Jamaica and Japan* (London: Edward Arnold, and Cambridge, Mass.: Harvard University Press, 1980).

17 Timothy Tackett, "L'Histoire sociale du clergé diocésain dans la France du XVIIIe siècle", *Revue d'Histoire Moderne et Contemporaine* (1979): 198—234.

18 Maurice Agulhon, *Pénitents et Francs-Maçons dans l'ancienne Provence* (Paris: Fayard, 1968), pp. 189—211.

19 Louis Châtellier, *L'Europe des dévots* (Paris: Flammarion, 1987), pp. 195—232, available in English as *The Europe of the Devout: The Catholic Reformation and the Formation of a New Society,* trans. Jean Birrell (Cambridge: Cambridge University Press, Paris: Editions de la Maison des Sciences de l'homme. 1989), pp. 177—193.

20 Alphonse Dupront, "Livre et culture dans la société française du 18e siècle: Réflexions sur une enquête", in *Livre et société dans la France du XVIIIe siècle* (Paris and The Hague: Mouton, 1965), pp. 185—238, quotation p. 225.

21 Michel Vovelle, "La Sensibilité pré-revolutionnaire", in *Vom ancien régime zur französischen Revolution. Forschungen und Perspektiven* ed. Ernst Hinrichs, Eberhard Schmitt, and Rudolf Vierhaus (Göttingen: Vandenhoeck and Ruprecht1978), pp. 516—538.

22 Michel de Certeau, "La Formalité des pratiques. Du système religieux à l'éthique des Lumières (XVIIe—XVIIIe)", in *La società religiosa nell'età moderna,* pp. 447—509; reprinted in his *L'Ecriture de l'histoire* (Paris: Gallimard, 1975), pp. 153—212, and available in English in Certeau, *The Writing of History,* trans. Tom Conley (New York: Columbia University Press, 1988), pp. 153—212; Dominique Julia, "Déchristianisation ou mutation culturelle? L'exemple du Bassin parisien au XVIIIe siècle", in *Croyances, pouvoirs et sociélé. Des limousins aux français. Etudes offertes à Louis Perouas,* ed. Michel Cassan, Jean Boutier, and Nicole Lemaître (Treignac: Editions Les Monédières, 1988), pp. 185—239.

23 Dale K. Van Kley, *The Damiens Affair and the Unraveling of the Ancien Régime, 1750—1770* (Princeton: Princeton University Press, 1984), especially, pp. 163—165.

24 Quoted from Julia, "Déchristianisation ou mutation culturelle?", p. 222.

25 Dupront, *Du sacré,* p. 424.

26 参见例文 Timothy Tackett, *Priest and Parish in: Eighteenth-Century France. A Social and Political Study of the Curés of Dauphiné* (Princeton: Princeton University Press,

1977), pp. 194—215。

27 Michel de Certeau, "La Formalité des pratiques", cited from *L'Ecriture de l'histoire,* p. 165; *The Writing of History,* pp. 156—157.

28 Timothy Tackett, *Religion, Revolution and Regional Culture in Eighteenth-Century France: The Ecclesiastical Oath of 1791* (Princeton: Princeton University Press, 1985); Dominique Julia, "La Revolution, l'Eglise et la France (note critique)", *Annales E.S.C.* 43 (1988): 761—770.

29 Michel Vovelle, *Religion et Révolution. La déchristianisation de l'an II* (Paris: Hachette, 1976); Vovelte, *La Révolution contre l'Eglise. De la Raison à l'Etre Suprême* (Brussels: Editions Complexe, 1988).

30 Dupront, *Du sacré,* p. 466.

31 Roger Dupuy, *De la Révolution à la Chouannerie, Paysans en Bretagne 1788—1794* (Paris: Flammarion, 1988), p. 328.

32 Mona Ozouf, La *fête rêvolutionnaire 1789—1799* (Paris: Gallimard, 1976), pp. 317—340.

第 6 章

1 Alphonse Dupront, *Les Lettres,les sciences, la religion et les arts dans la société française de la deuxième moitié du dix-huitième siècle* (Paris: Centre de Documentation Universitaire, 1963), p.52.

2 本段和前文的陈情书片段，引自 Pierre Goubert and Michel Denis, 1789, *les Français ont la parole... Cabiers de doléances des Etats Généraux* (Paris: Julliard, Collection Archives, 1964), pp. 39—49 (Saint-Jean de Cauquessac, Lauris, and Sèvres); Dupront, *Les Lettres, les sciences, la religion et les arts,* p. 53 (Barcelonette); Régine Robin, *La Société française en 1789: Semur-en-Auxois* (Paris: Plon, 1970), pp. 298—308 (Toutry).

3 John Markoff, "Images du Roi au débuc de la Révolution", in *L'Image de la Rèvolution française: Communications présentées lors du Congrès Mondial pour le Bicentenaire de la Révolution, Sorbonne, Paris, 6—12 juillet 1989,* 4 vols., Michel Vovelle, gen. ed (Paris and Oxford: Pergamon Press, 1989—1990), 1: 237—245.

4 Michael Walzer, ed. *Regicide and Revolution; Speeches at the Trial of Louis XVI,* trans. Marian Rothstein (Cambridge: Cambridge Universiry Press, 1974); Jeffre John Markoff, "Images du Roi au débuc de la Révolution", in *L'Image de la Rèvolution française: Communications présentées lors du Congrès Mondial pour le Bicentenaire de la Révolution, Sorbonne, Paris, 6—12 juillet 1989,* 4 vols., Michel Vovelle, gen. ed (Paris and Oxford: Pergamon Press, 1989—1990), 1: 237—245. W. Merrick, The Desacralization of the French Monarchy in the Eighteenth Century (Baton Rouge: Louisiana State University Press, 1990).

5 Yves-Marie Bercé, *Histoire des Croquants. Etudes des soulèvements populaires au XVIIe siècle dans le Sud-Ouest de la France,* 2 vols. (Geneva: Librairie Droz, 1974), 2: 608—611.

6 Arlette Farge and Jacques Revel, *Logiques de la foule, L'affaire des enlèvements d'enfants Paris 1750* (Paris: Hachette, 1988), quotations pp. 112, 133.

7 Pierre Rétat, ed., *L'Attentat de Damiens.Discours sur l'événement au XVIIIe siècle* (Paris: Editions du CNRS, Lyons: Presses Universitaires de Lyon, 1979).

8 Michel Foucault, *Surveiller et punir. Naissance de la prison* (Paris: Gallimard, 1975), chap. 2, "L'éclat des supplices", pp. 36—72. quotation p. 52.

9 Dale K.Van Kley, *The Damiens Affair and the Unraveling of the Ancien Régime 1750—1770* (Princeton: Princeton University Press, 1984), chap. 5, "Damiens'Peers", pp. 226—265.

10 Edmond Jean François Barbier, *Journal d'un bourgeois de Paris sous le règne de Louis XV* (Paris: Union Génératе d'Editions, 1963), pp. 279—280.

11 Arlette Farge, *La Vie fragile. Violence, pouvoirs et solidarités à Paris au XVIIIe siècle* (Paris: Hachette, 1986), pp. 206—234, shows the increasing criticism of public executions, expressed by means of requests for pardon issuing from the crowd and, on occasion, by the sabotage of the means for carrying out the king's punishment.

12 Van Kley, *The Damiens Affair*, p. 232.

13 Ibid., p. 255.

14 本段和接下来两段的引文（除一个来自 *Dictionnaire de Trévoux* 之外）均来自 Steven L.Kaplan, *Bread, Politics and Political Economy in the Reign of Louis XV, 2 vols.*(The Hague: Martinus Nijhoff, 1976), 1: 309, 320, 321; and Kaplan, *The Famine Plot Persuasion in Eighteenth-Century France.* Transactions of the American Philosophical Society, vol. 72, pt. 3 (Philadelphia: American Philosophical Society, 1982), p. 54。

15 *Dictionnaire Universel françois et latin, vulgairement appelé Dictionnaire de Trévoux*, new ed. (Paris, 1771), s.v. "Peuple".

16 这两条阿尔迪日记的引文，转引自 Farge, *La vie fragile*, pp. 204—205。

17 Van Kley, *The Damiens Affair,* pp. 253—254.

18 Ibid, pp. 247—248, and n. 86, pp. 347—348.

19 Robert Darnton, "A Clandestine Bookseller in the Provinces", in his *The Literary Underground of the Old Regime* (Cambridge, Mass: Harvard University Press, 1982), pp. 122—147, especially pp. 145—146.

20 Marc Bloch, *Les Rois thaumaturges. Etudes sur le caractère surnaturel attribué à la puissance royale particulièrement en France et en Angleterre* (1924; Paris: Gallimard,1983), chap. 5, "Le miracle royal au temps des luttes religieuses et de l'absolutisme", pp. 309—379,

quotation p. 347.

21 引自 Bloch, *Les Rois thaumaturges,* p.351.

22 Alain Boureau, *Le Simple corps du roi. L'impossible sacralité des souverains français XVe—XVIIIe siècle* (Paris: Les Editions de Paris, 1988), p. 23.

23 Jean-François Courtine, "L'héritage scolastique dans la problématique théoogo-politique de l'âge classique", in *L'Etat baroque. Regards sur la pensée politique de la France du premier XVIIe siècle,* ed. Henry Méchoulan (Paris: Librairie Philosophique J. Vrin, 1985), pp. 89—118.

24 Jacques-Louis Ménétra, *Journal de ma vie.Jacques-Louis Ménétra, compagnon vitrier au 18e siècle,* presented by Daniel Roche (Paris: Montalba, 1982), pp. 161 , 212 and n.18, p. 402, quoted from Ménétra, *Journal of My Life,* ed. Daniel Roche, trans. Arthur Goldhammer (New York: Columbia University Press, 1986), pp.131, 176, n. 18, p. 366.

25 Barbier, *Journal d'un bourgeois de Paris,* pp. 301—302.

26 Ménétra, *Journal de ma vie,* pp. 389—394.

27 Ralph E. Giesey, "The King Imagined", in *The French Revolution and the Creation of Modern Political Culture,* 2 vols , ed. Keith Michael Baker (Oxford and New York: Pergamon Press, 1987),vol. I, *The Political Cultnre of the Old Regime,* pp.41—59; Giesey, "Modèles de pouvoir dans les rites royaux français", *Annales E.S.C.* 41 (1986): 579—599.

28 Ralph E. Giesey, *The Royal Funeral Ceremony in Renaissance France*, Genève, Droz, 1960 (trad. fr. *Le roi ne meuri jamais. Les obsèques royales dans la France de la Renaissance*, Paris, 1987).

29 有关1610年宪制象征符号与王权理论的转变，参见 Sarah Hanley, *The Lit de Justice of the Kings of France: Constitutional Ideology in Legend. Ritual, and Discourse* (Princeton: Princeton University Press,1983), chaps. 10 and 11, pp. 231—280; Ralph E. Giesey, *The Royal Funeral Ceremony in Renaissance France* (Geneva: Librairie Droz, 1960)。

30 Hélène Himelfarb, "Versailles, functions et légendes", in *Les Lieux de mémoire,* 2 vols., ed. Pierre Nora, vol 2, *La Nation* (Paris: Gallimard, 1984—86), pt. 2, pp. 235—292, quotation, p. 246.

31 Edouard Pommier, "Versailles, l'image du souverain", in Nora, *Les Lieux de mémoire,* 2: 193—234 [the 1685 medal, illustrated on p. 227, is taken from *Médailles sur les principaux événements du Règne de Lonis-le-Grand* (1702)].

32 Marianne Grivel, *Le Commerce de l'estampe à Paris an XVIIe siècle.* Histoire et civilisation du livre 16 (Geneva: Librairie Droz, 1986), pp. 157—160.

33 Michèle Fogel, *Les Cérémonies de l'information dans la France du XVIe au milieu du XVIIIe siècle* (Paris: Fayard, 1989), pp. 133—245.

34 Ibid., p. 243.

35 Michèle Fogel, "Propagande, communication, publication: points de vue et demande d'enquête pour la France des XVIe—XVIIe siècle", in *La Culture et l'idéologie dans la genèse de l'Etat moderne.* Actes de la table ronde organisée par le Centre de la recherche scientifique et L'Ecole française de Rome, Rome, 15—17 October 1984 (Rome: Ecole française de Rome, 1985), pp. 325—336, statistics pp. 328—329.

36 Jacques Le Goff, "Reims. ville du sacre", in Nora, *Les Lieux de mémoire,* vol. 2, La Nation, pt. I, pp. 89—184.

37 Giesey, *Cérémonial et puissance souveraine,* p. 85.

38 Louis Marin, *Le Portrait du roi* (Paris: Les Editions de Minuit, 1982), introduction, "Les trois formules", pp. 7—22, quotation p. 10.

39 Ibid., p. 19.

40 Anne-Marie Lecoq, "La Symbolique de l'Etat. Les images de la monarchie des premiers Valois à Louis XIV", in Nora, *Lieux de mémoire,* vol. 2, pt. 2, pp. 145—192.

41 Louis XIV, *Mémoires,* ed. Jean Longnon (Paris: Tallandier, 1978), p. 35.

42 André Félibien, *Description sommaire du château de Versailles* (Paris: G. Desprez,1674), 转引自 Pommier, "Versailles, l'image du souverain", n. 25, p. 229。

43 Bernard Teyssèdre, *L'Art au siècle de Louis XIV* (Paris: Le Livre de Poche, 1967),chap.5, "Versailles, vivante folie, 1666—1678", pp. 128—202.

44 Pommier,"Versailles, l'image du souverain", p. 213.

45 Himelfarb, "Versailles, fonctions et légendes", pp. 252—257.

46 Pierre Bourdieu, *Le Sens pratique* (Paris: Les Editions de Minuit, 1980), p. 226.

47 Marin, *Le Portrait du roi,* p. 11; *Portrait of the King,* p. 6.

48 Blaise Pascal, *Pensées, in Pascal. Oeuvres complètes,* ed. Louis Lafuma (Paris: Editions du Seuil, L'Intégrale. 1963), no. 25, p. 503.

49 Pascal, *Pensées,* no. 44, p. 504; *Pascal's Pensées,* p. 41.

50 Roger Chartier, "Du rituel au for privé: les chartes de mariage lyonnaises au XVIIe siècle", in *Les Usages de l'imprimé* (XVe—XIXe siècle), ed. R. Chartier (Paris: Fayard, 1987), pp. 229—251.

51 Pascal, *Pensées,* no. 124, p. 514.

第7章

1 Peter Burke, *Popular Culture in Early Modern Europe* (New York: Harper and Row, 1978), "Politics and the People", pp. 259—270, 引文来自 p. 259。

2 Roger Chartier, "Pamphlets et gazettes", in *Histoire de l'Edition française,* 4 vols., ed Henri-Jean Martin and Roger Chartier (Paris: Promodis, 1982—1986),vol. I, *Le livre conquérant. Du Moyen Age au milieu du XVIIe siècle* (1982), pp.405—425, especially table,

p. 423, which makes use of Henri-Jean Martin, M. Lecocq, et al., *Livres et lecteurs à Grenoble. Les registres du libraire Nicolas* (1645—1668), 2 vols., (Geneva: Librairie Droz, 1977).

3 Alfred Morin, *Catalogue descriptif de la Bibliothèque bleue de Troyes* (Almanachs exclus) (Geneva: Librairie Droz, 1974). On the Bibliothèque bleue, see Jean-Paul Oddos, "Simples notes sur les origines de la Bibliothèque bleue", in Giovanni Dotoli, *La 'Bibliothèque bleue' nel Seicento o della letteratura per il popolo* (Bari: Adriatica, Paris: Nizet, 1981), pp. 159—168; Roger Chartier. "Stratégies éditoriales et lectures populaires, 1530—1660", and "Livres bleus et lectures populaires", in his *Lectures et lecteurs dans la France d'Ancien Régime* (Paris: Editions du Seuil, 1987), pp. 87—124, 247—270.

4 Frédéric Deloffre, ed., *Agréable conférences de deux Paysans de Saint-Ouen et de Montmorency sur les affaires du temps* (1649— 1651). *Edition critique* (Lyons: Annales de l'Université de Lyon, 1962); Christian Jouhaud, *Mazarinades. La Fronde des mots* (Paris: Aubier, 1985), pp. 223—225.

5 Hans-Jürgen Lüsebrink, ed., *Histoires curieuses et véritables de Cartouche et de Mandrin* (Paris: Montalba, Bibliothèque bleue, 1984), pp. 11—76, quotation p. 66; Roger Chartier, "Figures littéraires et expériences sociales: la littérature de la gueuserie dans la Bibliothèque bleue", in his *Lectures et lecteurs dans la France d'Ancien Régime,* pp. 271—351.

6 Roger Chartier, "Représentations et pratiques: lectures.paysannes au XVIIIe siècle", in his *Lectures et lecteurs dans la France d'Ancien Régime,* pp. 223—246.

7 Norbert Elias, *Über den Prozess der Zivilisation. Soziogenetische und psychogenetische Untersuchungen* (1939; Frankfurt-am-Main: Suhrkamp, 1969; reprint edition, Suhrkamp Taschenbusch Wissenschaft, 1978—1979), "Zur Soziogenese des Staates", pp. 123—311.

8 Yves-Marie Bercé, *Histoire des Croquants, Etudes des soulèvements populaires au XVIIe siècle dans le Sud-Ouest de la France,* 2 vols. (Geneva: Librairie Droz, 1974).

9 Boris Porchnev, Les *soulèvements populaires en France de 1632 à 1648* (Paris: SEVPEN, 1963), maps of the locations of revolts, pp. 665—676.

10 Joël Cornette, "Fiction et réalité de l'Etat baroque (1610—1652)", in *L'Etat baroque.Regards sur la pensée politique de la France du premier XVIIe siècle,* ed. Henry Méchoulan (Paris: J. Vrin, 1985), pp. 7—87, especially pp. 14—27.

11 Emmanuel Le Roy Ladurie, "Révoltes et contestations rurales en France de 1675 à 1788", *Annales E.S.C.* 29 (1974): 6—22.

12 Hilton L. Root, *Peasants and King in Burgundy: Agrarian Foundations of French Absolutisrn* (Berkeley: University of California Press, 1987), chap. 5, "Challenging the Seigneurie: Community and Contentions on the Eve of the Revolution", pp. 155—204.

13 Yves Durand, ed., *Cahiers de doléances des paroisses du bailliage de Troyes pour les Etats généraux de 1614* (Paris: Presses Universitaires de France, 1966); Jean-Jacques Vernier, ed., *Cahiers de doléances du bailliage de Troyes (principal et secondaire) et du bailliage de Bar-sur-Seine pour les Etats généraux de 1789* (Troyes, 1909—1911).

14 可参见 Roger Chartier and Jean Nagle, "Doléances rurales: le bailliage de Troyes", in *Représentation et vouloir politiques. Autour des Etat généraux de 1614,* ed. Roger Chartier and Denis Richet (Paris: Editions de I'Ecole des Hautes Etudes en Sciences Sociales, 1982), pp. 89—111; Roger Chartier, "Culture, Lumières, doléances: les cahiers de 1789", *Revue d'Histoire Moderne et Contemporaine* 28(1981): 68—93, available in English as "From Words to Texts: The *Cahiers de doléances*", in Chartier, *The Cultural Uses of Print,* pp. 110—144.

15 A.N. Galpern, *The Religions of the People in Sixteenth-Century Champagne* (Cambridge, Mass : Harvard University Press, 1976).

16 Dominique Julia, "Le clergé paroissial du diocèse de Reims à la fin de l'Ancien Régime", *Etudes Ardennaises* 49 (1967): 19—35, and 55 (1968): 41—66.

17 Alexis de Tocqueville, *L'Ancien Régime et la Révolution,* 2 vols. (Paris: Gallimard, 1958), vol. 2, *Fragments et notes inédites sur la Révolution,* p. 126.

18 Porchnev, *Les soulèvements populaires in France,* pp. 132—135.

19 Cynthia M. Truant, "Independent and Insolent: Journeymen and Their 'Rites' in the Old Regime Workplace", in *Work in France: Representations. Meaning, Organization, and Practice,* ed. Steven Laurence Kaplan and Cynthia J. Koepp (Ithaca: Cornell University Press, 1986), pp. 131—175, summaries of journey men's labor activity in Nantes and Lyons, pp. 174—175.

20 Steven Kaplan, "Réflexions sur la police du monde du travail, 1700—1815", *Revue Historique* 261 (1979): 17—77.

21 Michael Sonenscher, "Journeymen, the Courts and the French Trades 1781—1791", *Past and Present* 114 (February 1987): 77—109; Sonenscher, *Work and Wages: Natural Law, Politics, and Eighteenth-Century French Trades* (Cambridge: Cambridge University Press, 1989), chap. 8, "Conflict and the Courts", pp. 244—294.

22 Steven Laurence Kaplan, "Social Classification and Representation in the Corporate World of Eighteenth-Century France: Turgot's 'Carnival' " in Kaplan and Koepp, *Work in France,* pp. 176—228

23 Sonenscher, "Journeymen", pp. 108—109.

24 Steven Kaplan, "Les corporations, les 'faux ouvriers' et le faubourg Saint—Antoine au XVIIIe siècle", *Annales E.S.C.* 43 (1988): 353—378.

25 Michael Sonenscher, "Les sans-culottes de l'an II: Repenser le langage du travail

dans la France révolutionnaire", *Annales E.S.C.* 40 (1985): 1087—1108, quotation pp. 1094—1095.

26 Jürgen Habermas, *Strukturwandel der Öff entlichkeit, Untersuchungen zu einer Kategorie der bürgerlichen Gesellschaft* (Neuwied: Hermann Luchterhand Verlag, 1962), available in English as *The Structural Transformation of the Public Sphere: An Inquiry into a Category of Bourgeois Society,* trans. Thomas Burger and Frederick Lawrence (Cambridge: Polity Press, Cambridge, Mass: MIT Press, 1989).

27 Benedetta Craveri, *Madame du Deffand e il suo mondo* (Milan: Adelphi Editori, 1982); for an overall view of the salons, see Dena Goodman, "Enlightened Salons: The Convergence of Female and Philosophic Ambitions", *Eighteenth-Century Studies* 22, 3 (1989): 329—350.

28 Alan Charles Kors, *D'Holbach's Coterie: An Enlightenment in Paris* (Princeton: Princeton University Press. 1976); Daniel Roche, "Lumières et engagement politique: la coterie d'Holbach dévoilée", *Annales E.S.C.* 33 (1978): 720—728, also available in his *Les Républicains des Lettres. Gens de culture et Lumières au XVIIIe siècle* (Paris: Fayard, 1988), pp. 242—253.

29 Voltaire, *Lettre à M. Lefèvre sur les inconvénients attachés à la littérature* (1732), quoted from Craveri, *Madame du Deffand e il suo mondo,* p. 137.

30 Craveri, *Madame du Deffand e il suo mondo,* pp. 136—142.

31 Jean Sgard, "La multiplication des périodiques", in Martin and Chartier, *L'Histoire de l'Edition française,* 2: 198—205.

32 Jean Sgard, *Bibliographie de la presse classique* (1600—1789) (Geneva: Editions Slatkine, 1984).

33 Claude Labrosse and Pierre Rérat, with Henri Duranton, *L'instrument périodique. La fonction de la presse au XVIIIe siècle* (Lyons: Presses Universitaire de Lyon. 1985), especially pp. 71—86.

34 数据比较源自 Henri Duranton, Robert Favre, Claude Labrosse, and Pierre Rétat, "Etude quantitative des périodiques de 1734", in *Presse et histoire au XVIIIe siècle。L'année I 734,* ed. Pierre Rétat and Jean Sgard (Paris: Editions du CNRS, 1978), pp. 63—126; François Furet, "La'librairie'du royaume de France au 18e siècle", in *Livre et société dans la France du XVIIIe siècle,* 2 vols. (Paris and The Hague: Mouton, 1965, 1970), 1: 3—32.

35 Jean Ehrard and Jacques Roger, "Deux périodiques français du XVIIIe siècle", *Le Journal des Savants et les Mémoires de Trévoux,* in *Livre et société dans la France du XVIIIe siècle,* 2: 33—59.

36 Claude Labrosse, *Lire au XVIIIe siècle. La Nouvelle Héloïse et ses lecteurs* (Lyons: Presses Universitaires de Lyon, 1985), pp. 119—174.

37 Thomas E. Crow, *Painters and Public Life in Eighteenth-Century Paris* (New Haven: Yale University Press, 1985).

38 William Weber, "Learned and General Musical Taste in Eighteenth-Century France", *Past and Present 89* (1980): 58—85.

39 Udolpho van de Sandt, "Le Salon de l'Académie de 1759 à 1781", in *Diderot et l'Art de Boucher à David. Les Salons: 1759—1781* (Paris: Editions de la Réunion des Musées Nationaux, 1984), pp. 79—84; Bernadette Fort, "Voice of the Public: Carnivalization of Salon Art in Prerevolutionary France", *Eighteenth-Century Studies* 22, 3 (1989): 368—394.

40 François Furet, *Penser la Revolution française* (Paris: Gallimard, 1978), p. 59.

41 Immanuel Kant, *The Critique of Pure Reason,* trans. Norman Kemp Smith (New York: The Humanities Press, 1950), p. 9.

42 Gérard Gayot, *La Franc-Maçonnerie française. Textes et pratiques* (XVIIIe—XIXe siècles) (Paris: Editions Gallimard/Julliard, Collection Archives, 1980), p. 32.

43 Ran Halévi, *Les loges maçonniques dans la France d'Ancien Régime. Aux origines de la sociabilité démocratique. Cahiers des Annales 40* (Paris: Librairie Armand Colin,1984).

44 Daniel Roche, *Le siècle des Lumières en province. Académie et académiciens provinciaux, 1680—1789,* 2 vols. (Paris and The Hague: Mouton, 1978), vol. 2, table 38, p. 419; table 13, p. 382; table 41, pp. 423—424.

45 转引自 Gayot, *La Franc—Maçonnerie française,* pp. 170—171; Halévi, *Les loges maçonniques,* pp. 79, 80。

46 转引自 Roche, *Le siècle des Lumières en province,* 1: 273。

47 Denis Richet, "Autour des origines idéologiques lointaines de la Révolution: Elites et despotisme", *Annales E.S.C.* 24 (1969): 1—23.

48 Reinhart Koselleck, *Kritik und Krise. Eine Studie zur Pathogenese der bürgerlichen Welt* (Fribourg and Munich: Verlag Karl Albert, 1959), quoted from *Critique and Crisis: Enlightenment and the Pathogenesis of Modern Society* (Cambridge, Mass.: MIT Press, 1988), p. 75.

49 Keith Michael Baker, "Politics and Public Opinion under the Old Regime: Some Reflections", in *Press and Politics in Pre-Revolutionary France,* ed. Jack R.Censer and Jeremy D. Popkin (Berkeley: University of California Press, 1987), pp. 204—246; reprinted as "Public Opinion as Political Invention", in Baker, *Inventing the French Revolution: Essays on French Political Culture in the Eighteenth Century* (Cambridge: Cambridge University Press, 1990), pp. 167—199.

50 Pierre Bourdieu, *La distinction. Critique social et jugement* (Paris: Les Editions du Minuit, 1979), chap. 8, "Culture et politique", pp. 463—541, available in English as *Distinction: A Social Critique of the Judgment of Taste,* trans. Richard Nice (Cambridge,

Mass.: Harvard University Press, 1984), chap. 8, "Culture and Politics", pp. 397—465.

51 Bronislaw Baczko, *Comment sortir de la Terreur. Thermidor et la Révolution* (Paris: Gallimard, 1989), p. 346.

第8章

1 Lawrence Stone, *The Causes of the English Revolution 1529—1642* (New York: Harper Torchbook, 1972), p. 98.

2 Ibid., p. 113.

3 Ibid., p. 103.

4 Dale Van Kley, "The Jansenist Constitutional Legacy in the French Prerevolution", in *The French Revolution and the Creation of Modern Political Culture,* 2 vols., ed. Keith Michael Baker (Oxford and New York: Pergamon Press,1987), vol. I, *The Political Culture of the Old Regime,* pp. 169—201 , quotation p.179; Van Kley, "The Estates General as Ecumenical Council: The Constitutionalism of Corporate Consensus and the Parlement's Ruling of September 25,1788", *Journal of Modern History* 61, I (1989): 1—52.

5 Michael Fried, *Absorption and Theatricality: Painting and Beholder in the Age of Diderot* (Berkeley: University of California Press, 1980), pp. 136—138, 145—160, Diderot quotation, pp. 147.

6 Thomas E. Crow, *Painters and Public Life in Eighteenth-Century Paris* (New Haven: Yale University Press. 1985), chap. 7, "David and the Salon", pp. 210—254.

7 Stone, *Causes of the English Revolution,* p. 104.

8 Roger Chartier, "Culture, Lumières, doléances: les cahiers de 1789", *Revue d'Histoire Moderne et Contemporaine* 28 (1981): 68—93.

9 Edna-Hindie Lemay, "La composition de l'Assemblée Nationale Constituante: les hommes de la continuité?", *Revue d'Histoire Moderne et Contemporaine*, 24(1977), pp. 341—363.

10 Regine Robin, *La société française en 1789: Semur-en-Auxois* (Paris: Plon, 1970), pp. 294—298.

11 André Burguière, "Société et culture à Reims à la fin du XVIIIe siècle: la diffusion des 'Lumières' analysée à travers les cahiers de doléance", *Annales E.S.C.* 22 (1967): 303—339.

12 Alphonse Dupront, "Formes de la culture de masses: de la doléance politique au pélerinage panique (XVIIIe—XXe siècle)", in *Niveaux de culture et groupes sociaux.* Actes du colloque réuni du 7 au 9 mai 1966 à l'Ecole Normale Supérieure, Paris (Paris and The Hague: Mouton, 1967), pp. 149—167, 引自 p. 158。

13 Ibid.

14 Daniel Mornet, *Les origines intellectuelles de la Révolution française 1715—1789* (1933; Paris: Armand Colin, 1967), p. 454.

15 Jean Hébrard, "Les catéchismes de la première Révolution", in *Colporter la Révolution,* ed. Lise Andriès (Ville de Montreuil: Bibliothèque Robert-Desnos, 1989), pp. 52—81.

16 Stone, *Causes of the English Revolution,* p. 105.

17 Jean-François Solnon. *La Cour de France* (Paris: Fayard, 1987), pp. 421—446.

18 Hélène Himelfarb, "Versailles, functions et légendes", in *Les lieux de mémoire,* 2 vols., ed. Pierre Nora (Paris: Gallimard, 1984—1986), vol. 2, pt. 2, pp. 235—292, especially pp. 261—269.

19 Louis-Sébastien Mercier, *Tableau de Paris. Nouvelle édition corrigée et augmentée,* 8 vols. (Amsterdam, 1782—1783), "De la Cour", 4: 261—264.

20 Robert Darnton, "Trade in the Taboo: The Life of a Clandestine Book Dealer in Prerevolutionary France", in *The Widening Circle: Essays on the Circulation of Literature in Eighteenth-Century Europe,* ed. Paul J. Korshin (Philadelphia: University of Pennsylvania Press, 1976). pp. 11—83.

21 根据 Robert Darnton 上引文第 62 页 (法译本第 169 页)。

22 Jean-Claude Perrot, "Nouveautés: l'économie politique et ses livres", in *Histoire de l'Edition Française,* 4 vols., Henri-Jean Martin and Roger Chartier, gen.eds. (Paris: Promodis, 1982—1986), vol. 2, *Le livre triomphant. 1660—1830,* pp. 240—257, 特别参见 p. 254。

23 Robert Darnton, "Ideology on the Bourse", in *Image de la Révolution française.* Communications présentées lors du Congrès Mondial pour le Bicentenaire de la Révolution, Sorbonne, Paris, 6—12 July 1989, 4 vols. , ed. Michel Vovelle (Paris and Oxford: Pergamon Press, 1989—1990), 1: 124—139; Darnton, "Trends in Radical Propaganda on the Eve of the French Revolution (1782—1788)" (Ph.D. diss., Oxford University, 1964), chap. 9, "The Final Assault on the Government", 它引自书商阿尔迪 1788 年的日记:"人们读此书 (*Histoire du siège de Paris*) 时不可能不泪如雨下,人们发现它如此真实,创作得如此之好。人们同时被悲伤、愤怒和恐惧所打动。" 亦可参见 Jeremy Popkin, "Pamphlet Journalism at the End of the Old Regime", *Eighteenth-Century Studies* 22, 3(1989): 368—394.

24 Sarah Maza, "The Diamond Necklace Affair Revisited (1785—1786): The Case of the Missing Queen", *in Eroticism and the Body Politic in France,* ed. Lynn Hunt (Baltimore: Johns Hopkins University Press, 1990).

25 Alexis de Tocqueville, *L'Ancien Régime et la Revolution* , op. cit. (note 1, p.21), livre II, chap.II, pp. 98—109.

26 Ibid., livre II, chap. VII, pp. 146—152.

27 Ibid., 引自 pp. 148, 150。

28 Jean-Claude Perrot, *Genèse d'une ville moderne. Caen au XVIIIe siècle,* 2 vols. (Paris and The Hague Mouton, 1975), 2: app. 28, "Le couple culturel Paris province", p. 1026（它列出了 1737—1793 年间出版的 21 本书）。亦可参见 Simon Davies, "Paris and the Provinces in Eighteenth-Century Prose Fiction", *Studies on Voltaire and the Eighteenth Century* 214 (Oxford: Voltaire Foundation, 1982); Jean Mohsen Fahmy, "Voltaire et Paris", *Studies on Voltaire and the Eighteenth Century* 195 (Oxford: Voltaire Foundation, 1981).

29 Fougeret de Monbron, *Le Cosmopolite ou le Citoyen du Monde suivi de La Capitale des Gaules ou la Nouvelle Babylone* (Bordeaux: Editions Ducros, 1970), pp. 145—156.

30 Mercier, *Tableau,* "De l'influence de la capitale sur les provinces", 4: 296—299.

31 Ibid., "Le Parisien en province", l: 87—88.

32 Ibid., "Auteurs nés à Paris", 4: 21—29, 引文来自 pp. 21, 27.

33 Roger Chartier, "Les deux France. Histoire d'une géographie", *Cahiers d'Histoire* (1978): 393—415, especially pp. 412—414.

34 Norbert Elias, *Die höfische Gesellschaft, Untersuchungen zur Soziologie des Königtums und der höfischen Aristokratie mit einer Enleitung: Soziologie und Geschicht-wissenschaft* , Neuwied: Hermann Luchterhand Verlag, 1969, (trad. fr. *La société de cour*, Paris, Flammarion, 1985).

35 Norbert Elias, *Über den Prozess der Zivilisation.Soziogenetische und Psychogenetische Untersuchungen*(1939), op. cit. (note1, p.16), t.II, p.274 (trad. fr. *La Dynamique de l'Occident*, op. cit., p.148).

36 Elias, *Die höfische Gesellschaft,* op. cit., p. 401(trand. fr. p.313—314).

37 Stone, *Causes of the English Revolution,* pp. 108—110.

38 Ibid., pp. 113—114.

39 Mark H. Curtis, "The Alienated Intellectuals of Early Stuart England", *Past and Present* 23 (1962): 25—43. 0n the topic of "alienated intellectuals", see also Roger Chartier, "Espace social et imaginaire social. Les intellectuels frustrés au XVIIe siècle", *Annales E.S.C.* 37 (1982): 389—400, available in English as "Time to Understand: The 'Frustrated Intellectuals'", in Chartier, *Cultural History,* pp. 127—150.

40 Dominique Julia and Jacques Revel, "Les étudiants et leurs études dans la France moderne", in *Les universités européennes du XVIe au XVIIIe siècle. Histoire sociale des populations étudiantes*, 2 vols., ed. Dominique Julia, Jacques Revel, and Roger Chartier (Paris: Editions de l'Ecole des Hautes Etudes en Sciences Sociales, 1986—1989), 2: 25—486. 这里使用的所有数据均来自该研究。

41 Lenard R. Berlanstein, *The Barristers of Toulouse in the Eighteenth Century* (1740—1793) (Baltimore: Johns Hopkins University Press, 1975).

42 Maurice Gresset, *Gens de justice à Besançon: de la conquête par Louis XIV à la Révolution française,* 1674—1789, 2 vols. (Paris: Bibliothèque Nationale,1978); Gresset, "L'état d'esprit des avocats comtois à la veille de la révolution", in *Actes du 102e Congrès national des Sociétés Savantes* (*Limoges,* 1977). *Section d'Histoire Moderne et Contemporaine* (Paris: Bibliothèque Nationale, 1978), vol.I, *Contributions à l'histoire des mentalités de 1610 à nos jours,* pp. 83—93.

43 Robert Darnton, "The High Enlightenment and the Low-Life of Literature in Pre-Revolutionary France", *Past and Present 51* (1971): 81—115; reprinted in Darnton, *The Literary Underground of the Old Regime* (Cambridge, Mass.: Harvard Universiry Press, 1982), pp. 1—40.

44 Alphonse Dupront, *Les lettres, les sciences, la religion et les dans la société française de la deuxième moitié du dix-huitième siècle* (Paris : Centre de Documentation Universitaire, 1963), p. 21.

延伸阅读

对法国革命文化起源的所有反思都必须从阅读“经典之作”开始：Alexis de Tocqueville, *L'Ancien Régime et la Révolution*(1856; Paris: Gallimard, 1967), 英译本为 *The Old Régime and the French Revolution,* trans. Stuart Gilbert (Garden City, N.Y.: Doubleday, 1955); Hippolyte Taine, *L'Ancien Régime* (1875 ; Paris: Robert Laffont, 1986), 英译本为 *The Ancient Regime*, new rev. ed., trans. John Durand (New York: H. Holt, 1896); and Daniel Mornet, *Les origines intellectuelles de la Révolution française 1715—1787*(1933; reprint, Paris: Armand Colin, 1967)。

两本导读为深入启蒙文化提供了入口：Jean Starobinski, *L'invention de la liberté. 1700—1789* (Geneva: Skira, 1964)。英译本为 *The Invention of Liberty, 1700—1789,* trans. Bernard C. Swift (Geneva: Skira, 1964); Alphonse Dupront, *Les lettres, les sciences, la religion et les arts dans la sociéte, française de la deuxième moitié du dix-huitième siècle* (Paris: Centre de Documentation Universitaire, 1963)。

关于18世纪政治文化的一系列定义，无论是互补的还是相互冲突的，可参见 Jürgen Habermas, *Strukturwandel der Öffentlichkeit. Untersuchungen zu einer Kategorie der bürgerlichen Gesellschaft*

(Neuwied: Hermann Luchterhand Verlag, 1962), 英译本为 *The Structural Transformation of the Public Sphere: An Inquiry into a Category of Bourgeois Society,* trans.Thomas Burger in association with Frederick Lawrence (Cambridge, Mass.: MIT Press, 1989); François Furet, *Penser la Révolution française* (Paris: Gallimard, 1978,revised and corrected 1983), 英 译 本 为 *Interpreting the French Revolution,* trans. Elborg Forster (Cambridge: Cambridge University Press, Paris: Editions de la Maison des Sciences de l'homme, 1981); Mona Ozouf, *L'homme régénéré. Essais sur la Révolution française* (Paris: Gallimard, 1989); Keith Michael Baker, *Inventing the French Revolution: Essays on French Political Culture in the Eighteenth Century* (New York: Cambridge University Press, 1990)。还可以补充相关作品：Keith Michael Baker, ed., *The French Revolution and the Creation of Modern Political Culture,* 2 vols. (Oxford and New York: Pergamon Press, 1987), vol. I, *The Political Culture of the Old Regime.* 关于妇女在新政治文化中的地位，可参见 Joan B. Landes, *Women and the Public Sphere in the Age of the French Revolution* (Ithaca:Cornell University Press, 1988)。

一本以德文出版的参考书，对理解旧制度政治语汇主要概念中被共同认可的或看法不同的意义有极大助益：Rolf Reichardt and Eberhard Schmitt, *Handbuch politisch-sozialer Grundbegriffe in Frankreich, 1680—1820,* 10 vols. to date (Munich:R. Oldenbourg Verlag, 1985—)。

关于君主制从公共仪式向宫廷社会转变的长期演进过程，可参见 Ralph E. Giesey: *The Royal Funeral Ceremony in Renaissance France* (Geneva: Librairie Droz, 1960), and *Cérémonials et puissance souveraine. France, XVe—XVIIe siècles,* trans. Jeannie Carlier. Cahier des Annales 41 (Paris: Armand Colin, 1987); Norbert Elias, *Die Höfische Gesellschaft. Untersuchungen zur Soziologie des Königtums und ber höfischen Aristokratie mit einer Enleitung:*

Soziologie und Geschichtwissenschaft (Darmstadt and Neuwied: Hermann Luchterhand Verlag, 1969), 英译本为 *The Court Society,* trans. Edmund Jephcott (Oxford: Blackwell, 1983)。

关于国王和君主制的“去神圣化”主题,可参见 Michael Walzer, *Regicide and Revolution: Speeches at the Trial of Louis XVI,* trans. Marian Rothstein (Cambridge: Cambridge University Press, 1974); Dale K. Van Kley, *The Damiens Affair and the Unraveling of the Ancien Régime, 1750—1770* (Princeton: Princeton University Press, 1984); Arlette Farge and Jacques Revel, *Logiques de la foule, L'affaire des enlèvements d'enfants, Paris, 1750* (Paris: Hachette, 1988) Jeffrey W. Merrick, *The Desacralization of the French Monarchy in the Eighteenth Century* (Baton Rouge: Louisiana State University Press, 1990)。

从宗教改革到启蒙时代的非基督教化运动的总体考察,可参见 Jean Delumeau, *Le Catholicisme,entre Luther et Voltaire* (Paris: Presses Universitaires de France, Nouvelle Clio 30 bis, 1971), 英译本为 *Catholicism between Luther and Voltaire: A New View of the Counter-Reformation,* trans. Jeremy Moiser (Philadelphia: Westminster Press, and London: Burns and Oats, 1977); Jacques Le Goff and René Rémond, eds., *Histoire de la France religieuse,* 4 vols. (Paris: Editions du Seuil, 1988), vol. 2, *Du christianisme flamboyant à l'aube des Lumières,* ed. François Lebrun (1988), and vol. 3, *Du roi Très Chrétien à la laïcité républicaine,* ed. Philippe Joutard (forthcoming). 关于非基督教化中的种种特征,可参见 Michel Vovell, *Piété baroque et déchristianisation en Provence au XVIIIe siècle. Les attitudes devant la mort d'après les clauses des testaments* (Paris: Plon, 1973); Pierre Claunu, *La mort à Paris. XVIe, XVIIe, XVIIIe siècles* (Paris: Fayard, 1978); and Timothy Tackett,

Religion, Revolution and Regional Culture in Eighteenth-Century France: The Ecclesiastical Oath of 1791(Princeton: Princeton University Press, 1986). 为了拓宽视野,以下这篇文章值得重视：Michel de Certeau, "La formalité des pratiques. Du système religieux à l'ethique des Lumières (XVIIe—XVIIIe)", reprinted in Certeau, *L'Ecriture de l'histoire*(Paris: Gallimard, 1975), pp.153—212, 英译本为 *The Writing of History,* trans. Tom Conley (New York: Columbia University Press,1988).

关于识字率的进步,可参见 François Furet and Jacques Ozouf, *Lire et écrire. L'alphabétisation des français de Calvin à Jules Ferry* (Paris: Editions du Minuit, 1977), 英译本为 *Reading and Writing: Literacy in France from Calvin to Jules Ferry* (Cambridge: Cambridge University Press, 1982)。关于基础和中等教育的改变,参见 Roger Chartier, Marie-Madeleine Compère, and Dominique Julia, *L'éducation en France du XVIe au XVIIIe siècle* (Paris: SEDES,1976); Willem Frijhoff and Dominique Julia, *Ecole et société dans la France d'Ancien Régime*。*Quatre exemples: Auch, Avallon, Condom, Gisors* (Paris: Armand Colin, 1975); Marie-Madeleine Compère, *Du collège au lycée* (1500—1850). *Généalogie de l'enseignement secondaire français* (Paris: Gallimard, 1985). 关于大学录取,参见 Dominique Julia and Jacques Revel, eds., *Les universités européennes du XVIe au XVIIIe siècle. Histoire sociale des populations étudiantes,* 2 vols. (Paris:Editions de l'Ecole des Hautes Etudes en Sciences Sociales, 1986—1989), vol. 2, France (1989)。关于女性教育,参见 Martine Sonnet, *L'éducation des filles au temps des Lumières* (Paris: Cerf, 1987)。Harvey Chisick, *The Limits of the Reform in the French Enlightenment: Attitudes toward the Education of the Lower Classes in Eighteenth-Century France* (Princeton:Princeron University Press, 1981), 描述了启蒙运动对大众教育的抵制。关于教育社会学著作的总体性考察,可参见 Serge

Bonin and Claude Langlois, eds., *Atlas de la Révolution française,* 4 vols. (Paris: Editions de l'Ecole des Hautes Etudes en Sciences Sociales, 1987—), vol.2, *L'enseignement* 1760—1815,ed. Dominique Julia (1987)。

达恩顿在一系列著作中,对禁书和小册子流通的重要性及影响进行了研究: Robert Darnton: *The Business of Enlightenment: A Publishing History of the Encyclopédie, 1775—1800* (Cambridge, Mass : Belknap Press of Harvard University Press, 1979); *The Literary Underground of the Old Regime*(Cambridge, Mass.: Harvard University Press, 1982); *The Great Cat Massacre and Other Episodes in French Cultural History* (New York: Basic Books, 1984)。这些著作完善和修正了 20 世纪 60 年代法国两卷本书籍史著作中提出的观点: *Livre et sociéte dans la France du XVIIIe siècle,* 2 vols (Paris and The Hague: Mouton, 1965—1970)。

关于报刊新闻,可参见 Jack R. Censer and Jeremy D. Popkin, eds., *Press and Politics in Pre-Revolutionary France* (Berkeley: University of California Press, t987); Claude Labrosse and Pierre Rétat, with Henri Duranton, *L'instrument périodique. La fonction de la presse au XVIIIe siècle* (Lyons: Presses Universitaires de Lyon, 1985)。基本的参考书是 Jean Sgard, *Bibliographie de la presse classique* (1600—1789)(Geneva: Editions Slatkine, 1984)。

关于 16—18 世纪书籍生产和阅读实践的长期演变史,可参见 Roger Chartier, *Lectures et lecteurs dans la France d'Ancien Régime* (Paris: Le Seuil, 1987), 英译本为 *The Cultural Uses of Print in Early Modern France,* trans. Lydia G. Cochrane (Princeton: Princeton University Press, 1987); Robert Darnton and Daniel Roche, eds., *Revolution in Print: The Press in France,1775—1800* (Berkeley: University of California Press, in collaboration wtch the New York Public Library, 1989)。关于旧制度时代出版的研究,可参见 Henri-Jean Martin and Roger Chartier, gen. eds.,

*Histoire de l'Edition française,*4 vols. (Paris: Promodis,1982—1986), vol. I , *Le livre conquérant. Du MoyenAge au milieu du XVIIe siècle* (1982; reprinted 1989), and vol. 2, *Le livre triomphant. 1660—1830* (1984; reprinted 1990)。

关于17—18世纪间影响作者生存条件的一系列变化，可参见 John Lough, *Writer and Public in France: From the Middle Ages to the Present Day* (Oxford: Clarendon Press, 1978)。关于该主题的进一步研究，可参见 Alain Viala, *Naissance de l'écrivain. Sociologie de la littérature à l'âge classique* (Paris: Les Editions de Minuit, 1985); the various studies of Robert Darnton in the works already cited; Eric Walter, "Les auteurs et le champ littéraire", *Histoire de l'Edition Française 2: 382—399*。

关于18世纪思想社交的奠基性研究，可参见 Daniel Roche, *Le Siècle des Lumières en province. Académies et académiciens provinciaux,1680—1789, 2* vols. (Paris and The Hague: Mouton, 1978)。关于共济会研究，可参考两本结论截然相反的著作：Gérard Gayot, *La Franc-Maçonnerie française. Textes et pratiques (XVIIIe—XIXe siècles)* (Paris: Gallimard/Julliard, Collection Archives, 1980); Ran Halévi, *Les loges maçonniques dans la France d'Ancien Régime. Aux origines de la sociabilité démocratique* .Cahier des Annales 40 (Paris:Armand Colin, 1984) 。关于沙龙，可参见 Carolyn C. Lougee, *Le Paradis des Femmes:Women, Salons, and Social Stratification in Seventeenth-Century France* (Princeton: Princeton University Press, 1976), 可补充参见 , by Alan Charles Kors, *D'Holbach's Coterie: An Enlightenment in Paris* (Princeton: Princeton University Press, 1976); Benedetta Craveri, *Madame du Deffand e il suo mondo*(Milan: Adelphi Editori, 1982); 以及 Dena Goodman, "Enlightened Salons: The Convergence of Female and Philosophic Ambitions", *Eighteenth-Century Studies* 22, 3 (1989):

329—350。关于文学共和国赖以产生的环境及其诸种实践，可参见 Daniel Roche, *Les Républicains des Lettres Gens de culture et Lumières au XVIIIe siècle* (Paris: Fayard, 1988)。

作为社会现实和评判法庭的公众的形成，是下列论著的核心：Thomas Crow, *Painters and Public Life in Eighteenth-Century Paris* (New Haven: Yale University Press, 1985); Michael Fried, *Absorption and Theatricality: Painting and Beholder in the Age of Diderot* (Berkeley: University of California Press,1980); William Weber, "Learned and General Musical Taste in Eighteenth-Century France", *Past and Present* 89 (1980): 58—85。

关于巴黎文化，尤其是大众行为方式，可参见 Daniel Roche, *Le Peuple de Paris, Essai sur culture populaire* (Paris: Aubier Montaigne, 1981), 英译本为 *The People of Paris: An Essay in Popular Culture in the Eighteenth Century*,trans. Mark Evans and Gwynne Lewis (Berkeley: University of California Press,1987); Jacques-Louis Ménétra, *Journal de ma vie. Jacques-Louis Ménétra, compagnon vitrier au 18e siècle,* presented by Daniel Roche (Paris: Montalba, 1982), 英译本为 *Journal of My Life*, ed. Daniel Roche, trans. Arthur Goldhammer (New York: Columbia University Press, 1986); Robert Isherwood, *Farce and Fantasy. Popular Entertainment in Eighteenth-Century Paris* (New York: Oxford University Press, 1986); Arlette Farge, *La vie fragile. Violence, pouvoirs et solidarités à Paris au XVIIIe siècle* (Paris: Hachette, 1986)。

关于旧制度最后十年法国人情感的变化，可参见达恩顿的未刊论文："Trends in Radical Propaganda on the Eve of the French Revolution (1782—1788)" (Oxford University, 1964); Darnton, *Mesmerism and the End of the Enlightenment in France* (1968; reprint, Cambridge, Mass.: Harvard University Press, 1970)。关于 18 世纪法国人心态世

界中两个最有力存在的两个神话，可参见 Steven L. Kaplan, *The Famine Plot Persuasion in Eighteenth-Century France.* Transactions of the American Philosophical Society, n.s. vol. 72, pt. 3 (Philadelphia: American Philosophical Society,1982); Hans-Jürgen Lüsebrink and Rolf Reichardt, *Die Bastille. Zur Symbolgeschichte von Herrschaft und Freiheit* (Frankfurt am Main: Fischer Taschenbuch Verlag, 1990)。

有大量的论著研究1789年的陈情书，我们可以阅读 George V. Taylor, "Revolutionary and Nonrevolutionary Content in the *Cahiers* of 1789: An Interim Report", *French Historical Studies* (1972): 479—502; Gilbert Shapiro and Philip Dawson, "Social Mobility and Political Radicalism: The Case of the French Revolution of 1789", in *The Dimensions of Quantitative Research in History,* ed. William O. Aydelotte, Allan G. Bogue, and Robert William Fogel (Princeton:Princeton University Press, 1972), pp. 159, 191; Roger Chartier, "Culture, Lumières, doléances: les cahiers de 1789", *Revue d'Histoire Moderne et Contemporaine* 28(1981): 63—93, 英译本为 "From Words to Texts. *The Cahiers de doléances of 1789",* in Chartier, *The Cultural Uses of Print in Early Modern France,* pp.110—144; John Markoff, "Some Effects of Literacy in Eighteenth-Century France", *Journal of Interdisciplinary History* 17, 2(1986): 311—333。

关于私人生活领域和公共领域的关系，可参见 Reinhart Koselleck, *Kritik und Krise. Eine Studie zur Pathogenese der bürgerlichen Welt* (Fribourg: Verlag Karl Albert, 1959; Frankfurt am Main: Suhrkamp, 1976), 英译本为 *Critique and Crisis: Enlightenment and the Pathogenesis of Modern Society* (Cambridge: MIT Press, 1988); Arlette Farge and Michel Foucault, *Le désordre des familles. Lettres de cachet des Archives de la Bastille* (Paris: Gallimard/Julliard, Collection Archives, 1982); Philippe

Ariès and Georges Duby, eds., *Histoire de la vie Privée,* 4 vols. (Paris: Editions du Seuil, 1986), vol. 3, *De la Renaissance aux Lumières,* ed. Roger Chartier (1986), 英译本为 *A History of Private Life* (Cambridge, Mass: Belknap Press of Harvard University Press, 1987—1988), vol. 3, *Passions of the Renaissance,* trans. Arthur Goldhammer; Sarah Maza, "Le tribunal de la nation: les mémoires judiciaires à la fin de l'Ancien Régime", *Annales E.S.C.* 42 (1987): 73—90; Maza, "Domestic Melodrama as Political Ideology: The Case of the Comte de Sanois", *American Historical Review* 94, 5 (1989): 1249—1265。

索　引

（条目后的页码为原书页码，见本书边码）

人文与社会译丛

第一批书目

1.《政治自由主义》(增订版),[美]J. 罗尔斯著,万俊人译 48.00 元
2.《文化的解释》,[美]C. 格尔茨著,韩莉译 89.00 元
3.《技术与时间:爱比米修斯的过失》,[法]B. 斯蒂格勒著,裴程译 35.00 元
4.《依附性积累与不发达》,[德]A. G. 弗兰克著,高铦等译 13.60 元
5.《身处欧美的波兰农民》,[美]F. 兹纳涅茨基、W. I. 托马斯著,张友云译 9.20 元
6.《现代性的后果》,[英]A. 吉登斯著,田禾译 45.00 元
7.《消费文化与后现代主义》,[美]M. 费瑟斯通著,刘精明译 14.20 元
8.《英国工人阶级的形成》(上、下册),[英]E. P. 汤普森著,钱乘旦等译 69.00 元
9.《知识人的社会角色》,[美]F. 兹纳涅茨基著,郏斌祥译 26.00 元

第二批书目

10.《文化生产:媒体与都市艺术》,[美]D. 克兰著,赵国新译 29.00 元
11.《现代社会中的法律》,[美]R. M. 昂格尔著,吴玉章等译 39.00 元
12.《后形而上学思想》,[德]J. 哈贝马斯著,曹卫东等译 35.00 元
13.《自由主义与正义的局限》,[美]M. 桑德尔著,万俊人等译 30.00 元

14.《临床医学的诞生》,[法]M. 福柯著,刘北成译　25.00 元
15.《农民的道义经济学》,[英]J. C. 斯科特著,程立显等译　42.00 元
16.《俄国思想家》,[英]I. 伯林著,彭淮栋译　35.00 元
17.《自我的根源:现代认同的形成》,[加]C. 泰勒著,韩震等译　88.00 元
18.《霍布斯的政治哲学》,[美]L. 施特劳斯著,申彤译　29.00 元
19.《现代性与大屠杀》,[英]Z. 鲍曼著,杨渝东等译　59.00 元

第三批书目

20.《新功能主义及其后》,[英]J. 亚历山大著,彭牧等译　15.80 元
21.《自由史论》,[英]J. 阿克顿著,胡传胜等译　58.00 元
22.《伯林谈话录》,[英]L. 贾汉贝格鲁等著,杨祯钦译　23.00 元
23.《阶级斗争》,[法]R. 阿隆著,周以光译　13.50 元
24.《正义诸领域:为多元主义与平等一辩》,[美]M. 沃尔泽著,褚松燕等译　24.80 元
25.《大萧条的孩子们》,[美]G. 埃尔德著,田禾等译　27.30 元
26.《黑格尔》,[加]C. 泰勒著,张国清等译　88.00 元
27.《反潮流》,[英]I. 伯林著,冯克利译　48.00 元
28.《统治阶级》,[意]G. 莫斯卡著,贾鹤鹏译　68.00 元
29.《现代性的哲学话语》,[德]J. 哈贝马斯著,曹卫东等译　78.00 元

第四批书目

30.《自由论》(修订版),[英]I. 伯林著,胡传胜译　38.00 元
31.《保守主义》,[德]K. 曼海姆著,李朝晖、牟建君译　16.00 元
32.《科学的反革命》(修订版),[英]F. 哈耶克著,冯克利译　58.00 元

33.《实践感》,[法]P. 布迪厄著,蒋梓骅译 52.00 元
34.《风险社会》,[德]U. 贝克著,何博闻译 17.70 元
35.《社会行动的结构》,[美]T. 帕森斯著,彭刚等译 80.00 元
36.《个体的社会》,[德]N. 埃利亚斯著,翟三江、陆兴华译 15.30 元
37.《传统的发明》,[英]E. 霍布斯鲍姆等著,顾杭、庞冠群译 21.20 元
38.《关于马基雅维里的思考》,[美]L. 施特劳斯著,申彤译 78.00 元
39.《追寻美德》,[美]A. 麦金太尔著,宋继杰译 35.00 元

第五批书目

40.《现实感》,[英]I. 伯林著,潘荣荣、林茂译 30.00 元
41.《启蒙的时代》,[英]I. 伯林编著,孙尚扬、杨深译 35.00 元
42.《元史学》,[美]H. 怀特著,陈新译 55.00 元
43.《意识形态与现代文化》,[英]J. B. 汤普森著,高铦等译 68.00 元
44.《美国大城市的死与生》,[加]J. 雅各布斯著,金衡山译 29.50 元
45.《社会理论和社会结构》,[美]R. K. 默顿著,唐少杰等译 128.00 元
46.《黑皮肤,白面具》,[法]F. 法农著,万冰译 14.00 元
47.《德国的历史观》,[美]G. 伊格尔斯著,彭刚、顾杭译 58.00 元
48.《全世界受苦的人》,[法]F. 法农著,万冰译 17.80 元
49.《知识分子的鸦片》,[法]R. 阿隆著,吕一民、顾杭译 45.00 元

第六批书目

50.《驯化君主》,[美]H. C. 曼斯菲尔德著,冯克利译 68.00 元
51.《黑格尔导读》,[法]A. 科耶夫著,姜志辉译 45.00 元
52.《象征交换与死亡》,[法]J. 波德里亚著,车槿山译 45.00 元
53.《自由及其背叛》,[英]I. 伯林著,赵国新译 48.00 元

54.《启蒙的三个批评者》,[英]I. 伯林著,马寅卯、郑想译 48.00 元
55.《运动中的力量》,[美]S. 塔罗著,吴庆宏译 23.50 元
56.《斗争的动力》,[美]D. 麦克亚当、S. 塔罗、C. 蒂利著,李义中等译 31.50 元
57.《善的脆弱性》,[美]M. 纳斯鲍姆著,徐向东、陆萌译 55.00 元
58.《弱者的武器》,[美]J. C. 斯科特著,郑广怀等译 42.00 元
59.《图绘》,[美]S. 弗里德曼著,陈丽译 49.00 元

第七批书目

60.《现代悲剧》,[英]R. 威廉斯著,丁尔苏译 45.00 元
61.《论革命》,[美]H. 阿伦特著,陈周旺译 59.00 元
62.《美国精神的封闭》,[美]A. 布卢姆著,战旭英译,冯克利校 68.00 元
63.《浪漫主义的根源》,[英]I. 伯林著,吕梁等译 28.00 元
64.《扭曲的人性之材》,[英]I. 伯林著,岳秀坤译 22.00 元
65.《民族主义思想与殖民地世界》,[美]P. 查特吉著,范慕尤、杨曦译 18.00 元
66.《现代性社会学》,[法]D. 马图切利著,姜志辉译 32.00 元
67.《社会政治理论的重构》,[英]R. 伯恩斯坦著,黄瑞祺译 25.00 元
68.《以色列与启示》,[美]E. 沃格林著,霍伟岸、叶颖译 48.00 元
69.《城邦的世界》,[美]E. 沃格林著,陈周旺译 54.00 元
70.《历史主义的兴起》,[德]F. 梅尼克著,陆月宏译 48.00 元

第八批书目

71.《环境与历史》,[英]W. 贝纳特、P. 科茨著,包茂红译 25.00 元
72.《人类与自然世界》,[英]K. 托马斯著,宋丽丽译 35.00 元

73.《卢梭问题》,[德]E. 卡西勒著,王春华译　15.00元
74.《男性气概》,[美]H. C. 曼斯菲尔德著,刘玮译　28.00元
75.《战争与和平的权利》,[美]R. 塔克著,罗炯等译　25.00元
76.《谁统治美国》,[美]W. 多姆霍夫著,吕鹏、闻翔译　35.00元
77.《健康与社会》,[法]M. 德吕勒著,王鲲译　35.00元
78.《读柏拉图》,[德]T. A. 斯勒扎克著,程炜译　28.00元
79.《苏联的心灵》,[英]I. 伯林著,潘永强、刘北成译　28.00元
80.《个人印象》,[英]I. 伯林著,林振义、王洁译　35.00元

第九批书目

81.《技术与时间:2. 迷失方向》,[法]B. 斯蒂格勒著,
赵和平、印螺译　25.00元
82.《抗争政治》,[英]C. 蒂利著,李义中译　28.00元
83.《亚当·斯密的政治学》,[英]D. 温奇著,褚平译　21.00元
84.《怀旧的未来》,[美]S. 博伊姆著,杨德友译　38.00元
85.《妇女在经济发展中的角色》,[丹]E. 博斯拉普著,陈慧平译　30.00元
86.《风景与认同》,[英]W. J. 达比著,张箭飞、赵红英译　68.00元
87.《过去与未来之间》,[美]H. 阿伦特著,王寅丽、张立立译　28.00元
88.《大西洋的跨越》,[美]D. T. 罗杰斯著,吴万伟译　58.00元
89.《资本主义的新精神》,[法]L. 博尔坦斯基、E. 希亚佩洛著,
高铦译　58.00元
90.《比较的幽灵》,[美]B. 安德森著,甘会斌译　48.00元

第十批书目

91.《灾异手记》,[美]E. 科尔伯特著,何恬译　25.00元

92.《技术与时间:3. 电影的时间与存在之痛的问题》,
[法]B. 斯蒂格勒著,方尔平译 32.00 元
93.《马克思主义与历史学》,[英]S. H. 里格比著,吴英译 47.00 元
94.《学做工》,[英]P. 威利斯著,秘舒、凌旻华译 39.00 元
95.《哲学与治术:1572—1651》,[美]R. 塔克著,韩潮译 45.00 元
96.《认同伦理学》,[美]K. A. 阿皮亚著,张容南译 45.00 元
97.《风景与记忆》,[英]S. 沙玛著,胡淑陈、冯樨译 78.00 元
98.《马基雅维里时刻》,[英]J. G. A. 波考克著,冯克利、傅乾译 68.00 元
99.《未完的对话》,[英]I. 伯林、[波]B. P. -塞古尔斯卡著,
杨德友译 38.00 元
100.《后殖民理性批判》,[印]G. C. 斯皮瓦克著,严蓓雯译 58.00 元

第十一批书目

101.《现代社会想象》,[加]C. 泰勒著,林曼红译 25.00 元
102.《柏拉图与亚里士多德》,[美]E. 沃格林著,刘曙辉译 54.00 元
103.《论个体主义》,[法]L. 迪蒙著,桂裕芳译 30.00 元
104.《根本恶》,[美]R. J. 伯恩斯坦著,王钦、朱康译 55.00 元
105.《这受难的国度》,[美]D. G. 福斯特著,孙宏哲、张聚国译 39.00 元
106.《公民的激情》,[美]S. 克劳斯著,谭安奎译 49.00 元
107.《美国生活中的同化》,[美]M. M. 戈登著,马戎译 35.00 元
108.《风景与权力》,[美]W. J. T. 米切尔著,杨丽、万信琼译 45.00 元
109.《第二人称观点》,[美]S. 达沃尔著,章晟译 55.00 元
110.《性的起源》,[英] F. 达伯霍瓦拉著,杨朗译 58.00 元

第十二批书目

111.《希腊民主的问题》,[法]J. 罗米伊著,高煜译 30.00 元
112.《论人权》,[英]J. 格里芬著,徐向东、刘明译 62.00 元
113.《柏拉图的伦理学》,[英]T. 厄温著,陈玮、刘玮译(即出)
114.《自由主义与荣誉》,[美]S. 克劳斯著,林垚译 48.00 元
115.《法国大革命的文化起源》,[法]R. 夏蒂埃著,洪庆明译 55.00 元
116.《对知识的恐惧》,[美]P. 博格西昂著,刘鹏博译 28.00 元
117.《修辞术的诞生》,[英]R. 沃迪著,何博超译 48.00 元
118.《历史表现中的真理、意义和指称》,[荷]F. 安克斯密特著,周建漳译 45.00 元
119.《天下时代》,[美]E. 沃格林著,叶颖译 78.00 元
120.《寻求秩序》,[美]E. 沃格林著,徐志跃译 48.00 元

第十三批书目

121.《美德伦理学》,[新西兰]R. 赫斯特豪斯著,李义天译 55.00 元
122.《同情的启蒙》,[美]M. 弗雷泽著,胡靖译 48.00 元
123.《图绘暹罗》,[美]T. 威尼差恭著,袁剑译 58.00 元
124.《道德的演化》,[新西兰]R. 乔伊斯著,刘鹏博、黄素珍译 65.00 元
125.《大屠杀与集体记忆》,[美]P. 诺维克著,王志华译 78.00 元
126.《帝国之眼》,[美]M. L. 普拉特著,方杰、方宸译 68.00 元
127.《帝国之河》,[美]D. 沃斯特著,侯深译 76.00 元
128.《从道德到美德》,[美]M. 斯洛特著,周亮译 58.00 元
129.《源自动机的道德》,[美]M. 斯洛特著,韩辰锴译(即出)
130.《种族与文化少数群体》,[美]G. E. 辛普森、[美]J. M. 英格尔著,马戎、王凡妹译(即出)

第十四批书目

131.《城邦与灵魂:费拉里〈理想国〉论集》,[美]G. R. F. 费拉里著,刘玮编译 58.00 元
132.《人民主权与德国宪法危机》,[美]P. C. 考威尔著,曹晗蓉、虞维华译 58.00 元
133.《16 和 17 世纪英格兰大众信仰研究》,[英]K. 托马斯著,芮传明、梅剑华译(即出)
134.《民族认同》,[英]A. D. 史密斯著,王娟译 55.00 元
135.《世俗主义之乐》,[美]G. 莱文编,赵元译(即出)
136.《国王或人民》,[美]R. 本迪克斯著,褚平译(即出)
137.《哲学解释》,[美]R. 诺齐克著,林南、乐小军译(即出)
138.《自由与多元论:以赛亚·伯林思想研究》,[英]G. 克劳德著,应奇等译 58.00 元
139.《暴力:思无所限》,[美]R. J. 伯恩斯坦著,李元来译 59.00 元
140.《中心与边缘:宏观社会学论集》,[美]E. 希尔斯著,甘会斌、余昕译 88.00 元

有关"人文与社会译丛"及本社其他资讯,欢迎点击 www. yilin. com 浏览,对本丛书的意见和建议请反馈至新浪微博@译林人文社科。